기쁨나라(極樂) 뿌리 3경
곁뿌리 4경 1론

기쁨나라 뿌리 3경 곁뿌리 4경 1론

1판 1쇄 펴낸날 2025년 2월 1일

옮긴이 서길수
펴낸이 이은금
펴낸곳 맑은나라
출판등록 2014년 4월 28일 (105-91-93194)
주소 서울시 마포구 신촌로2안길 47
전화 02-337-1661
전자우편 kori-koguri@naver.com

책값: 18,000원

편집/제작처 (주)북랩 www.book.co.kr

ISBN 979-11-87305-55-2 03220 (종이책) 979-11-87305-56-9 05220 (전자책)

새로 옮긴 기쁨나라 뿌리 3경 淨土三部經

미래 세대를 위한 산스크리트 대조 옮김

기쁨나라 뿌리 3경
곁뿌리 4경 1론

서길수 옮김

불교의 유토피아 기쁨나라(極樂)

어떤 곳이고, 어떻게 갈 수 있나?

2025

머리말

1. 이 책의 구성, 뿌리 경전(正依經)과 곁뿌리 경전(傍依經)

1) 이 책의 구성

이 책에는 다음과 같은 경과 논이 실려 있다.

(1) 기쁨나라(極樂) 뿌리 경전(正依經典) - 3경

①『모든 붇다가 보살피는 아미따경(阿彌陀經)』

②『기쁨나라경(無量壽經)』

③『기쁨나라 보는 경(觀無量壽經)』

(2) 기쁨나라(極樂) 곁뿌리 경론(傍依經論) - 4경 1론

①『바로 붇다 보는 싸마디 경(般舟三昧經)』

②『대불정수능엄경』 5권, 「큰 힘 이룬 보디쌑바(大勢至菩薩)의 염불로 깨달음(念佛圓通)」

③『크넓은 꽃으로 꾸민 붇다 경(大方廣佛華嚴經)』「두루 어진 보디쌑바의 10가지 바램 품(普賢行願品)」

④ 참법 연꽃 경(妙法蓮華經)과 아미따바 붇다 (3품)

⑤『기쁨나라경 강론(無量壽經講論)과 기쁨나라 가기 바래는 게송(願生偈)』

위의 내용은 이미 출판된 (1)『모든 붇다가 보살피는 아미따경』(맑은나라, 2022), (2)『기쁨나라경』(맑은나라, 2025), (3)『기쁨나라 보는 경』(맑은나라, 2025)에서 우리말로 옮긴 부분만 뽑아서 만든 것이다. 기쁨나라 곁뿌리 경론 - 4경 1론은『기쁨나라 보는 경』 2편에 실렸다. 따라서 이 책은 기쁨나라에 관련된 경과 논을 한꺼번에 보고 쉽게 읽을 수 있도록 설명과 주석을 뺐으므로 자세한 풀이는 앞에서 본 3권을 보기 바란다. 산스크리트와 한문 원전을 비교하여 풀이한 설명이 한 권에 수백 개씩 실려 있고, 연구서처럼 자세하게 서술했기 때문에 크게 도움이 될 것이다.

2) 뿌리 경전(正依經)과 곁뿌리 경전(傍依經)

위에서 본 바와 같이 이 책에는 기쁨나라(극락)에 관한 뿌리 경전 3경과 곁뿌리 경전 4경과 1론이 실려 있다. 그렇다면 기쁨나라(극락)에 관계되는 뿌리 경전과 곁뿌리 경전은 어떤 것을 말하는 것인가?

인두(印度는 인두라고 읽는다)에서 들어온 아미따바 붇다 신앙이 치나(支那)에 퍼지면서 특히『아미따경』『기쁨나라경』『기쁨나라 보는 경』이 아미따바 신앙의 뿌리 경전으로 받들어졌다. 지론종의 정영사 혜원(慧遠, 521~592), 삼론종의 가상사 길장(吉藏, 549~623)은 3경에 대한 해설서를 내고, 이 경을 보살장 돈교에 넣어야 한다고 높이 평가하였다. 또 담란, 도작, 선도, 가재 같은 정토 선현들이 오로지 이 3경을 바탕으로 기쁨나라(극락)에 가서 나도록 적극

적으로 권하였다. (坪井俊映, 『정토삼부경 개설』 15~15쪽).

아미따바 붇다 신앙이 당나라 때 크게 번성했지만, 정토종이 성립되지는 않았으나 일본에서 법연(法然, 1133~1212)이 정토종을 세우고, 3경과 천친(天親)의 『기쁨나라경(무량수경) 강론』을 정토종 뿌리 경론으로 삼으면서 『정토삼부경』이란 이름을 붙였다. 그는 66살(1198)에 지은 『선택본원염불집』에서 『정토삼부경』이란 이름을 붙인 까닭을 이렇게 대답한다.

"첫째 법화 3부는 『무량의경』·『법화경』·『보현관경』이고, 둘째 대일(大日) 3부는 『대일경』·『금강정경』·『소실지경』이고, 셋째 진호국가(鎭護國家) 3부는 『법화경』·『인왕경』·『금광명경』이고, 넷째 미륵 3부는 『상생경』·『하생경』·『성불경』이다. 그래서 (위 3경은) 이제 (아)미타 3부가 되며 『정토삼부경』이라 이름한다. (아)미타 3부란 이 정토의 뿌리(正依)가 되는 경이다. (藤田宏達, 『정토삼부경 연구』 11쪽)."

법연이 뿌리 경전이라고 하는 것은 어느 종단이 바탕으로 하는 소의경전(所依經典) 가운데 뿌리가 되는 경전을 말한다. 한편 위의 뿌리 경전 밖에도 기쁨나라(극락) 가서 나는 것을 기록한 『참법 연꽃 경(妙法蓮華經)』, 『꽃으로 꾸민 붇다 경(佛華嚴經)』 같은 경은 곁뿌리 경전(傍依經)이라 하고, 『기쁨나라경(무량수경) 강론』, 『십주비바사론』, 『섭대승론』 같은 논서를 곁뿌리론이라고 했다.

2. 『정토삼부경』을 왜 『기쁨나라 3경』이라고 옮겼는가?

1) 기쁨나라(sukhāvatī-vyūha, 極樂)는 많은 맑은나라(淨土) 가운데 하나

정토란 맑은나라를 뜻하는 말인데 아주 넓은 개념이다. 다시 말해 3가지 경에 나오는 기쁨나라(극락)는 수많은 정토 가운데 하나이므로 이 3경이 기쁨나라 정토에 관한 것임을 뚜렷하게 한 것이다. 삼부경(三部經)을 3경(三經)으로 옮긴 것은 '3경'이 기쁨나라(극락)에 관한 3가지 경이란 뜻을 짧고 뚜렷하게 나타내 주기 때문이다. 한문에서 삼부(三部)란 여러 가지 뜻이 있다. 병이 생긴 곳에 따라 장부(臟部)·상부·하부가 3부이고, 사람 몸을 상·중·하 3부로 나누고, 얼굴도 상·중·하 3부로 나눈다. 또 불교에서는 특히 밀교에서 3부는 불부(佛部)·연화부(連華部)·금강부(金剛部)로 나누는 용어로 많이 쓰인다. 그러므로 꼭 필요하지 않은 3부를 써서 어렵게 할 필요 없이 간단히 3경이라고 한 것이다.

2) 왜 '기쁨나라(sukhāvatī-vyūha)'라고 옮겼는가?

산스크리트로 된 『아미따경』과 『무량수경』 제목은 모두 쑤카바띠-뷰하(Sukhāvati-vyūha)이고, 『관무량수경』은 산스크리트본이 발견되지 않았다. 그러므로 3경의 이름을 쑤카바띠-뷰하(Sukhāvati-vyūha)로 하는 것이 가장 좋은 해결이라고 볼 수 있다.

지금까지 여러 옮긴이들이 '쑤카바띠(Sukhāvati)'는 극락(極樂), '쑤카바띠-뷰하(Sukhāvati-vyūha)'는 극락장엄(極樂莊嚴)이라고 옮겼다. '극락(極樂)'은 '더할 나위 없이(至極) 즐겁다(樂)'는 뜻이므로 우리말로 '더할 나위 없는 즐거움'이라고 옮길 수 있고, 장엄은 『우리말 큰 사전』에서 "씩씩하고 엄숙하다"라고 했다. 이런 해석을 보면 '더할 나위 없는 즐거움'이란 너무 길고 설명적이며, 극락이 "씩씩하고 엄숙하다", "위엄있고 엄숙하다"는 해석이 어색하고, 어떤 보기에서는 "정토를 장엄하다"라고 했으나 우리말에서 장엄하다는 움직씨(動詞)가 아니라 "정토가 장엄하다"라고 그림씨(形容詞)로만 쓰인다. 그래서 '쑤카바띠-뷰하(Sukhāvati-vyūha)'를 새로 옮겨 보았다.

쑤카바띠(Sukhāvati)는 쑤카(Sukha)+아바띠(avati)의 겹씨다. 쑤카(sukha)는 즐거운(pleasant), 편한(comfortable), 행복한(happy), 잘되어 감(prosperous), 덕 있는(virtuous), 훌륭한(pious) 같은 여러 뜻이 있고, 아바띠(avati)는 av의 씨뿌리(√av) 명령형 2인칭 단수이다. 아바띠(avati)는 증진하다(to promote), 은혜를 베풀다(favour), 채우다(to satisfy) 같은 뜻이 있는데, 산-영 사전에 쑤카바띠(sukha+avati)라는 올림말을 만들고 '기쁨이나 즐거움이 가득하다(full of joy or pleasure)'라는 뜻이라고 풀이했다. 기쁨(joy)이나 즐거움(pleasure)이라고 했는데, 이 두 낱말은 비슷하지만 조금 다르다. 기쁨이란 "마음에 즐거움이 있다"라는 뜻이고, 즐거움은 "사뭇 기쁘거나 흐뭇하다"라는 뜻으로, 기쁨은 마음에 더 힘을 주고 있다. 또한 한문의 기쁨나라(極樂世界)에 걸맞게 옮기려면 "기쁨으로 가득한 나라"나 "기쁨만 있는 나라", "즐거움으로 가득한 나라"나 "즐거움만 있는 나라"라고 옮겨야 하는데 기쁨만 있는 나라가 더 짧고 가깝다. 세계(世界)를 나라라고 옮기는 것은 '나라'에는 달나라, 별나라, 하늘나라처럼 세계나 세상이란 뜻이 있는 친근한 우리말이기 때문이다.

<한문 경전>에서는 소리 나는 대로 소가부제(蘇訶嚩帝·수마제(須摩提)·수아제(須阿提)라고 옮겼는데, 우리말로는 쑤카바띠(Sukhāvati)라고 본디 소리와 아주 가깝게 옮길 수 있다. 뜻으로 기쁨나라(極樂) 말고도 편안한 삶(安養), 편안하고 즐거움(安樂), 즐거운 나라(樂邦), 즐거움만 있는 맑은나라(極樂淨土), 즐거움만 있는 나라(極樂國土), 편안히 사는 나라(安樂國), 편안히 사는 세계(安養世界)처럼 여러 가지로 옮겼다. 대부분 기쁨(joy), 즐거움(pleasure)이란 뜻을 바탕으로 했지만, 편안한 삶(安養)과 편안한 즐거움(安樂)은 편안함(comfortable)이란 뜻을 바탕으로 옮긴 것이다.

근세에 들어와 네팔에서 산스크리트 원문이 발견되면서 쑤카바띠-뷰하(Sukhāvati-vyūha)라는 산스크리트 원문 이름이 알려졌고, 쑤카바띠(Sukhāvati)는 「극락(極樂, full of joy)」이라고 옮겼으며, 뷰하(vyūha)는 장엄(莊嚴)」이라고 옮겨 '극락 장엄(極樂莊嚴)」'이라고 썼다. 여기서 문제가 되는 것은 뷰하(vyūha)를 옮긴 '장엄'이란 뜻이다. 『우리말 큰사전』에서 '장엄(莊嚴)'은 '장엄하다'는 그림씨(形容詞)로 "씩씩하고 엄숙하다"라는 뜻뿐인데, 산스크리트 뷰하(vyūha)에는 "씩씩하고 엄숙하다"라는 뜻이 없다. 이 문제는 중요하기 때문에 산-영 사전에 나온 '뷰하(vyūha)'의 뜻을 모두 보기로 한다.

① 따로 둠(placing apart), 배치(distribution), **배치·꾸밈(arrangement)**.
② 모든 조각을 순서대로 꾸밈(orderly arrangement of the parts of a whole), **가지런히 갖추어 둠(disposition)**.

③ 군대 정렬(military array) 같은 갖가지 정렬.

④ 바꿔치기(shifting), 바꿔 놓음(transposition, displacement).

⑤ 떨어짐(separation), 홑소리나 소리마디를 나눔(resolution of vowels, syllables etc.).

⑥ 꼼꼼한 풀이(detailed explanation or description).

⑦ 자른 면(a section), 나눔(division), 장(chapter).

⑧ 모습(form), 나타냄(manifestation), 겉보기(appearance).

⑨ 꼴을 이룸(formation), 짜서 이룸(structure), 만듦(manufacture).

⑩ 모인 떼(an aggregate, 集團), 무리(flock), 뭇 사람들(multitude).

⑪ 몸·무리(the body).

⑫ 숨쉼(breathing).

⑬ 논의·증명(reasoning), 논리(logic).

이처럼 '뷰하(vyūha)'가 가진 13가지 뜻에 '씩씩하고 엄숙하다'라는 뜻이 없는데 왜 장엄이라고 옮겼을까? 이 문제 해결을 위해 『한어대사전(漢語大詞典)』에서 '장엄(莊嚴)'을 찾아보니 우리말과 달리 한문 고전에는 ① 장중하고 엄숙하다(莊重而嚴肅)는 뜻 말고, ② "단정하게 꾸미다(裝飾端正)"라는 뜻이 있었다.

【장엄(莊嚴)】

① 장중하고 엄숙하다(莊重而嚴肅)

『100가지 비유경(百喩經)』「죽은 아들을 집에 두고자 하는 비유(子死欲停置家中喩)」: "삶과 죽음의 길이 다른 것이니, 빨리 **장중하고**

엄숙하게 하고(莊嚴), 먼 곳에 두고 염하고 장사 지내야 한다.” (《百喩經·子死欲停置家中喩》: “生死道異, 當速**莊嚴**致於遠處而殯葬之.”)

② 단정하게 꾸미다(裝飾端正)

『한기(漢紀)』「무제기(武帝紀) 5, 한(漢), 순열(殉烈)」: “왕태후가 **꾸밈(莊嚴)**을 모두 마치고 조정에 들어가려 하였다.” (漢荀悅《漢紀·武帝紀五》: “王太后皆**莊嚴**, 將入朝.”)

장엄(莊嚴)은 '장중하고 엄숙하다'는 뜻 말고도 '몸을 꾸몄다'라는 뜻으로 “얼굴, 머리, 몸, 옷차림 따위를 잘 매만져 **곱게 꾸몄다**”라는 뜻이 있어, 산스크리트 뷰하에서 배치·꾸밈(arrangement)·정리(disposition)한다는 뜻과 일치한다. 그러므로 쑤카바띠-뷰하(Sukhāvati-vyūha)는 '기쁨으로만 꾸며진·배치된·정리된 (나라)'이라고 옮길 수 있다. 더 줄이면 '기쁨으로만 꾸며진 (나라)'·'기쁨만 있는 나라(極樂世界)'라고 할 수 있고, 너무 길어서 그냥 '기쁨나라'라고 옮겼다. 다만 한문 번역 영향으로 '극락(極樂)'이 너무 많이 알려져 두 가지를 함께 쓰려고 한다.

이 산스크리트 제목은 같은 기쁨나라(극락) 경전 3가지 가운데 하나인 『아미따경』도 산스크리트 원문 이름은 쑤카바띠-뷰하(Sukhāvati-vyūha)이므로, 두 경을 구별하기 위해 『무량수경』은 『큰 무량수경(大無量壽經)』(또는 『큰 경(大經)』), 『아미따경』은 『작은 무량수경(小無量壽經)』(또는 『작은 경(小經)』)이라 부른다. 현장(玄奘)은 작은 무량수경을 『붇다가 맑은 나라로 받아들이는 것을 일컬어 기리는 경(稱讚淨土佛攝受經)』이라고 옮겼고, 티베트말로는 『거룩한 극락 장엄이라는 대승경전(Arya-Sukhāvativyūha-vyūha nāma mahāyāna Sūtra)』이라고 옮겼다. 기쁨나라를 왜 『무량수』라고 옮겼는가에 대해서는 『기쁨나라경(無量壽經)』 풀이에서 자세하게 설명하겠다.

3) 기쁨나라(極樂)와 맑은나라(淨土)

기쁨나라는 앞에서 보았고, 그렇다면 『정토삼부경』의 정토는 무엇이고 기쁨나라와 어떤 관계를 가지고 있는가?

번뇌로 가득 차 괴로움의 바다인 현실 세계를 '더러움에 물든 땅(穢土)'이라고 부르고, 이에 대해 맑고 깨끗하여 즐겁고 기쁜 일만 있고, 막힘이 없이 수행하여 깨달음을 얻을 수 있는 불교의 유토피아가 맑은 나라(정토)다. 맑고 깨끗한 땅(淸淨土)·맑고 깨끗한 나라 땅(淸淨國土)·맑고 깨끗한 붇다 나라(淸淨佛刹)처럼 여러 가지로 불리고 있는데, 큰 탈 것(大乘) 불교 보디쌑바(菩薩)들이 오랜 수행을 거쳐 붇다가 되면서 이룩한 맑고 깨끗한 나라를 말한다. 정토는 우리말로 맑고 깨끗한 나라(淸淨土, 淸淨國)라고 옮길 수 있는데 줄이면서 '깨끗한 나라'보다는 '맑은 나라'를 골랐다. '깨끗하다'의 뜻에 '맑고 산뜻하다'는 뜻이 있고, 맑다에도 '환하고 깨끗하다'라는 뜻이 있어 어떤 것을 골라도 괜찮지만 '깨끗한 나라'보다 '맑은 나라'가 더 불교 사상에 맞아 '정토=맑은나라'로 옮겼다. 다만 '극락과 정토'는 너무 많이 알려져 읽는 이가 쉽게 이해하기 위해 섞어 쓰기로 한다.

보디쌑바들(보살)의 수행 목적은 단순히 깨달음을 얻기 위한 것이 아니라 깨달음을 얻어 중생을 제도하기 위해서다. 그러므로 수행할 때 '깨달음을 얻으면 이런 나라를 만들어야겠다'라는 바램이 있고, 그 다짐과 바램에 따라 얻은 맑은나라(정토)도 그 성격이 다르다.

기쁨나라 정토 3경 - 아미따바 붇다 48가지 바램으로 꾸며진 정토
유마경(維摩經) - 유심정토(唯心淨土)
법화경(法華經) - 영산정토(靈山淨土)
화엄경(華嚴經) - 연화장세계(蓮華藏世界)
대승밀엄경(大乘密嚴經) - 밀엄정토(密嚴淨土)

시방에 많은 붇다들의 정토가 있는데 유명한 동녘의 아축불(阿閦佛)의 '기묘하고 기쁜 나라(妙喜世界)'와 약사불(藥師佛)의 맑은 유리나라(淨琉璃世界)가 있고, 『모든 붇다가 보살피는 아미따경』에 보면 동녘에 5붇다, 남녘 5붇다, 서녘 7붇다, 북녘 5붇다, 아랫녁 8붇다, 윗녘 10붇다, 모두 32분의 붇다들이 각기 맑은나라(정토)를 이루어 중생을 제도하고 있다고 한다.

이처럼 많은 맑은나라와 붇다들이 있지만 현재 '맑은나라'라고 하면 아미따바 붇다의 기쁨나라(극락)로 알려질 정도로 맑은나라를 대변하고 있다. 그러나 유마경의 유심정토, 법화경의 영산정토,

화엄경의 연화장세계에 대한 불교계의 믿음도 크고, 또 그런 경전에 기쁨나라(극락) 가는 이야기들이 나오고 있어 염불 수행자에게 혼란을 줄 수 있다. 그래서 이 책에서는 '기쁨나라(극락) 맑은나라(정토)'라고 뚜렷하게 정토 이름을 밝혀 오해가 없게 하였다. 다만 기쁨나라와 맑은나라는 겹치는 뜻이 커 '기쁨나라'로 줄였다.

3. 왜 '새로 옮긴' 『기쁨나라 3경』인가?

『기쁨나라 3경』은 『정토삼부경』이란 이름으로 10가지 넘게 출판되었다. 옮긴이가 새삼 새로운 번역을 한 것은 한문을 잘 모르는 세대에 알맞은 번역본을 만들기 위해서다. 이 『기쁨나라 3경』은 다음과 같은 새로운 마음가짐으로 옮겨보았다.

1) 한문식 산스크리트 낱말을 본디 소리로 바로 잡았다

① 불(佛): Buddha를 한문으로 불타(佛陀)로 옮기고 줄여서 불(佛)로 옮긴 것을 우리식으로 '부텨'라고 읽다가 부처가 되었다. 본디 소리에 따라 'Buddha=붇다'라고 옮긴다. 영어·불어·스페인어·독일어 사전에도 모두 buddha이므로 앞으로 새로운 세대가 국제적인 활동할 때도 쓸모가 있다.

② 빅슈(比丘): 산스크리트 빅슈(bhikṣu), 빨리어 빅쿠(bhikkhū)를 옮긴 것으로, "비구' 대신 본디 소리인 '빅슈'로 옮긴다. 영어 사전에는 빅슈(bhikshu)와 빅쿠(bhikku)가 다 나온다. 따라서

'빅슈'라고 옮기면 자연스럽게 산스크리트 원문도 알게 되고, 빅슈(比丘)의 원문도 알게 된다.

③ 석가모니(釋迦牟尼): 원문은 사꺄무니(Śākya-muni, P Sakya-muni)다. 원문 그대로 '사꺄무니'라고 옮긴다.

불경을 가장 많이 옮긴 현장(玄奘)은 '5가지 번역하지 않은 것(五種不飜)'이라고 해서 다음 5가지는 뜻으로 옮기지(意譯) 않고 소리 나는 대로 옮겼다(音譯). ① 다라니(dhāraṇī, 摠持) 같은 주문, ② 바가반(Bhagavān, 婆伽梵, 世尊) 같은 홀이름씨(고유명사), ③ 잠부(jambu, 閻浮) 같이 인두에만 있는 나무, ④ 아눋따라-싸먁-쌈보디(anuttara-samyak-saṁbodhi, 阿耨多羅三藐三菩提) 같은 가장 높은 깨달음을 표현한 용어, ⑤ 쁘랒냐(prajñā, 빨리어=P 빤냐 pañña, 般若)처럼 불교만 가지고 있는 독특한 용어 같은 5가지다.

이 책에서 홀이름씨(固有名詞)를 옮기는데 다음과 같은 2가지 원칙을 세웠다.

첫째, 소리 나는 대로 옮긴 것(音譯)은 모두 산스크리트본디 소리를 찾아 그대로 살린다. 보기를 들면 삼매(三昧)는 싸마디, 사문(沙門)은 스라마나, 유순(由旬)은 요자나, 찰나는 끄사나 같은 식이다.

보기: 싸마디(samādhi P 같음, 三昧)

스라마나(śramaṇa, P samaṇa, 沙門)

요자나(yojana, 由旬)

끄사나(kṣaṇa, P khaṇa, 刹那)

* 참고: P= 빨리어

처음 경전을 한문으로 옮길 때 한자는 소리글자(表音文字)가 아니고 뜻글자(表意文字)이기 때문에 소리 나는 대로 적는다는 것이 매우 어려웠다. 인두(印度)·유럽 계통의 소리글자인 산스크리트는 자음이 여러 개 겹치는 경우가 많고, 한자음으로는 도저히 나타낼 수 없는 낱말이 많았는데, 그 경우 '몇 글자 합해 한 소리내기(二合, 三合)' '첫 낱소리(音素)와 뒤 낱소리를 합해 한소리 내기(半切)' 같은 어려운 방법을 통해 간신히 해결하였다. 그러나 시대가 바뀌면서 이런 법칙들이 지켜지지 않게 되었고, 나라와 왕권이 여러 번 바뀌어 수도가 옮겨지면서 표준어가 달라지고, 나라가 넓어서 지역에 따라 전혀 다른 소리로 읽히면서 본디 소리와 전혀 다른 소리를 내게 되었다. 특히 현재의 표준어라고 할 수 있는 북경어 위주의 보통화(普通話)는 역경을 할 당시의 읽는 법과 완전히 달라 마치 다른 나라 말과 같은 경우가 많다. 그런데 한국은 여기서 한발 더 나아가 한국식 한문으로 읽어버려 본디 산스크리트와는 완전히 다른 소리를 내게 된 것이다.

보기를 들면 현재 중화인민공화국에서 Los Angeles를 '낙삼기(洛杉磯)'라고 쓴다. 이 소리를 한어(漢語) 표준어인 보통화로 읽으면 '루어샨지(luo-shan-ji)'라고 읽어 비슷한 소리가 난다는 것을 알 수 있다. 그런데 만일 한국 사람들이 Los Angeles를 한국식으로

'낙삼기(洛杉磯)'라고 읽는다면 우스운 일이 아닐 수 없다. 요즈음은 신문을 비롯해서 모든 출판물이 케네디(Kennedy)를 긍니적(肯尼迪, Kennidi, 켄니디), 마르틴 루터(Martin Luther)를 마정 로덕(馬丁·路德, Mading Lude 마띵 루더)으로 적는 일은 없고, 영문을 찾아서 소리글인 한글로 정확하게 쓴다. 나이 먹은 분들은 일제 강점기와 해방 바로 뒤 구락부(俱樂部)라는 말을 많이 썼던 것을 기억할 것이다. 이 낱말은 바로 영어의 club을 한어(漢語)로 쓴 것이다. 예수(Jesus)교를 야소교(耶蘇, yésū)라고 옮기고, 크리스트(Christ)를 기리사독(基利斯督)이라고 옮기고 줄여서 기독(基督)이라고 한 것도 마찬가지다.

일본어의 영향을 받은 것은 더 많다. 컵(cup)=고뿌, 드라이버(driver)=도라이바, 드럼통(drum통)=도라무통, 핸들(handle)=한도루, 택시(taxi)=다꾸시, 트럭(truck)=도락꾸 같은 단어들은 나이 든 사람에게 아직도 낯설지 않은 낱말들이지만 젊은 사람들은 공식적으로 누구도 쓰지 않는 낱말이 되어 버렸다.

이처럼 시대가 많이 변하고 한문 번역의 원전인 산스크리트와 빨리어에 대한 연구가 많이 진행되었지만, 불교계에서 쓰고 있는 고유명사는 1,000년이 훨씬 넘은 옛날에 한자로 옮긴 것을 그대로 한국식으로 읽고 있다. 『무량수경』에 나온 것만 보기를 들어도 마하 마욷갈랴나(maudgalyāna)를 목건련(目健連)이라고 읽고, 까샤빠(kāśyapa)를 가섭(迦葉)이라고 읽고, 깝피나(kapphina)을 겁빈나(劫賓那)라고 읽고 있는 실정이다. 이 책에서는 바로 이런 현상을 극복하기 위해 산스크리트에서 한문으로 옮긴 고유명사를 본디 산스크리트의 소리 나는 대로 정확하게 옮기는 것이 첫째 목표이다. 오랜동안 습관이 된 용어들이라 처음에는 어색하게 느껴지더라도 습관이 되면 더 친근감을 느낄 것이며, 특히 유럽 말을 배운 새로운 세대에게는 틀린 한자음보다 더 쉬울 것이고, 불교를 국제화하는 데도 크게 도움이 되리라고 본다.

둘째, 이 책에서는 산스크리트를 뜻에 따라 한자로 옮긴 것도 토만 달지 않고 될 수 있는 대로 정확한 한글로 옮기는 것을 원칙으로 한다.

보기: 두루 어진 보디쌑바(Samantabhadra bodhisattva, 普賢菩薩).
　　좋은 뿌리(kuśala-mūla, P kusala-ūla, 善根).
　　훌륭한 지킴이(賢護, Bhadrapāla).

이『기쁨나라 3경』에 나오는 붇다 제자들의 이름 가운데 요본제(了本際), 견복(堅伏), 이승(異乘) 같은 이름들은 한국의 어떤 사전에도 나오지 않는 말이고, 치나(支那, China) 사람들도 제대로 뜻을 알기 어려운 단어들이다. 그런데 현재 한국의 불교계에서는 그 소리만 한국식으로 따서 읽고 있는 실정이다. 그래서 그런 한문식 이름들을 모두 한국어 사전에 나오는 말로 알기 쉽게 바꾸는 것이 두 번째 원칙이다. 그렇게 되면 '요본제(了本際) = 진리 깨침', '견복(堅伏) = 단단히 살핌', '이승(異乘) = 뛰어난 방편'처럼 아주 쉬운 한글로 누구나 그 뜻을 알 수 있고 읽기도 편하게 될 것이라고 본다.

산스크리트 표기법은 전재성, 『빠알리-한글사전』(한국빠알리성전협회, 2005) 「문법편」 음성론에 나온 것을 표준으로 하였으며, 소리마디 구성은 한글 맞춤법에 따랐다.

2) 현대에 이해할 수 없는 용어나 잘못 옮겼던 낱말들을 과감하게 바로 잡았다

① 겁(劫): 불교에서 끝없는 숫자를 말할 때 많이 쓰이는 단위이다. 산스크리트의 깔빠(kalpa)를 한자로 겁파(劫簸)라고 옮겼는데 줄여서 겁(劫)이라고 쓴다. 원문 소리대로 '깔빠'라고 옮긴다.

② 성문(聲聞): 산스크리트 스라바까(śrāvaka)를 옮긴 것인데, ① 들음(hearing), 귀여겨들음(listening to), ② 제자(a pupil, disciple) 같은 뜻이 있는데, 〈한문 경전〉에서는 '소리 들음(聲聞)'이라고 했다. 산-영 사전에 "붇다 제자(a disciple of the buddha)"라는 보기가 있어, 성문(聲聞) 대신 '제자'로 옮겼다.

③ 삼천대천세계(三千大千世界): 고대 인두의 우주관에서 많이 쓴 개념인데, 삼천을 세 가지 하늘(三天)로 대천을 큰 하늘(大天)이라고 오해하는 사람이 많다. 그래서 3천(개) 큰 천세계(tri-sāhasra-mahā-sāhasra-loka-dhāteu)라고 띄어 쓰고 주에서 자세히 설명하였다.

3) 될 수 있으면 쉬운 우리말로 옮겨 중학교 학생 정도면 이해할 수 있도록 하였다.

① 팔공덕수(八功德水) → 여덟 가지 공덕의 물.

② 아귀(preta, P peta, 餓鬼) → 배고픈 귀신.

③ 천안통(divya-cakṣur-jñāna-sākṣātkriyābhiiñā, 天眼通) → 하늘눈으로 보는 힘.

④ 독각(pratyeka-buddha, 獨覺) → 홀로 깨달은 분.

⑤ 보리심(bodhi-citta, 菩提心) → 보디마음, 깨닫겠다는 마음. (보리는 잘못 읽은 것임).

⑥ 무량(無量) 무변(無邊) 무수(無數) → 끝없고 가없고 셀 수 없는

⑦ 전륜성왕(cakra-varti-rājan,轉輪聖王) → 바퀴 굴리는 임금

4) 아름다운 우리말을 찾아 썼다

① 공양(供養) → '이바지'. "힘들여 음식 같은 것을 보내어 줌, 물건을 갖추어 뒷바라지함, 이바지는 도움이 되도록 힘을 씀" 같은 뜻이 있으므로 공양과 가장 가까운 낱말이다.

② 삼십이상(三十二相) → 32가지 '생김새'. 요즈음 학생이나 젊은 이들은 상(相)이 무슨 뜻인지 무엇인지 모른다. 상이란 바로 얼굴과 몸의 생김새를 말하므로 쉽게 '생김새'라고 옮겼다.

③ 타화자재천(他化自在天) → '남의 기쁨을 내 것으로 여기는' 하늘.

④ 월광마니(月光摩尼, candra-kānta-maṇi) → '달빛 구슬'.

4. 『기쁨나라 3경』과 곁뿌리 경전을 옮기게 된 인연

2009~2012년 3년간 강원도 망경대산 만경사에 입산해서 정토선(염불선)을 수행할 때 바램을 세워 기쁨나라(極樂) 관련 3경을 우

리말로 옮겼다. 수행의 틀로 삼은 염불이 무엇이고, 염하는 아미따바 붇다는 어떤 붇다이고, 가려는 기쁨나라(極樂)는 어떤 곳인가를 알면서 닦아야 하기 때문이다. 『기쁨나라경(無量壽經)』이 아미따바 붇다의 48가지 바램을 통해 완성한 기쁨나라는 어떤 곳이고, 어떻게 해야 갈 수 있는지를 보는 교과서라면, 『아미따경』은 『기쁨나라경』의 고갱이를 간추린 다이제스트 판이었다. 갖가지 기쁨나라 모습을 보는 『기쁨나라 보는 경(觀無量壽經)』은 당장 수행에 쓸 책이 아니라서 애벌 번역만 해놓고 깊이 들어가지는 않았다.

2012년 하산하여 정토선 관련 책을 집필하면서 내 연구 노트를 정리하여 『아미따경』을 전자책(e-book)으로 냈다. 경전을 옮긴다는 것은 큰 책임이 뒤따르는 작업이므로 우선 내가 연구한 노트를 도반들과 공유하여 고쳐나가기 위해서다. 2014년 6월 17일 U-paper라는 책 유통회사에 글쓴이가 낸 책 5권을 올리면서 『아미따경』과 『만화로 보는 아미따경』도 올렸다(모두 무료).

이곳에 들어와 책을 찾는 사람들은 모두 젊은 사람들이므로 쉽게 손전화로 접할 수 있도록 특별히 모바일 용으로 편집하였다. 그리고 지금까지 한문을 풀이하는 방식의 해설을 산스크리트 원문과 대조하여 영어로 해설하는 방식을 취하였다. 과연 젊은 사람들이 얼마나 관심을 가졌을까? 그동안 조회한 횟수가 1,669회이고 183명이 다운을 받아 갔다. 꽤 고무적인 결과였다. 2014년 『아미따경』을 낸 뒤, 이어서 정토에 관련된 책을 몇 권 더 냈다.

①『정토와 선』, 맑은나라, 2014. 05. 30.
②『극락과 정토선』, 맑은나라, 2015. 09. 30.
③『극락 가는 사람들』, 맑은나라, 2015. 12. 25.
④『만화로 읽는 아미따경』(번역), 맑은나라, 2015. 09. 30.
⑤『아미따불 48대원』(공역), 비움과 소통, 2015.
⑥『아름다운 이별 행복한 죽음』(공역), 비움과 소통, 2015.
⑦『조념염불법』(공역), 비움과 소통, 2016.
⑧『극락과 염불』, 맑은나라, 2016. 04. 08.

그리고 2023년 그동안 자료를 수집했던『극락 간 사람들(韓國往生傳)』을 마무리하면서 그 바탕이 되는『아미따경』 수정판을 냈다.

⑨『극락 간 사람들』 상(삼국·고리·조선편), 맑은나라, 2023.
⑩『극락 간 사람들』 하(근·현대편), 맑은나라, 2023.
⑪『모든 붇다가 보살피는 아미따경』, 맑은나라, 2023.

기쁨나라 3경 가운데『모든 붇다가 보살피는 아미따경』 1권만 내고 나머지 2권을 마무리해야 한다는 부담이 늘 마음 한구석에 남아있었다. 2024년 6월, 만 80살을 기리는「출판기념회와 살아서 하는 장례식」을 마치고 바로 오대산 북대 미륵암으로 들어와 6개월쯤 기간을 잡고『기쁨나라경(無量壽經)』과『기쁨나라 보는 경(觀無量壽經)』을 옮기기 시작하였다.『아미따경』에 비해 분량도 많고 참고할 서적도 많아 간단히 우리 부부 힘만으로 이 불사를 원만이 회향하기 어렵다고 생각해 다음과 같은 불사 참여 팀을 만들었다.

(1) 역경실 인원

① 역경실 총감독: 광행 스님 (미륵암 주지)

② 3경 번역: 보정 거사 (맑은나라 불교연구소 이사장)

③ 1차 교정: 불모화 보살 (맑은나라 출판사 대표)

(2) 읽어내기 및 교정 불사 참여팀

④ 공원 스님 (대승사)

⑤ 등인 스님 (정토선원)

⑥ 등정 스님 (서방사)

⑦ 만성 스님 (곤지정사)

⑧ 월호 스님 (행불선원)

⑨ 혜명 스님 (자운사)

⑩ 하원 스님 (망경산사)

(3) 읽어내기 및 교정 불사 참여 2팀(아-난다동아리)

⑪ 남규호 ⑫ 신태수 ⑬ 임상철 ⑭ 서상휼 ⑮ 박교순

⑯ 최진선 ⑰ 채규상

번역은 다음 3단계로 진행되었다.

1) 곁뿌리 경전(傍依經典) 4경 1론 옮기기

기쁨나라 3경이 기쁨나라 가기 위한 뿌리 경전(所依經典)이 된 것은 이미 오래되었다. 한편 다른 경전에도 기쁨나라에 관한 대목이 많이 나오는데, 이런 경전을 곁뿌리 경전(傍依經典)이라고 했다. 곁뿌리 경전은 4경 1강론을 필요한 부분만 뽑아서 옮겼다.

(1) 곁뿌리 4경

①『바로 붇다 보는 싸마디 경(般舟三昧經)』

②『대불정수능엄경』 5권

③『크넓은 꽃으로 꾸민 붇다 경(大方廣佛華嚴經)』

④ 참법 연꽃 경(妙法蓮華經)과 아미따바 붇다 (3품)

(2) 곁뿌리 1론

①『기쁨나라경 강론(無量壽經講論)과 기쁨나라 가기 바라는 게송(願生偈)』

곁뿌리 경전은 추려서 옮기는 것이라 내용이 많지 않아 6월 8일부터 7월 7일까지 1달 걸려 번역을 마쳤다. 곁뿌리 경전은 번역해 가면서, 그 내용을 9번으로 나누어 단톡방에 올려 불사 참여팀과 교정 팀이 틀린 곳을 고쳤으며, 한 달에 한 번씩은 아~난다동아리가 미륵암에 와서 함께 돌려 읽기를 하면서 다시 교정을 보았다.

2) 뿌리 경전(所依經典) - (2) 『기쁨나라경(無量壽經)』 옮기기

7월 8일부터 시작한 『기쁨나라경』은 9월 6일 2달 만에 번역을 마치고, 28일까지 22일간 밀어놓았던 주(註)도 더 달고, 한문을 다시 검토하고, 옮기기 위해 띄어놓았던 문단들을 다시 복원하였고, 마지막으로 9월 28일에 머리말을 마쳤다.

2011년 망경산사에서 했던 애벌 옮김은 2011년 7월 30일부터 2012년 8월 10일까지 새벽에 2시간씩 1년이 걸렸는데, 이번에는 2달 만에 마친 것이다. 좋은 환경, 좋은 건강 상태에서 얼마나 집중했는지 알 수 있다. 한편 12년 전에 비해 하드웨어가 많이 풍부해졌다. 국내에서 태원 스님의 『정토삼부경 역해』와 보광 스님의 『정토삼부경』이 한문 원전을 충실하게 번역해 놓아 크게 도움이 되었다. 옮긴이 스스로가 그동안 산스크리트에 대한 실력이 많이 늘어난 데다가 Sanskrit-English Dictionary가 온라인으로 제공된 것도 시간을 아끼는 데 결정적인 도움이 되었다. 무엇보다도 지난 12년 동안 맑은나라(淨土)에 대한 책을 10권쯤 내면서 맑은나라(淨土)와 기쁨나라(極樂)에 대한 공부가 바탕이 되어 몇 배 좋은 결과를 낼 수 있었다.

옮기면서 12년 전에 했던 애벌 번역을 큰 폭으로 고치고, 90% 주석을 새로 달면서, 12년 전에 책으로 내지 않은 것이 얼마나 잘한 일이었는지 여러 번 되새긴다.

3) 뿌리 경전(所依經典) - (3) 『기쁨나라 보는 경(觀無量壽經)』 옮기기

『기쁨나라 보는 경』은 생각보다 양이 많지 않았다. 그런 데다 대부분 풀이 글(註釋)이 이미 마친 『아미따경』이나 『기쁨나라경』과 겹

치기 때문에 본문을 옮기는 데만 집중할 수가 있었다. 2012년에 애벌로 옮긴 것은 크게 도움이 되지 않을 정도로 새로운 눈으로 새롭게 옮길 수가 있었다. 10월 19일과 20일 아-난다동아리가 와서 교정을 마친 뒤, 한문 다시 정리하고, 차례 다시 검토하고 나니 10월 말이 되었다.

지금까지 3경을 옮기면서 용어를 풀이하는 데는 『불광사전』이 크게 도움이 되었다는 것을 밝혀 둔다. 마침 한국에서 그 사전을 아래한글 버전으로 만든 것이 있어 한글과 한문 모두 검색이 가능하고, 각 용어에 대한 산스크리트와 빨리어 낱말이 덧붙여 있어 아주 편리하였다.

끝으로 처음부터 끝까지 번역한 것을 읽고 교정을 보고 의견을 주신 스님 팀과 아~난다동아리 여러분께 감사드리고 미륵암 은다향 원주보살과 자질구레한 일을 도와준 거사님들, 공양을 뒷받침해 주신 보살님들에게 감사드린다.

2024년 11월 12일

오대산 북대 미륵암 역경실에서

보정 서길수

차례

<기쁨나라 뿌리 3경>의 곁뿌리 경론(傍依經論)

기쁨나라 뿌리 3경과
곁뿌리 4경 1론에 관한 풀이

Ⅰ. 『모든 붇다가 보살피는 아미따경(阿彌陀經)』

1. 붇다가 말씀하신 경전의 이름: 「모든 붇다가 보살피는 경」

『아미따경』은 기쁨나라(극락)란 어떤 곳이고 어떻게 갈 수 있는가를 아주 간결하면서도 뚜렷하게 보여주는 경전이다.

이미 앞에서 보았듯이 이 『아미따경』의 산스크리트 원문은 쑤카바띠-뷰하(Sukhāvatī-vyūha)이다. 쑤카바띠(Sukhāvati)는 '기쁨만 가득하다(full of joy)'는 뜻이고, 뷰하(vyūha)는 꾸밈(arrangement)이란 뜻이기 때문에 글자대로 옮긴다면 '기쁨으로만(full of joy) 꾸며진(arrangement)', '기쁨만 있는 곳(나라)'이라고 옮길 수 있다. 그래서 본디 뜻을 잘 담고 있으면서 간단한 '기쁨나라'라고 옮겼다. 한문으로 옮기면서 소리를 따서 수마제(須摩提)·수마제(須阿提)라고 옮겼고, 뜻으로는 '더할 나위 없이 기쁨(極樂)'이라고 옮겼고, 기쁜 맑은나라(極樂淨土)·기쁨나라(極樂國土)·서녘 맑은나라(西方淨土)·서녘(西方)·편안한 맑은나라(安養淨土)·편안한 나라(安養世界)·편안하고 기쁜 나라(安樂國), 기쁨나라(樂邦)라고 옮겼다. 경전에 수마제(須摩提)나 안양(安養)이 많이 나오는데 모두 기쁨나라(극락)를 뜻하는 것이다. 물론 안양이란 도시 이름도 기쁨나라(극락)란 뜻이고 불교에서 비롯되었다.

이 경은 3번 한문으로 옮겨졌다.

1) 꾸마라지바(Kumārajīva, 鳩摩羅什, 344~413) 옮김, 『불설아미따경(佛說阿彌陀經_』(『小經』), 402년쯤.
2) 구나바드라(Guṇabhadra, 求那跋陀羅, 394~468) 옮김, 『불설소무량수경(佛說小無量壽經)』, 455년쯤.
3) 현장(玄奘, 602?~664) 옮김, 『칭찬정토불섭수경(稱讚淨土佛攝受經)』, 650년.

꾸마라지바는 『아미따경(阿彌陀經)』이라고 했는데, 이때 아미따는 다음에 보겠지만 붇다의 이름을 줄여서 쓰므로 해서 붇다의 특징을 완전히 살리지 못했다. 지금은 남아있지 않은 구나바드라의 『작은 무량수경』도 『무량수경』을 줄인 작은 경이란 뜻으로 이 경의 특성을 완전히 나타내지 못했다. 새 번역이라는 현장의 『칭찬정토불섭수경(稱讚淨土佛攝受經)』을 우리말로 옮겨보면 '맑은나라(淨土) 붇다가 (자기 나라로) 받아들이는 것을 기리는 경'이라는 긴 이름이다. 이처럼 여러 가지 이름을 종합해 보면서, 『아미따경(阿彌陀經)』의 내용을 잘 뜯어보면, 경 안에서 이미 이 경의 이름이 나와 있다는 것을 알 수 있는데, 『모든 붇다가 보살피는 경(一切諸佛所護念經·諸佛所護念經)』이다. 그래서 경전 안에 있는 붇다가 지은 이름에 지금까지 불러온 『아미따경』의 이름을 살려서 『모든 붇다가 보살피는 아미따경』이라고 옮겼다.

2. 경의 이름 아미따(amita, 阿彌陀)에 대한 검토

1) 왜 아미타경이 아니고 아미따경인가?

2014년 『아미따경』과 『만화로 보는 아미따경』이 책으로 나오자, 책에 나온 불교 용어에 대해 글쓴이가 속해있던 염불동아리부터 부정적인 반응이 많았다. 그래서 '南無阿彌陀佛'을 왜 '나모아미따불'이라고 읽어야 하는지를 밝히기 위해 2편의 논문을 썼다.

(1) 「'南無阿彌陀佛'의 소릿값(音價)에 관한 연구」 (1), 『정토학연구』 (34집), 2020.
(2) 「'南無阿彌陀佛'의 소릿값(音價)에 관한 연구」 (2), 『불교음악연구』 (2), 2021.

이 두 논문을 보면 나무(南無)는 나모(namo)라고 읽어야 하고, 아미타불(阿彌陀佛)은 '아미따   다'라고 읽어야 한다. 그리고 우리나라에서 나모아미따불을 나무아미타불로 확정한 것이 1935년 이후라는 것도 확실하게 밝혔다.

아미따 붇다는 아미따(amita)+붇다(Buddha)로 모두 산스크리트를 소리 나는 대로 한자로 옮긴 것이다. 아미따(amita)는 아(a)+미따(mita)로, 미따(mita)에 아(a)라는 앞가지를 붙인 것으로 미따(mita)는 헤아릴 수 있는(measured), (값이) 싼(moderate), 빈약한(scanty), 아낀(frugal), 작은(little), 모자란(short), 짧은(brief) 같은 뜻이다. 산스크리트에서 앞가지 [a-]는 영어의 in-이나 un-과 같이 부정(negative), 반대(contrary sence)를 나타내는데, 홀소리(모음) 앞에는 [an-]을 쓴다. 보기를 들면 sat(좋은) → a-sat(나쁜), ant(끝) → an-ant(끝없는)처럼 바뀌므로 mita(작은·짧은)에 앞가지를 붙이면 a-mita(가없는, 끝없는)가 된다. 따라서 반드시 '아미따'라고 해야지 줄여서 '미타불', '미타정사', '미타선원', '미타삼존'이라고 하면 '빈약한 붇다', '작은 붇다', '모자란 붇다', '짧은 붇다'란 말도 안 되는 번역이 되어버리므로 써서는 안 된다.

한편 '아미타'는 반드시 '아미따(amita, 阿彌陀)'라고 읽어야 한다. 산스크리트 글자에는 따(ta)와 타(tha)라는 전혀 다른 글자가 있다. 그러므로 amita를 우리말로 옮길 때 'ta=따'로 옮기지 않으면 amita가 아닌 ami-tha가 되어 다른 낱말이 되어 버리기 때문이다. 산스크리트에서 미타(mitha)는 함께(together), 서로(mutually), 상호적(reciprocally), 번갈아(alternately)라는 뜻이 있고, 여기에 부정을 나타내는 앞가지 /a-/를 붙여 아미타(a-mitha)가 되면 홀로, 따로, 독단적, 혼자 같은 전혀 다른 뜻이 된다. 따라서 '아미타불'은 홀로 붇다, 따로 붇다, 독단적 붇다, 혼자 붇다가 되어 아미따 붇다가 갖는 본성과 완전히 반대 뜻이 되어 버린다.

2) 아미따불은 아미따바 붇다와 아미따윳 붇다를 합친 것이다

산스크리트나 다른 번역본에는 '아미따불'이라는 이름이 없다. 여기서 말하는 아미따불이 산스크리트 원본에서는 '아미따윳(Amitāyus, 無量壽) 여래(Tathāgata, 如來)' 또는 '아미따바(Amitābha,

無量光) 여래(Tathāgata, 如來)'라고 되어 있다. 그런데 꾸마라지바가 두 가지 낱말의 공통 분모인 아미따(Amita, 阿彌陀)에 붇다(Buddha, 佛陀)의 약자인 불(佛)자를 부쳐 아미따불(阿彌陀佛)이란 새로운 낱말을 만들어 냈다. 그러므로 우리가 아미따불을 염할 때는 반드시 '끝없는 목숨(아미따윳, Amitāyus, 無量壽)', '끝없는 빛(아미따바. Amitābha, 無量光)'이라는 낱말 가운데 '목숨'이나 '빛'을 생략하고 공통분모만 가지고 만든 낱말이라는 것을 마음속에 두고 새겨야 한다. 그렇지 않고, 글자 그대로 새기면 '끝없이 많은(Amita, 無量) 붇다(Buddha, 佛)'란 엉뚱한 뜻이 되어 버리기 때문이다.

그렇다면 우리는 평소 아미따윳 붇다(끝없는 목숨 붇다, 無量壽佛)와 아미따바 붇다(끝없는 빛 붇다, 無量光佛) 가운데 어떤 붇다 이름을 쓸 것인가? 옮긴이는 아미따바(Amitābha, 無量光) 붇다를 추천한다. 치나(支那)에서는 도교의 영향으로 끝없는 목숨을 즐겨 썼지만, 산스크리트 원문에는 끝없는 빛을 더 많이 썼고, 우리가 발음하고 염불에 적용할 때도 아미따윳은 마지막 소리가 닫힌 소리라 아미따바가 훨씬 좋기 때문이다. 자세한 것은 다음 기쁨나라경(無量壽經)에서 자세하게 설명하겠다.

3. 산스크리트 아미따경은 어떤 것이 있는가?

앞에서 이미 한문으로 옮겨진 3가지 번역본을 보았다. 대부분의 다른 경전도 그렇지만 꾸마라지바가 402년쯤 산스크리트에서 한문으로 옮긴 뒤 산스크리트 원본은 사라졌다.

1) 신담문자로 된 산스크리트본

산스크리트본이 처음 발견된 곳은 일본으로 모두 신담(Siddhaṃ, 悉曇) 문자로 되어 있다. 원인(圓仁, 798~864)이 당나라에서 가져온 불서 목록 중 「梵漢兩字아미타경 1권」에 들어있는 것으로 보아 이 때 일본에 들어왔다고 추정한다. 에도시대(1603~1868) 후기부터 4가지가 간행되었다. (藤田宏達, 『浄土三部経の研究』, 岩波書店, 2007, 107쪽 이하).

① 常明(刊), 『梵漢阿彌陀經』 一册, (1773).
② 慈雲(刊), 『梵漢阿彌陀經』 (『梵篋三本』 一帖), (1783)
③ 法護(纂), 諦濡(校) 『梵文阿彌陀經諸譯互證』 一册, (1795)
④ (法護(述), 諦濡·典壽(校) 『梵文阿彌陀經義釋』 四册, (1795)

이를 바탕으로 근대 이후 새로운 모습으로 출판되었다.

⑤ "O-mi-to-king ou Soukhavati-vyouha-soutra, d'après la version chinoise de Koumarajiva, traduit du chinois par MM. Ymaizoumi et Yamata," Annales du Musée Guimet, Tome II (1881), pp.39-64 ["Texte sanscrit du Soukhavati-vyouha-soutra," pp. 45-64.]
⑥ 阿満得寿, 『悉曇阿弥陀経』(Sukhävatī-vyūha in the Siddha

Character, compiled by T. Ama) (丙午出版社, 1908)

⑦ 慈雲(刊), 『梵漢阿弥陀経』, 『慈雲尊者梵本註疏英華』所収 (大阪、慈雲尊者百五十年遠忌奉賛会, 1953)

⑧ 『弥陀経梵本』〔Sanskrit Manuscripts from Japan (Facsimile Edition), Part 2, reproduced by Lokesh Chandra, Sata-pitaka Series, Vol. 94 (New Delhi, 1972), pp.413-435.〕

2) 데바나가리와 로마자화한 산스크리트본

그 뒤 18세기가 되어서야 네팔에서 28점이나 되는 산스크리트본 아미따경이 발견되었다. 대부분 손으로 옮겨 쓴 것인데, 연대가 나타난 것 가운데 가장 오래된 것은 1152년(또는 1153년)에 쓰인 것이다. 카트만두 국립고문서관에서 간직하고 있던 패엽경(貝葉經)인데, 패엽경이란 빧뜨라(pattra, 貝多羅)라는 나뭇잎에 바늘로 쓴 경전을 말한다.

① F. Max Müller, "On Sanskrit Texts Discovered in Japan," JRAS. (April 1880), pp. 153-186 〔"The Smaller Sukhāvati-vyūha," pp. 181~186〕.

② Sukhävati-vyūha, Description of Sukhävati, the Land of Bliss, ed. by F. Max Müller and B. Nanjio, Anecdota Oxoniensia, Aryan Series, Vol. 1, Part II (Oxford, 1883. Repr. Amsterdam: Oriental Press, 1972; New York: AMS Press, 1976), pp.92~100 〔Appendix II. Sanskrit Text of the Smaller

Sukhāvati-vyūha).

③ 萩原雲来, 「梵和対訳·阿弥陀経」『梵蔵和英合璧·浄土三部経』, 1931, 212쪽 (『浄土宗全書』 別巻, 1931; 재판, 東出版社, 1961. 복간 『浄土宗全書』 23권, 山喜房仏書林, 1972)

④ 泉芳璟, 「阿弥陀経梵文」(『マューラ』 제1호에 실림, 大谷大学聖典語学会, 1933)

⑤ 阿満得寿, 『梵本(ローマ字訳)阿弥陀経と和訳の対照』 (京都, 大乗社, 1934).

⑥ The Smaller Sukhāvati-vyūha, Description of Sukhāvatī, the Land of Bliss, Collaterating (sic) Sanskrit, Tibetan, Chinese Texts with Commentarial Foot Notes, Part I, ed. by Hideo Kimura (Kyoto Publication Bureau of Buddhist Books, Ryukoku University, 1943).

⑦ 足利惇氏, 「石山寺所蔵阿弥陀経梵本について」 (『印度学仏教学研究』 3권 2호, 1955, 横組 10~17쪽. 『足利惇氏著作集』 2권, 東海大学出版部, 1988, 横組 15~25쪽에 다시 실음).

⑧ 月輪賢隆, 『梵蔵漢和合璧·仏説阿弥陀経』 (『極楽荘厳経』) (西本願寺 夏安居 講録, 1955).

⑨ "Sukhāvativyūhaḥ(Saṃkṣiptamātṛkā)," in P. L. Vaidya (ed.), Mahāyānasūtrasaṃgraha, Part 1, Buddhist Sanskrit Texts, No. 17 (Darbhanga, 1961), pp. 254~257.

네팔에서 나온 아미따경 가운데 1773년에 쓴 경을 1880년 4월

막스 뮐러(Max Müller, 1823~1900)가 널리 드러냄에 따라 활발한 연구가 시작되었다. 그리고 인두인 바이댜(P. L. Vaidya, 1891~1978)가 마틸라 산스크리트 연구소(ṭhe Mathila Institute of ṣanskrit Research at ḍarbhanga) 소장으로 있을 때 정리하여 펴낸 불교 산스크리트 원전(Buddhist ṣanskrit ṭexts) 시리즈 17권 속에 아미따경 원문이 들어 있다.

막스 뮐러가 영어로 옮긴 것도 널리 알려져 있다.

Max Müller, The Smaller Sukhāvativyūha, Vol. 49, Part II, Oxford, 1984.

P. L. Vaidya, Buddhist Sanskrit Texts Vol. 17, Darbhanga, India, 1961.

이번 아미따경을 옮기면서 산스크리트 원본을 하나하나 꼼꼼하게 견주어 뜻을 새길 수 있어 행복하였다. 이때 승가대학에서 최종남 교수와 여러분이 함께 풀이해서 옮긴 범본·한역본·티베트어본 『아미타경』(경서원, 2009)과 최봉수 박사가 옮긴 『양본극락장엄경(兩本極樂莊嚴經)』(동산법문, 2000)이 크게 도움이 되었다.

4. 아미따경은 어떤 내용인가?

이 경의 원문에는 차례가 없다. 그러나 많은 사람이 이 경을 풀이하거나 옮기면서 작은 제목들을 달아서 쉽게 이해하도록 하였다.

그것은 차례만 보아도 전체의 뜻을 쉽게 꿰뚫어 볼 수 있도록 하기 위한 것이다. 옮긴이도 2009~2012년 입산했을 때 이 아미따경 애벌 옮김을 한 뒤 1년 반 동안 매일 새벽 하루도 빼지 않고 이 경을 읽고 새기면서 전체의 맥락을 쉽게 간추려 차례를 만들어 보았다. 아울러 제목 끝에 [믿음(信)] [바램(願)] [닦음(行)] [가서 남(往生)]이라는 4가지를 붙여 붇다께서 강조하신 참뜻을 쉽게 볼 수 있도록 했다.

앞에서 말했지만 믿음(信) 바램(願) 닦음(行)이라는 '3가지 밑천(三資糧)'을 장만하면 기쁨나라에 가서 날 수 있고(往生), 이렇게 기쁨나라에 가서 나는 그 결과를 열매(果)라고 한다. 곧 [믿음(信)+바램(願)+닦음(行)=가서 남(果)]이라는 등식이 성립되는데, [믿음(信)+바램(願)+닦음(行)]은 씨앗(因)이 되고 [가서 남(往生)]은 열매(果)가 된다. 그러므로 씨앗이 없으면 열매가 열릴 수 없고, 씨앗을 심어 잘 가꾸면 반드시 열매가 열리게 되어 있다.

『아미따경』은 극히 간결하지만, 붇다께서 그 안에 씨앗과 열매를 모두 보여준 드문 경전이다. 이 번역본에는 절을 나누어 제목을 붙일 때 각 단계를 [믿음] [바램] [닦음] [가서 남] 같은 단계를 표시하여, 읽는 선남선녀들이 그 뜻을 더 깊이 새기도록 하였다. 따라서 경을 읽을 때 작은 제목들도 한꺼번에 읽으면 쉽게 그 단원이 주는 메시지를 알 수 있을 것이다. 다만 1, 2, 3 같은 번호와 [믿음] [바램] [닦음] [가서 남] 같은 말은 마음속으로만 새기고 소리 내서 읽지 않아도 된다.

전체 줄거리를 간추려 보면 다음과 같다.

1) 첫머리 - [믿음(信)]

이 첫머리에는 다른 대승경전과 마찬가지로 붇다가 이 경을 말씀하신 현장을 그리고 있다. 이어서 이 경의 주제가 '기쁨나라'에 관한 것이라는 것을 분명히 하고, '그 나라 중생들은 괴로움이란 전혀 없고 온갖 즐거움만 누리기 때문에 '기쁨나라'라고 한다.'라고 해서 그 기쁨나라에 대한 정의를 뚜렷하게 밝히고 있다. 이렇게 하므로 해서 이 경이 믿을 수 있는 경이라는 것을 강조한 것이다.

2) 기쁨나라는 어떤 곳인가? - [믿음(信)]

이 장에서는 기쁨나라에 대해 구체적인 모습을 밝혀서 읽는 사람이 믿음을 갖도록 해 준다.

① 기쁨나라의 모습 - 거리와 못을 비롯한 모든 것이 보석으로 꾸며져 있다.

② 기쁨나라의 하루(1) - 1조 붇다께 이바지하며 편안하게 붇다가 되는 길을 닦는다.

③ 기쁨나라의 하루(2) - 우아한 새소리와 산들바램이 나무와 그물을 흔들어 내는 미묘한 소리를 들으면, 5가지 뿌리 · 5가지 힘(力) · 7가지 깨치는 법 · 8가지 괴로움을 없애는 길 같은 가르침을 저절로 깨달아 알게 된다.

④ 기쁨나라의 법왕 - 이곳을 다스리는 붇다인 아미따불은 가없는 빛(無邊光)과 끝없는 목숨(無量壽)이라는 뜻이고, 이미 아르한(阿羅漢)이 된 성문과 보디쌑바(菩薩)들이 수없이 많다.

이처럼 기쁨나라는 본바탕이 뛰어나게 잘 꾸며져 있다는 것을 밝혀 읽는 사람이 믿음을 갖도록 하였다.

3) 어떻게 해야 기쁨나라에 갈 수 있는가?

- [믿음] [바램] [닦음] [가서 남]

그렇다면 어떻게 해야 이런 기쁨나라에 갈 수 있는가? 이 경에서 가장 고갱이(核心)을 이루는 부분이다.

① 기쁨나라 가는 길(1) [바램(願)] - 이곳에는 많은 괴로움이 있는 사하(娑婆) 세계와 달리 성문과 보디쌑바 같은 어진 사람들과 함께 수행하기 때문에 그곳에 가서 나기만 하면 다시는 괴로움으로 떨어지지 않고 붇다가 될 수 있다. 그러므로 반드시 기쁨나라에 가서 나길 바라야 한다(願)는 것을 강조한다. 이것이 기쁨나라를 가기 위한 첫 조건이다.

② 기쁨나라 가는 길(2) [닦음(行)] - 두 번째 기쁨나라를 가기로 바라는 마음을 낸 사람은 열심히 붇다의 이름을 마음에 새겨야(念佛) 한다. 이것이 두 번째 조건이다. "만일 선남·선녀가 아미따 붇다에 대한 설법을 듣고, 그 이름을 새기되 하루나 이틀이나 사흘이나 나흘이나 닷새나 엿새나 이레 동안 한마음 흐트러지지 않게 이어가면, 그 사람의 목숨이 다할 때 아미따불이 여러 성인과 함께 그 앞에 나타나므로, 그 사람의 목숨이 끊일 때 마음이 무너지지 않고 바로 아미따불 기쁨나라에 가서 난다."

③ 기쁨나라 가는 길(3) [믿음(信)] - 이 경의 이름은 「모든 붇다가 보살피는 경(經)」이다. 그것은 지금 이 경을 말씀하시는 사까무니 붇다뿐 아니라 동서남북 위아래 사방의 모든 붇다들이 다 보살피는 경이기 때문이다. 그리고 그 모든 붇다들이 각자 자기 나라에서 이 경을 믿으라고 말씀하고 있다는 것을 말씀하므로 해서 더 굳은 믿음을 갖게 하였다.

④ 기쁨나라 가는 길(4) [마지막 당부] - 만일 이 경을 믿고 기쁨나라에 나길 바라게 되면 모든 붇다들의 보살핌을 받기 때문에 반드시 기쁨나라에 가서 난다. 그러므로 만일 믿음이 있다면 반드시 그 나라에 나길 바라는 마음을 내야 한다고 강조하고 있다.

4) 마무리 - [믿음] [바램]

① 앞에서 기쁨나라는 얼마나 좋고 어떻게 갈 수 있는가에 대해서 말씀하셨다. 그러나 너무 쉬운 방법이기 때문에 사람들이 믿지 않을 수 있다. 이렇게 믿기 어려운 경을 깨달아 중생에게 가르치는 일은 어려운 일이라는 것을 다시 일깨워 주어 굳은 믿음을 갖게 한다.

② 붇다가 이 경을 마치자 '사리뿌뜨라와 여러 빅슈들, 온갖 천신과 사람들, 그리고 아수라들이 붇다 말씀을 듣고 크게 기뻐하며 믿고 받아들인 뒤, 모두 기뻐하며 믿고 받아들였다'고 마무리하여, 이 경을 읽는 사람들도 믿고 기쁨나라 가겠다는 마음을 내도록 마무리하고 있다.

Ⅱ. 기쁨나라경(無量壽經)

1. 『무량수경(無量壽經)』을 왜 『기쁨나라경(極樂經)』이라고 했는가?

이번 기쁨나라 3경을 옮기면서 3경의 이름을 한문으로 옮길 때 지은 그대로 쓰는 것보다 경전 안에 붇다가 이미 지어주신 이름을 존중하고, 산스크리트 원문이 있는 것은 산스크리트 경 이름도 종합적으로 반영하여 알맞은 경 이름을 지어야 한다고 생각했다. 그래서 『아미따경』은 경 안에 이미 있는 『모든 붇다가 보살피는 경(一切諸佛所護念經)』을 반영해 『모든 붇다가 보살피는 아미따경』이라 했고, 『무량수경』은 산스크리트본을 바탕으로 『기쁨나라경(Sukhāvati vyūha sūtras)』이라고 옮겼다. 지금까지 한국·치나(支那)·일본에서 오랫동안 『무량수경』이라고 불렀기 때문에 『기쁨나라경(Sukhāvati vyūha sūtras)』이라고 옮기는 것에 대해서는 자세한 설명이 필요하다.

1) 『무량수경』은 여러 가지 이름이 있었다

『무량수경』 한문 번역은 모두 12번 이루어졌는데, 7가지는 없어지고 지금 남은 것은 5가지이다.

12가지 번역본 가운데 현재 남은 5가지를 연대순으로 정리하면 다음과 같다.

(1) 로까세마(Lokaṣema, 支婁迦讖) 옮김, 『(붇다가 말씀하신) 헤아릴 수 없이 맑고 깨끗하고 빈틈없이 깨달은 분 경(佛說 無量淸淨平等覺經)』, 147~186년.

(2) 지겸(支謙) 옮김, 『(붇다가 말씀하신) 끝없는(阿彌陀) 바르고 빈틈없이 깨달은(三耶三佛) 모든 붇다(薩樓佛壇) 과도인도(過度人道) 경』(줄임: 큰 아미따경(大阿彌陀經), 222~229년.

(3) 쌍가바르만(康僧鎧) 옮김, 『(붇다가 말씀하신) 끝없는 목숨 붇다 경(佛說無量壽佛經)』, 252년(삼국시대, 魏).

(4) 보리류지(菩提流志) 옮김, 「끝없는 목숨 여래의 모임(無量壽如來會)」, 『大寶積經』(17), 713년(唐).

(5) 법현(法賢) 옮김, 『(붇다가 말씀하신) 큰 탈것 끝없는 목숨으로 꾸민 경(佛說大乘無量壽莊嚴經)』, 991년(宋).

위에서 본 바와 같이 지금까지 우리가 간단히 『무량수경』이라고 했지만, 그 이름이 매우 갖가지이고, 어떤 것은 그 이름으로는 산스크리트 원본 이름을 추정하기 어렵다. 특히 쌍가바르만 이전의 옛 번역에서는 『끝없는 목숨(無量壽)』이라는 이름의 제목이 나오지 않는다는 점에서 한문 번역자들이 삼고 있는 원본의 제목이 '무량수'가 아니었다는 것은 주목할 만하다.

2) '끝없는 목숨 붇다(無量壽佛)'인가 '끝없는 빛 붇다(無量光佛)'인가?

그러나 전체적으로 보면 '끝없는 목숨 붇다(無量壽佛)'가 거의 절반 이상의 제목을 차지하고 있는 것이 사실이다. 그렇다고 한문으로 옮긴 '끝없는 목숨 붇다(無量壽佛)'의 원문이 '끝없는 목숨(Amitāyus)'이라고 할 수 없고, 오히려 '끝없는 빛(Amitābha)'인 경우가 많다

아미따붇다(阿彌陀佛)는 '끝없는 목숨 붇다(無量壽佛)'와 '끝없는 빛 붇다(無量光佛)'의 공통분모를 따서 만든 이름이란 것은 잘 알려진 사실이다. 여기서 '목숨(壽)은 아윳(āyus)', '빛(光)은 아바(ābha)'를 옮긴 것이다. 그런데 『무량수경(無量壽經)』이나 『관무량수경(觀無量壽經)』이나 모두 경 이름이나 내용에 '끝없는 빛 붇다(無量光佛)'를 주된 이름으로 쓰지 않고, '끝없는 목숨 붇다(無量壽佛)'를 쓰고 있다. 『무량수경(無量壽經)』 한문 원문을 검색해 보면 '무량수불' 29번, '무량수' 53번이 나오지만, '무량광불'은 여러 가지 이름에 섞여 딱 한 번 밖에 나오지 않는다.

그러나 산스크리트본 『기쁨나라경(Sukhā-vati vyūha sūtras)』을 검색해 보면 아미따바(amitābha)가 36번, 아미따윳(amitāyus)이 13번으로 아미따바(amitābha)가 아미따윳(amitāyus)보다 무려 3배 가까이 많다는 것을 알 수 있다. 이런 결과를 통해서 산스크리트에서 한문으로 옮길 때 경전을 옮기는 사람들이 아미따바(amitābha)를 모두 아미따윳(amitāyus)으로 바꾸어 옮겼다는 것을 알 수 있다. 다시 말해 적어도 36번에 걸쳐 아미따바(amitābha, 無量光)를 무량수(無量壽)로 옮긴 것이고, 이것을 되 옮겨보면 무량수보다 무량광이 3배나 많다는 것을 알 수 있다. 이 점은 후지타가 이미 『원시정토사상 연구』에서 잘 설명하고 있다.

① 『무량수경』 산스크리트본 제목이 『무량수』가 아니고 기쁨나라(쑤카바띠-뷰하·Sukhāvati-vyūha)이다. 따라서 『무량수경』이나 『무량수여래회』는 옮긴이 뜻을 반영한 것이다.
② 『아미따경』도 산스크리트본 제목이 '아미따경(Amita sūtra)'이 아니고 기쁨나라(쑤카바띠-뷰하·Sukhāvati-vyūha)이다.
③ 『대승 무량수 장엄경』도 산스크리트 원본은 없지만, 티베트 역 등을 바탕으로 되 옮겨 보면 『큰 탈 것 끝없는 빛 경(Mahāyana-amitābha-sūtra)』이라고 되 옮길 수 있다.
④ 산스크리트본과 티베트 역을 분석하여 붇다의 이름이 '끝없는 빛(Amitābha, 無量光)'을 기본(建前)으로 하고 있어 아미따불의 본디 이름은 '끝없는 빛(Amitābha, 無量光)'처럼 되어 있다.

실제로 옮긴이도 한문 『무량수경』을 옮기면서 「무량수(無量壽)」 붇다라고 되어 있는 부분을 산스크리트본에서 보면 '끝없는 빛(Amitābha, 無量光)'이라고 되어 있어 주를 단 곳이 몇 곳 있다. 여기서 이 점을 강조하는 것은 이 경을 「무량수(無量壽)」가 대변하고 제목이 반드시 「무량수경(無量壽經)」이어야 하는 것이 아니라는 점을 밝히기 위해서다. 그리고 앞으로 기쁨나라(極樂) 붇다 이름을 쓸 때 아미따윳보다는 아미따바로 쓴 까닭을 미리 밝히기 위해서다.

그렇다면 왜 초기 번역가들은 아미따바(amitābha, 無量光)를 모두 아미따윳(amitāyus, 無量壽)으로 바꾸어 옮겼을까? 그것은 격의 불교의 영향이 컸다. 격의란 도가나 유교의 원리를 가지고 불교의 도리를 해석하는 것을 말한다. 불교가 처음 동쪽으로 전해졌을 때 지식인들은 늘 노장사상과 비슷하다고 하여 받아들였다. 또 위·진 시대(3~4세기)에는 노장사상으로 반야의 공 이치를 설명하였다. 이러한 과도기 학풍을 격의(格義)라고 한다. 그리고 당시는 끝없는 빛을 뜻하는 아미따바(amitābha, 無量光)보다 끝없는 목숨을 뜻하는 아미따윳(amitāyus, 無量壽)이 도가(道家)나 도교적인 신선(神仙) 이야기를 좋아하고 오래 살고 죽지 않는 것(長生不死)을 찾는 치나(支那) 사람들 사상에 걸맞은 낱말이라고 생각했기 때문이다.

이처럼 『무량수경』 산스크리트본은 제목이 '무량수'가 아니고 '기쁨으로 가득 찬(Sukhāvatī, full of joy)'이고, 주인공도 아미따윳(無量壽)이 아니고 아미따바(無量光)라는 것은 일본 학자들이 이미 많이 연구하였다. 나까무라(中村元)가 "당나라 이전의 번역은 치나(支那) 색깔이 강하여 불교에다 유학이나 노장사상을 조금 더한 것에 불과하다"(『東西文化 交流』, 1965)라고 한 것에 이어서 후지타(藤田宏達, 『원시정토사상 연구 196쪽』)가 잘 설명하고 있다.

① 『무량수경』이 치나에 들어온 처음부터, 곧 『대아미따경』을 번역할 때 이미 치나화(支那化) 되었다.
② 후한에서 동진에 걸쳐 옮겨진 『대아미따경』 『평등각경』 『무량수경』 3권은 유학사상이나 도교사상으로 고치어 바꾼 것이 대단히 많다.
③ 일본에서 중요하게 본 것은 (수·당 이전) 초기에 한문으로 옮긴 『무량수경』이다. 그러므로 일본인에게 들어온 정토교란

것은 실은 '정토교에 유학이나 노장사상을 조금 더한 것에 지나지 않는다'라고 할 수 있다.

후지타의 이런 관점은 한국 정토계에도 유효하다고 본다. 후지타는 구체적으로 『무량수경』에서 '적선하는 (집에는 반드시) 자손이 누리는 경사가 있다(積善餘慶)'라는 문구는 『역경』에서 나오는 낱말이고, '자연', '허무'. '무극(無極)' 같은 낱말은 『노자』, 『장자』, 『회남자』에서 나온 도가사상의 중요한 낱말이라고 강조하였다.

이와 같은 역경사를 바탕으로 『기쁨나라경(無量壽經)』과 『기쁨나라 보는 경(觀無量壽經)』을 새로 옮기면서 기쁨나라(極樂) 붇다 이름을 모두 '아미따바 붇다(無量光佛)'로 옮겼다. 이처럼 기쁨나라 붇다의 이름을 '아미따바 붇다(amitābha buddha, 無量光佛)'라고 한 것은 현실적인 문제도 있다. 우선 우리말로 아미따바가 아미따윳과 견주어 소리 내기 쉽다는 이로운 점이 있기 때문이다. 많은 사람이 우리식으로 아미따윳(amitāyus)을 '아미따유스'라고 5개 소리마디로 읽는다. 우리글 홀소리에서 /ㅡ/가 한 소리마디를 이루기 때문이다. 그런 경우 '나모-아미따바'에 비해 '나모-아미따유스'는 한 소리마디가 더 있어 염불할 때나 일반적으로 쓸 때도 운이 맞지 않는다. 한편 음성학적으로 /yus/은 두 소리마디가 아니고, 하나이므로 '아미따윳'이라고 옮겨야 하고, 그럴 때 마지막 소리가 닫음소리(閉鎖音)이므로 다른 낱말과 이어서 쓸 때 자연스럽지 못하다.

3) 산스크리트본 이름은 『기쁨나라(極樂) 경』

산스크리트본 『무량수경』 제목이 '쑤카바띠-뷰하(Sukhāvati-vyūha)'이고, '쑤카바띠(Sukhāvati)'는 한문으로 극락장엄(極樂莊嚴)이라고 옮겼으며, 우리말로는 '기쁨나라'로 옮겼다는 것은 이미 머리말에서 자세하게 보았다. 따라서 이 경은 산스크리트본에 따라 『기쁨나라경』이라고 옮겼다.

이처럼 경 이름을 바꾼 것이 지금까지 『무량수경』, 『무량수불경』, 『불설무량수경』이라고 한문으로 번역된 경전에 익숙한 이들에게는 불편하고, 심지어는 불쾌하기까지 할 수도 있다. 그러나 앞으로 10~20년만 지나면 달라질 것이라고 본다. 현재 한문을 배운 사람들도 극락(極樂)은 막연하게 좋은 곳이라고 알지만, 그 뜻이 '더할 나위 없이 즐거운'이라는 것을 아는 사람은 드물다. 더구나 지금 초·중·고 학생들에게 물어보면 한문의 뜻을 알 수 없을 것이다. 그러나 '기쁨나라(full of joy)'라고 하면 누구나 알 수 있는 우리말이므로 미래세대를 위해서는 꼭 새로운 우리 이름이 필요하다고 보았다.

2. 근대에 발견된 산스크리트 『기쁨나라경』

1) 책으로 펴내기 이전의 산스크리트 『기쁨나라경』

앞에서 보았듯이 치나(支那)에서 번역된 『기쁨나라경』이 12가지나 되지만 번역본의 원본인 산스크리트본이 하나도 남아있지 않다. 따라서 그 원본이 어떤 재질이고, 어떤 문자이고, 어떤 체제인지 볼 수가 없다. 그런데 근대에 들어와 산스크리트 원본들을 네팔, 아프가니스탄 같은 곳에서 찾아내면서 연구가 활발해지고 있는데, 그 내용을 간단히 보기로 한다. 앞으로 한문 번역본보다는 산스크리트 원문에 대한 관심을 가질 필요가 있기 때문이다.

후지타 코다츠(藤田 宏達) 연구에 따르면, 현재까지 산스크리트로 된 『기쁨나라경(無量壽經)』은 다 갖춘 것과 빠진 것을 합해 모두 39부에 이른다. 현재 네팔 말고 영국, 프랑스, 인두(印度: 인두라고 읽어야 한다), 일본 같은 나라에서 간직하고 있다. 39부 가운데 38부가 모두 네팔에서 발견되었고, 한 부 만 1996년쯤 아프가니스탄 바미얀 계곡에서 발견되었는데, 많은 불전 가운데 들어있는 완전하지 못한 사본으로 현재 노르웨이가 간직하고 있다. 후지타가 1970년 펴낸 『원시 정토사상 연구』에 모두 23부라고 했는데 40년 사이에 무려 16부나 더 발견된 것이다.

이상 네팔 사본 38부 가운데 2부가 딸라 나뭇잎(tāla, palmyra tree)으로 만든 빧뜨라(pāttra, 貝多羅·貝葉) 경이고, 나머지는 종이책이다. 이 가운데 가장 좋은 것은 일본 류코쿠(龍谷)대학 도서관이 간직한

뜨라 본으로 주석을 달아 사진판이 공개되었다. 책 속에 기록되어 있는 베껴 쓴 연대를 보면 12세기 중엽(1147~1167)으로 추정하고 있다. 다른 하나의 뜨라 경은 네팔국립고문도서관에 간직되어 있는데, 베껴 쓴 연도가 1152~1153년으로 뚜렷하게 기록되어 있다. 그밖에 다른 종이책을 베껴 쓴 연도는 17세기 말에 낸 2권을 빼고는 모두 18세기 중엽에서 20세기 전반의 새로운 것뿐이다. 이 38부 사본을 모두 로마자로 바꾸어 『산스크리트 무량수경 필사본 로마자 책 모음집(梵本無量壽經寫本ローマ字本集成)』 3권이 나왔다.

이 로마자로 바꾼 책 모음집을 비판적으로 교정하여 새로 출판한 것이 "큰·작은 기쁨나라경(The Larger and Smaller Sukhāvatīivyūha Sutras)』이고, 이 『기쁨나라경』도 산스크리트 원문은 이 책을 바탕으로 하고 있다.

이러한 네팔 사본에 비하여 새로 나온 아프가니스탄 필사본은 노르웨이 쉐옌 컬렉션(Schøyen Collecion)에 들어 있다. 자작나무 껍질에 쓴 토막 책인데 이른바 길기트·바미얀 제I형 문자의 서체로 볼 때 6~7세기로 거슬러 올라갈 수 있는 사본으로 추정하고 있어, 네팔 사본보다 훨씬 더 오래된 것이라 크게 주목받고 있다.

이 자작나무 껍질 경전은 산스크리트 책(樺皮梵語本) 마지막 부분이다. 그리고 이어서 『붇다 이름 경(佛名經)』에 나온 시방 여러 붇다에게 귀의하는 것을 설한 14개 게송과 그에 덧붙여 출전이 확실하지 않은 4구절 게송(四句偈) 18개(마지막 게송은 하나뿐)가 이어서 쓰여 있다. 산스크리트본은 네팔 본 어떤 것과도 서로 다른 점이 있고, 티베트 번역본이나 한문 번역본과도 다른 전승을 보여주고 있다. 이 점에 대해서 폴 헤리슨(Paul Harrison), 옌스-우베 하르트만(Jenes-Uwe Hartmann), 마츠다 카즈노부(松田和信) 세 사람이 상세한 연구를 하고 있다.

2002년 〈쇼웬 컬렉션 문서 III〉으로 옌스 브라빅(Jens Braarvig)이 총 책임자가 되어 〈『불교문서(Buddhist Manuscripts)』 (2)〉라는 제목으로 연구결과를 발표한다. 이 책은 경·율·논·기타로 장을 나누었고, 경은 1) 아가마(阿含) 3편, 대승 9편을 실었다. 대승경전 가운데 9번째(179~215쪽)에 『무량수경(Larger Sukhāvativyūha sūtra)』을 실었는데 내용이 36쪽에 달한다.

이 보고서에서는 자기들이 작업하여 판독하고, 로마자로 옮긴 텍스트를 가지고 치나에서 번역한 5개 본, 네팔에서 나온 산스크리트본, 그리고 티베트 번역본들과 비교하여 검토하였다. 매우 상세하고 표까지 만들어 깊이 있게 연구하였다. 특히 네팔에서 나온 38가지 산스크리트본 가운데 가장 빠른 것이 12세기 중반에 베껴 쓴 것이고, 내용이 거의 비슷한 티베트 본이 번역된 것은 9세기 초에 베껴 쓴 것인데, 연구자들이 발표한 자작나무 껍질 경전은 6~7세기에 베껴 쓴 것으로 가장 이른 시기 만들어진 것이라 값어치가 크다고 볼 수 있다. 아울러 치나에서 경전을 옮길 당시 여러 이유 때문에 내용을 더 넣은 부분이 있었는데, 비교를 통해 이런 부분을 찾아 확정하는 데 큰 도움이 될 수 있다. 이런 점은 『무량수경』을 새로 옮기면서 옮긴이도 원전을 대조하며 작업하였다.

2) 책으로 펴낸 산스크리트 『기쁨나라경』

앞에서 본 네팔 본을 바탕으로 지금까지 책으로 출판된 것은 다음과 같다.

(1) Sukhāvatī-vyūha Description of Sukhāvatī, the Land of Liss, ed. by F. Max Müller and B. Nanjio, Anecdota Oxoniensia, Aryan Series, Vol. Ⅰ, Part Ⅱ (Oxford, 1883).

세계에서 처음 첫 산스크리트 책을 소개한 것으로 일반적으로 '옥스퍼드 출판 책'이라 부른다.

(2) 大谷光瑞, 『梵語原本國譯·無量光如來安樂莊嚴經)』(京都, 光壽會, 1929).

N. Mironov가 오타니 컬렉션을 참조하여 교정한 것을 바탕으로 본문을 로마자로 바꾸어 펴냈지만, 번역은 하지 않았다.

(3) 萩原雲來, 「梵和對譯 無量壽經」『梵藏和英合璧 淨土三部經』(『淨土宗全書』別卷, 大同出版社, 1931)

옥스퍼드 출판본을 복사해서 싣고, 5가지 동경대 간직 필사본과 오타니(大谷) 출판본 및 티베트 역·한문 번역을 대조하여 교정을 보고, 일본어로 번역하였다. 오기와라 운라이(荻原雲来) 성을 따서 '오기와라(萩原) 출판 책'이라고 한다.

(4) "Sukhāvatī-vyūhaḥ[Vistaramātṛkā]," in P. L. Baidya (ed.),

Mahāyānasūtrasaṃgraha, Part I, Buddhist Sanskrit Texts, No. 17 (Darbhanga, 1961) pp. 221~253.

옥스퍼드 출판 책을 구독법이나 어구를 일부 수정하고 게송에 번호를 붙이는 정도로 크게 차이가 나지 않는다.

(5) 足利惇氏, Sukhāvatīvyūha. édité par A. Ashikaga (Kyoto: Librairie Hōwōkan, 1965).

류코쿠(龍谷) 대학에서 간직한 산스크리트본을 바탕으로 티베트 역과 이미 나온 (1)과 (3)을 참조하여 로마자로 바꾸고 교정을 본 것이다. 일반적으로 아시카가 아츠우지(足利惇氏)의 성을 따서 '아시카가(足利) 출판 책'이라 한다.

(6) Kotatsu Fujita, The Larger and Smaller Sukhāvatīivyūha Sutras, (Kyoto, Hozokan, 2011)

앞에서 본 근대 네팔에서 나온 38부 사본을 모두 로마자로 바꾸어 『산스크리트 무량수경 사본 로마자 본 모음집(梵本無量壽經寫本ローマ字本集成)』 3권을 내고, 그것을 바탕으로 비판적 교정본을 작성하여 새로 출판한 책이다. 후지타 코다츠(藤田 宏達) 성을 따서 '후지타 출판 책'이라 한다.

Ⅲ. 기쁨나라 보는 경(觀無量壽經)

1. 왜 『기쁨나라 보는 경(觀無量壽經)』인가?

『관무량수경(觀無量壽經)』 또는 『관무량수불경(觀無量壽佛經)』, 이렇게 옮기면 편하다. 그러나 그것은 한문으로 옮긴 이름을 우리식 한문으로 읽은 것이지 우리말로 옮긴 것이 아니므로 제대로 옮겨 보면 『끝없는 목숨(의) 붇다를 보는 경』이 된다.

이번 기쁨나라 3경을 옮기면서 『아미따경』은 경 안에 이미 있는 『모든 붇다가 보살피는 경(一切諸佛所護念經)』을 반영해 『모든 붇다가 보살피는 아미따경』이라 했고, 『무량수경』은 산스크리트본을 바탕으로 『기쁨나라경(Sukhā-vati vyūha sūtras)』이라고 옮긴 것은 앞에서 보았다. 이어서 이 경도 경전 안에서 붇다가 일러주신 이름을 살렸다. 이 경 맨 마지막에 나와 있는 이 경 이름은 『관·극락국토·무량수불·관세음보살·대세지보살(觀·極樂國土·無量壽佛·觀世音菩薩·大勢至菩薩』) 이라는 긴 이름이다. 이 한문 이름을 우리말로 옮겨 보면 『기쁨나라(極樂國土)·그지없은 목숨 붇다(無量壽佛)·소리 보는 보디쌑바(觀世音菩薩)·큰 힘 이룬 보디쌑바(大勢至菩薩)를 보는(觀)』 경이다. 이 경은 산스크리트 원본이 발견되지 않았기 때문에 본문에 있는 이 긴 이름을 바탕으로 이 경의 이름을 지어야 한다.

2 '관한다(觀)'는 것은 무엇인가?

이 경이 다른 기쁨나라경과 차이 나는 중요한 내용은 '관한다(觀)'는 것으로 이 경 이름을 그냥 『보는 경(觀經)』이라고 부르기도 한다.

관(觀)이란 무슨 뜻인가? 『관무량수불경』은 『기쁨나라경(無量壽經)』이나 『모든 붇다가 보살피는 아미따경(阿彌陀經)』과 달리 산스크리트본이나 티베트 번역본이 없고 현재 전해오는 것은 한문으로 옮긴 한 권밖에 없다. 위구르 말로 된 조각이 발견되었으나 한문에서 옮겼다는 연구 결과가 나왔기 때문에 큰 도움이 되지 않는다. 그러므로 이 경을 옮길 때는 주요 한문 낱말을 산스크리트로 되 옮겨보는 일이 필요했다.

그렇다면 '관(觀)하다'의 본디 산스크리트 말은 무엇일까? 대부분 번역본이나 해설서가 관(觀)이란 산스크리트 비빠샤나(vipaśyanā, 觀)라고 하지만, 이 경전의 내용을 바탕으로 댜나(dhyāna, 禪)라는 설이 있고, 아누쓺리띠(anusmṛti, 念)라는 설이 있어 결정하기 어렵다. 먼저 3가지 낱말에 대해 자세히 보기로 한다.

1) 비빠샤나(vipaśyanā, Ⓟ=빨리어 Vipassanā, 毘鉢舍那)

비(vi-)는 영어의 to처럼 쓰이고 빠샤나(paśyana)는 보다(See)는 뜻이므로 우리말로는 '보다(to see)'이다. 산스크리트에서 비빠샤나(vipaśyana)는 중성이고 비빠샤나-(vipaśyanā)는 여성으로 모두 '본다(觀)'는 뜻이다. <한문 경전>에서는 소리 나는 대로 비발사나

(毘鉢舍那)라 했고, 뜻으로 봄(觀), 슬기(慧), 신묘한 봄(妙觀), 바로 봄(正見)이라고 옮겼다. 불교의 일반 실천 법문으로 '관(觀)'이나 '관법(觀法)'이라 한다. 산-영 사전에서는 vipaśyana는 바른 지식(right knowledge)이라고 했다.

산스크리트를 한문으로 옮긴 번역가들은 전통적 불교 수행법인 사마타-비빠사나(śamatha-vipaśyanā)를 지관(止觀)으로 옮겼기 때문에 관(觀)을 비빠샤나(vipaśyanā)로 되옮기는 것은 아주 자연스러운 것이다. 사마타(śamatha, Ⓟ samatha, 止)는 모든 헛된 생각을 그치게 하여(止), 정(定) 또는 선정(禪定)에 들게 하며, 그런 상태에서 지혜를 바로 보는 것(vipaśyanā, 觀)이기 때문에 관(觀)을 비빠샤나(vipaśyanā)로 되 옮긴 것이다.

여기서 보듯이 지관법(止觀法)의 관을 나타내는 비빠샤나(vipaśyanā)는 선정을 바탕으로 가르침을 관(觀)하여 지혜를 얻는 마지막 단계이다. 다시 말해 지관(止觀)의 '관하다(觀)'는 수행의 마지막 단계인 선정 속에서 지혜를 보는 것이므로 8가지 괴로움을 없애는 길(八正道)에서 말하는 '바로 보다(正見)'라고 할 수 있다. 이에 반하여 이 경의 관(觀)은 갖가지 상(相)을 관하여 기쁨나라(極樂)에 가는 것이 첫 목적이므로 쉽게 '보다'라고 옮길 수 있다.

2) 댜나(dhyāna, Ⓟ jhāna, 禪)

산-영 사전에는 명상·묵상(meditation), 사색(thought), 숙고(reflection), 특히 깊고 집약적인 종교적 명상(especially profound and abstract religious meditation)이라고 했다. <한문 경전>에서는 소리

로 선나(禪那)·타연나(馱衍那)·지아나(持阿那)라고 옮기고, 뜻으로는 고요히 생각함(靜慮: 상을 멈추고 염을 이어가 하나의 경계에만 집중하게 하는 것), 곰곰이 생각함 익히기(思惟修習), 나쁜 것 버리기(棄惡: 욕계의 5가지 장애 같은 모든 나쁜 것을 다 버리는 것), 공덕 숲(功德叢林: 선이 씨가 되어 슬기·신통·4가지 무량심 같은 공덕이 생긴다)이라고 했다.

선(dhyāna, 禪)은 명상을 포함한 여러 가지 수행을 아우르는 일반적인 개념이고 넓은 개념임을 알 수 있다. 물론 치나(支那)에서 달마 이후 선종(禪宗)이 일어나 발전하면서 아주 특별한 수행법으로 자리 잡았지만, 이런 선입견이 없이 선(dhyāna, 禪那)이란 개념을 적용한다면, 이 경 가운데 1관에서 13관까지를 선(dhyāna, 禪)이라고 보는 것은 큰 무리가 없다.

산스크리트 댜나(禪那)를 선(禪)이라고 읽는 것은 본디 소리와 너무 거리가 멀어 소리 나는 대로 '다냐'라고 옮기고, 뜻으로는 '곰곰이·찬찬히 생각하다'라고 옮길 수 있다. 이경에서는 생각하다(想)와 관(觀)을 거의 같은 뜻으로 쓴 경우가 많으므로 쉽게 '생각하다'라고 옮길 수 있다.

3) 아누-쓰리띠(anusmṛti, 念)

염불의 염(念)을 뜻하는 것으로, 염불은 산스크리트로 붇다-아누-쓰리띠(buddhānusmṛti, 念佛)다. 붇다아누(buddhānu)에서 [ā]는 붇다(buddha)의 a와 아누(anu)의 a가 이어져 겹쳐지는 이은소리(連音)가 되면서 긴소리(長音) ā가 된 것이다. 아누(anu)는 영어의 with 나 after 같은 다양한 뜻을 가진 앞가지(接頭語)이고 쓰리띠(smṛti)는 기억(remembrance, 記憶)이라는 뜻이다. 산스크리트 사전에는 아누(anu)+쓰리띠(smṛti)가 '(지난 일을) 생각해 내다(to remember)', '불러일으킨다(recollect)'라는 뜻으로 쓰인다고 했다. 여기서는 붇다를 생각하는 것이지만 '이미 생각하고 있던 것을 잊지 않고 계속 생각해 낸다는 뜻(憶念, 마음에 떠올리다, 마음에 불러일으키다, 생각해 내다.)'이 강하다. 빨리어로는 싸띠(sati)인데, 『빠알리-한글사전』(전재성)에 기억, 새김, 챙김, 주시, 주의를 기울임, 인식, 염(念), 억념(憶念) 같은 갖가지 뜻을 들고 있다. 붇다가 가장 중요하게 강조한 수행법인 '4가지 새기는 것(四念處)'도 스리띠-우빳타나(smṛty-upasthāna, Ⓟ sati-paṭṭhāna)라고 해서 쓰리띠(smṛti, Ⓟ sati)를 쓴다. 우리말로는 '새기다'라고 옮기는 것이 가장 가깝다고 본다.

이 경의 14관에서 16관에 이르는 마지막 3관의 관(觀)을 그 이전의 앞의 13관 내용에 비해 크게 다르므로 이 부분을 아누쓰리띠(anusmṛti, 念)라고 보는 것은 마땅하다고 본다. 마지막 3관 가운데 특히 염불인들이 중요하게 본 16관에서는 아누쓰리띠(anusmṛti, 念)를 아주 강조하고 있기 때문이다.

그렇다면, 마지막으로 관(觀)을 우리말로는 어떻게 옮길 것인가? 앞에서 본 '① 보다, ② 생각하다, ③ 새기다 가운데 『무량수불을 보는 경(觀無量壽佛經)』이란 이름에 가장 가깝다'고 보고, 쉬운 말로 '보다(觀)'라고 옮긴다.

3. 무엇을 보는가(觀)?

그렇다면 무엇을 보는가? 이 경에는 '16가지를 보는 경'이지만, 붇다가 지어준 경 이름은 앞에서 보았듯이『관 · 극락국토 · 무량수불 · 관세음보살·대세지보살(觀·極樂國土·無量壽佛·觀世音菩薩·大勢至菩薩)』이라는 4가지로 줄여서 나온다. 곧 ① 기쁨나라(極樂國土) ② 그지없은 목숨 붇다(無量壽佛) ③ 소리 보는 보디쌑바(觀世音菩薩) ④ 큰 힘 이룬 보디쌑바(大勢至菩薩) 같은 4가지다. 물론 4가지로 보지 않고, '① 기쁨나라'가 기본 바탕이고 그 속의 ②③④가 주인공이라고 볼 수도 있다.

경 이름에 위의 4가지를 다 하면 너무 길어 두 보디쌑바를 줄이면,『기쁨나라 끝없는 목숨 붇다를 보는 경(觀極樂國土無量壽佛經)』이라고 옮길 수 있다. 그러나 이것도 길다는 생각이 들어 위의 4가지 이름을 모두 한꺼번에 아우르는『기쁨나라 보는 경(觀極樂經)』으로 줄였다. 이는 앞으로『기쁨나라(極樂)』뿌리 경전(所依經典)인 3가지 경을 모아서 낼 때 이름이 서로 어울리도록 하는 목적도 있다.『끝없는 목숨 붇다 경(無量壽經)』을『기쁨나라경(極樂經)』으로 옮긴 것과 같은 뜻에서『끝없는 목숨 붇다 보는 경(觀無量壽佛經)』을『기쁨나라 보는 경(觀極樂經)』으로 옮긴 것이다.

앞에서 산스크리트본『기쁨나라경』에서는 끝없는 빛 붇다(無量光佛)이 많이 쓰였는데, 치나(支那)에서 격의불교 때문에 '끝없는 목숨 붇다(無量壽佛)'가 많이 쓰였다는 것을 보았고, 여러 가지 뜻에서

'끝없는 빛 붇다(無量光佛)'를 주로 쓴다는 것을 밝혔는데 이 경에서도 마찬가지다.

Ⅳ. 기쁨나라(極樂) 곁뿌리(傍依) 4경과 1론

1. 『바로 붇다 보는 싸마디 경(般舟三昧經)』

1) 반주(般舟)가 무슨 뜻인가?

산스크리트 원문 가운데 붇다(buddha, 佛陀), 싸마디(samādhi, 三昧), 쑤뜨라(Sūtra, 經) 같은 낱말은 우리가 익히 알고 있으므로 나머지 세 낱말만 보기로 한다.

(1) 쁘라띠 욷빤나(Praty-utpanna): 현재 순간에 존재하는(existing at the present moment), 현재(present), 바로(prompt), 준비된(ready)이란 뜻이고, 〈漢文〉으로는 현재(現), 바로 눈앞(現前), 지금 이때(現在時), 지금 세상(現世), 이제(今)라고 옮겼다.

(2) 쌈무카(sam-mukha): 얼굴을 마주 대하는(facing), 마주하는(fronting), 만나는(confronting, 얼굴을 대하다(being face to face), 앞에(in front of), 마주보다(opposite to), 오늘날의(present), 눈앞에(before the eyes)라는 뜻이고, 〈漢文〉으로는 앞(前), 현재 보는(現見), 현재 눈앞(現在前)으로 옮겼다.

(3) 아바-스띠따(ava-sthita, 과거 수동 분사): ① 가까이 선(standing near), 이어지는(continuing to do anything), ② 약속된(engaged in), 해낸(prosecuting), 다음의(following), ③ 따르는(obeying or following)이라는 뜻이고 〈漢文〉으로는 있다(在), 자리하다(位); 자다(宿), 머

무르다(住), 편안히 살다(安住)라고 옮겼다.

위의 산스크리트 원문 제목을 그대로 옮기면 「지금 바로 붇다가 눈앞에 가까이 서는(나타나는) 싸마디」라는 긴 풀이가 나온다. 길이를 줄여 **'바로 붇다 보는 싸마디'**라고 옮길 수 있다. 문제는 한문 경전에서 반주(般舟)가 무슨 뜻이냐? 하는 것이다. 솔직히 옮긴이는 처음 이 경 이름 「반주(般舟)」를 봤을 때 사전에도 없는 낱말이라 막연하게 '배(舟)'에 관계되는 뜻일 것이라고만 생각했다. 그러나 산스크리트로 옮겨 보니 배와는 아무 상관이 없고, 결국 쁘라띠-욷빤나(Praty-utpanna)를 소리 나는 내로 옮기는 것과 관련 있다고 볼 수밖에 없었다.

2) 이 경에 대한 풀이

이 경은 후한(後漢) 시대 로까끄셰마(Lokakṣema, 支婁迦讖)가 179년에 낙양(洛陽)에서 번역한 최초의 큰 탈것(大乘) 경전 가운데 하나다. 『큰 반주 싸마디 경(大般舟三昧經)』·『시방 현재불이 모두 눈앞에 나타나는 싸마디 경(十方現在佛悉在前立定經)』이라고도 한다. 아미따바 붇다 기쁨나라(極樂) 정토에 관해 설한 경전 가운데 가장 이른 것이다.

「바로 붇다 보는 싸마디(般舟三昧)」는 실제 이 싸마디를 얻어 붇다를 본 흐름이 있었으며, 여산(廬山) 혜원(慧遠)이 그 대표적인 본보기다. 그 뒤 지의(智顗) · 선도(善導) · 혜일(慧日) · 승원(承遠) · 법조(法照)

같은 대덕들이 이어서 이 싸마디 수행을 일으켰다. 만일 기쁨나라 (淨土) 4경을 구성할 때는 가장 먼저 이 경이 들어가야 할 만큼 <아미따바 기쁨나라 (淨土) 경전>에서 중요하다.

이 경은 모두 16품으로 이루어져 있으며, 『바로 붇다 보는 싸마디(般舟三昧)』와 그것을 얻기 위한 수행법, 그 공덕에 대해 설한다. 여기서는 기쁨나라(極樂) 정토와 직접 관계가 있는 상권(上卷) 묻는 품(問事品)과 닦는 품(行品)을 위주로 가려서 옮기려 한다.

상권은 왜 이 싸마디를 닦아야 하는가 하는 목적과 싸마디를 얻기 위해 무엇을 갖추어야 하는지를 설하고 있다.

「묻는 품(問事品)」은 이 경전의 머리말이면서, 전체 주제인 바로 붇다 보는 싸마디(般舟三昧)를 제시하고 있다. 바드라 빨(Bhadra-pāl, 颰陀和) 보디쌑바가 붇다에게, 보디쌑바들이 바다처럼 넓고 깊은 지혜를 얻기 위해서는 어떻게 해야 하는지를 묻자, 붇다는 '바로 붇다 보는 싸마디(般舟三昧)'를 닦아야 한다고 대답한다.

「닦는 품(行品)」은 '바로 붇다 보는 싸마디(般舟三昧)를 구체적으로 실천하는 법을 설한다. **만약 보디쌑바가 시방의 붇다를 염하여 뜻을 오롯이 한다면 바로 붇다 보는 싸마디(般舟三昧)를 얻게 된다. 이와같이 빅슈들이 계를 완전히 갖추고 홀로 고요한 곳에서 서녘 아미따바 붇다를 염(念)하여 7일이 지나면 꿈에 아미따바 붇**

다를 보게 된다. 붇다는 오는 바 없고, 나도 가는 바도 없으니, 내가 염(念)하는 바를 곧 보게 되는 것이다.

한문 번역본은 CBETA, 한글 번역본은 불교기록문화유산 아카이브, 한보광 역, 『반주삼매경』, 영어 번역본은 Buddha Sutras Mantras Sanskrit를 참고하였다.

2. 『대불정수능엄경』 5권

「큰 힘 이룬 보디쌑바(大勢至菩薩)의 염불로 깨달음(念佛圓通)」

이 경의 본디 이름은 『대불정여래 밀인수증요의 제보살만행 수능엄경(大佛頂如來 密因修證了義 諸菩薩萬行 首楞嚴經)』이다. 줄여서 『대불정수능엄경(大佛頂首楞嚴經)』, 『대불정경(大佛頂經)』, 『수능엄경(首楞嚴經)』이라고도 부른다. 당나라에 온 중천축 사문 쁘라미띠(Pramiti, 般剌蜜帝)가 옮긴 것으로 되어 있으며, 제목에 나오는 수능엄(首楞嚴)은 붇다가 얻은 싸마디(三昧) 이름이며, 모든 보디쌑바들이 이 싸마디를 얻기 위해 수행하는(諸菩薩萬行) 것이다.

『능엄경(楞嚴經)』은 불교의 이치와 수행법을 구체적으로 제시한 불교 경전이자 불교 입문교재이다. 한국 불교 근본 경전 가운데 하나로 모두 10권으로 이루어져 있다. 『금강경』·『원각경』·『대승기신론』과 함께 불교 전문 강원에서 가르치는 네 교과목 가운데 하나였다. 작은 화엄경이라 불리면서 널리 읽혔던 이 경은 각 권에 수록된 내용들이 모두 한국불교의 신앙과 보살행에 큰 영향을 끼쳤다.

이 경에서 가장 유명한 것은 권 5에 나오는 25가지 원통 법문이다. 붇다가 여는 모임에 들어간 25명 보디쌑바(菩薩)들이 어떻게 원통을 이루었는지 원통을 얻는 방법을 설명하는데, 6가지 티끌(六塵)·6가지 감각기관(六根)·6가지 식(識)·(땅·물·불·바람·공·봄·식 같은) 7가지 본성(本性=大)을 통해 얻은 방법이 모두 다르다.

그 가운데 24번째 원통을 이루는 법이 '큰 힘 이룬 보디쌑바(大勢至菩薩)'가 염불을 통해 얻는 원통이다. 이 '큰 힘 이룬 보디쌑바(大勢至菩薩)'의 염불원통을 보면 원통이란 갖가지 수행을 통해 싸마디를 이룬 것을 말한다. 그런데 이 싸마디를 이루는 25가지 방법 가운데 큰 힘 이룬 보디쌑바(大勢至菩薩)은 염불을 통해서 싸마디를 이루었다고 했기 때문에 정토종이나 염불하는 사람들은 특별히 이 품을 소중하게 여겨 많이 참고하고 있다. 『능엄경』은 정토종이나 염불인들이 바탕으로 하는 뿌리 경전(所依經典)은 아니지만 염불을 통해 싸마디를 얻는 데 중요한 내용이기 때문에 『기쁨나라 3경』의 〈곁뿌리 경전〉 가운데 하나로 옮겼다.

흔히 『능엄경』 「대세지보살 원통장(圓通章)」이라고 해서 장(章)으로 분류했으나, 『능엄경』에서 「대세지보살 원통」은 5권 수도분(修道分) - 2) 입원진요(入圓眞要) - (4) 7대 오입(七大悟入) ④ 근대(根大)에 들어가 장(章) 아래 절(節), 그리고 그 아래 단원이기 때문에 단원 이름은 빼고 그냥 이름만 썼다.

3. 『크넒은 꽃으로 꾸민 붇다 경(大方廣佛華嚴經)』 「두루 어진 보디쌑바의 10가지 바램 품(普賢行願品)」

『크넒은 꽃으로 꾸민 붇다 경(大方廣佛華嚴經)』 권 40에 나오는 긴 품 이름 「말할 수 없는 해탈 경계로 들어가는 두루 어진(普賢) 보디쌑바의 10가지 바램 품(入不思議解脫境界普賢行願品)」을 옮긴 것이다.

<이 경에 대한 풀이>

『화엄경』은 『대방광불화엄경(大方廣佛華嚴經, Buddhāvataṃsaka-mahāvaipulya-sūtra)』을 줄인 것이다. 대방광(大方廣)은 마하-바이뿔야(mahā-vaipulya)를 옮긴 것으로, 마하는 크다는 뜻이고 바이뿔야는 큼(largeness), 넓음(spaciousness)이란 뜻이 있어 '가없이 크고 넓다'는 뜻이다. 불화엄(佛華嚴)은 붇다바탕싸까(Buddhāvataṃsaka)를 옮긴 것으로, 아바탕싸까(avataṃsaka)는 본디 투구를 깃으로 꾸민다(crest)는 뜻인데 이 경에서는 '꽃으로 꾸민 붇다(佛華嚴)'라는 뜻으로 쓰였다. 이 경을 우리말로 옮겨 보면 『크넒은 꽃으로 꾸민 붇다 경(大方廣+佛華嚴+經)』이고, 줄이면 『꽃 꾸민 붇다 경』이라고 할 수 있다. 우리가 『화엄경』이라고 많이 읽어 '대방광불+화엄경'이라고 많이 읽는데, '대방광+불화엄경'이라고 읽어야 한다.

한문으로 옮겨진 『화엄경』은 다음 3가지다.

(1) 동진(東晉, 317~419), 붇다바드라(Buddhabhadra, 佛馱跋陀羅, 359~429) 옮김, 『60권 화엄경』: 『옛 화엄경(舊華嚴)』 『진나라 때 옮긴 화엄경(晉經)』이라고도 하는데, 내용은 7곳(七處) 8번 모임(八會)에서 설한 34품(三十四品)이 9권(九册)으로 묶여 있다.

(2) 당, 측천무후 때(695~699), 식사난다(Śikṣānanda, 實叉難陀, 652~710) 옮김, 『80권 화엄경』: 『새 화엄경(新華嚴), 『당나라 때 옮긴 화엄경(唐經)』이라고도 하는데, 내용은 7곳(七處) 9번 모임(九會)에서 설한 39품(三十四品)이 9권(九册)으로 묶여 있다.

(3) 당, 정원(貞元, 786~805), 쁘랒냐(prajñā, 般若, 734~?) 옮김, 『40권 화엄경』: 『대방광불화엄경(大方廣佛華嚴經)』이지만 전체가 「말할 수 없는 해탈 경계로 들어가는 두루 어진(普賢)보디쌑바의 10가지 바램 품(入不思議解脫境界普賢行願品)」으로 한 품으로 된 경이다. 『보현행원품』 『정원 연간에 옮긴 화엄경(經)』이라고도 하는데, 내용은 '뛰어난 부자 아이(善財童子)'가 55명의 선지식을 찾아 공부하고 마침내 두루 어진 보디쌑바(普賢)의 10가지 바램(行願)을 이루는 내용이다.

꽃으로 꾸민 붇다 경(華嚴經) 내용은 <믿음(信) + 깨달음(解) + 행함(行) = 열매(證)>로 구성되어 있는데, 이 품은 믿고(信) 깨달은(解) '두루 어진(普賢) 보디쌑바'가 그 깨달음을 실천(行)하는 10가지 크게 바라는 것(大願)이다.

두루 어진(普賢) 보디쌑바의 10가지 크게 바라는 것(大願)을 간추려 보면 다음과 같다.

① 믿음을 가지고 모든 붇다께 예배하고 공경하는 것.
② 붇다의 공덕이 계속 온 법계에 미치도록 기리는 것.
③ 갖가지 방법으로 널리 이바지(供養)하는 것.
④ 지은 업장을 깊이 뉘우치고(懺悔) 다시는 짓지 않는 것.
⑤ 모든 중생의 공덕과 보살의 선근을 함께 기뻐하는 것.
⑥ 모든 붇다가 갖가지 방편으로 가르쳐 주시길 청하는 것.
⑦ 모든 선지식에게 계속 중생을 이롭게 해달라고 청하는 것.
⑧ 비로자나 붇다가 했던 모든 보디쌑바의 행을 따라 배우는 것.
⑨ 모든 중생을 스승이나 여래와 다름없이 모시는 것.
⑩ 스스로 지은 모든 공덕을 중생에게 두루 나누는(回向) 것.

이 내용은 불자들이 믿음을 어떻게 실천해야 하는지를 구체적이고도 쉽게 밝히고 있다. 화엄종이 크게 교세를 떨쳤던 우리나라에서는 특히 이 책의 실천을 중요시하였고, 고리(高麗)의 균여(均如)는 이 책을 바탕으로 「두루 어진 보디쌑바의 10가지 기쁨나라 가는 바램 노래(普賢十種願往歌)」를 지어 펼쳤다.

『화엄경』의 내용이 <① 믿음(信)+② 깨달음(解)+③ 행함(行)=④ 열매(證)>로 구성되어 있는데, 두루 어진(普賢) 보디쌑바가 행한 10가지는 ①+②+③에 해당하고, 이 3가지를 잘 실천하면 ④라는 증(證),

곧 그 열매가 열리는데 그것이 '기쁨나라(극락)에 가는 것'이 「두루 어진(普賢) 보디쌑바의 10가지 바램 품(普賢行願品)」의 고갱이다.

4. 『참법 연꽃 경(妙法蓮華經)』과 아미따바 붇다 (3품)

『묘법연화경(妙法蓮華經)』은 줄여서 『법화경(法華經)』이라고도 하는데 산스크리트 원문은 쌷다르마-뿐다리까-쑤뜨라(Saddharma-puṇḍarīka sūtra)이다. 싿-다르마(Sad-dharma)는 훌륭한 법(the good law), 참된 정의(true justice)라는 뜻으로 불교나 자이나교에서 교리를 부르는 이름(designation of the Buddhist or jaina- doctrines)이다. 한문 경전에서는 법(法), 법보(法寶), 바른 법(正法), 뛰어난 법(妙法), 불경 가르침(經法), 붇다 가르침(佛法), 훌륭한 바른 법(妙正法), 뛰어나고 훌륭한 법(勝妙法), 훌륭한 바른 법(微妙正法)이라고 옮겼다. 뿐다리까(puṇḍarīka)는 연꽃(a lotus-flower)인데 특히 흰 연꽃(especially a white lotus)이란 뜻이다. 이 경을 순수 우리말로 옮겨보면 『참법 연꽃(妙法蓮華) 경』이다.

이 경은 여섯 번 한문으로 옮겼는데, 현재는 3가지만 남아있다. 다르마락사(Dharmarakśa, 竺法護)가 옮긴 『정법화경(正法華經)』 11권 27품(286년), 꾸마라지바(鳩摩羅什)가 옮긴 『묘법연화경(妙法蓮華經) 8권(406년), 즈냐나굽따(Jñānagupta, 闍那崛多)와 다르마굽따(Dharmagupta, 達磨笈多)가 옮긴 『첨품묘법연화경(添品妙法蓮華經)』 7

권 27품(601)이 남아있는데, 현재 한국에서는 꾸마라지바가 옮긴 『묘법연화경』이 가장 많이 읽히고 있다.

이 경은 산스크리트 원문(Saddharma-puṇḍarīka sūtra)이 발견되었고, 영어로 Sūtra on the White Lotus of the True Dharma 또는 줄여서 Lotus Sutra라는 이름으로 번역되었다.

『참법 연꽃 경(妙法蓮華經)』에는 다음과 같은 3가지 품에 아미따바 붇다와 기쁨나라에 대하여 나온다.

1) 3권 7장 「화성으로 비유하는 품(化城譬喩品)」

「화성비유품(化城譬喩品)」이란 「화성(化城)으로 비유하는 품」이란 뜻이다. 화성(化城)이란 방편으로 만든 도시라는 뜻인데 한문에서 성(城)의 원문인 나가라(nagara)는 마을(town), 도시(city)라는 뜻이다.

화성비유품(化城譬喩品)에 따르면 사꺄무니 붇다보다 오랜 이전에 대통지승(大通智勝)여래가 있었는데, 출가 전 아들이 16명 있었다. 대통지승 붇다가 깨달음을 얻자 16명 아들이 모두 그 붇다에게 출가하여 사미가 된다. 이 사미에게 붇다가 설한 경이 『참법 연꽃 경(妙法蓮華經)』임은 물론이다. 이 16명 사미가 보살이 되어 다시 『참법 연꽃 경(妙法蓮華經)』을 설하였고, 마침내 위없고 바른 깨달음을 얻는다. 그런데 바로 그 16명 사미 가운데 한 아들이 아미따윳(無量壽) 붇다가 된다.

2) 6권 23장 「약임금 보디쌑바 이야기 품(藥王菩薩本事品)」

약왕 보디쌑바는 이 『참법 연꽃 경(妙法法華經)』 「묘장엄왕본사품」에도 나오고, 『관약왕약상이보살경(觀藥王藥上二菩薩經)』에도 나오는데 좋은 약으로 중생을 구하기 때문에 약왕 보디쌑바라고 한다.

이 품의 마지막에서 만일 이 『참법 연화 경(妙法法華經)』 대로 수행하면 마침내 기쁨나라(極樂)에 갈 수 있다고 했다. 법회에서 수왕화 보디쌑바가 약왕 보디쌑바(Bhaiṣajya-rāja)에 대해 묻자, 그에 대해 대답한 내용이다. 약왕 보디쌑바는 일월정명여래 때부터 수행하여 '현일체신색싸마디(現一切身色三昧)'를 얻고 여러 생을 수행하다가 현생에 다시 태어난 보다쌑바다.

이 품에서 만일 후대에 어떤 사람이 이 경전을 읽고 붇다가 말씀하신 대로 수행하면 목숨이 다할 때 바로 기쁨나라(安樂=極樂)에 (태어)나 아미따바 붇다(阿彌陀佛)를 뵙고 '나고 죽음을 여읜 경계(無生法忍)'를 얻는다고 했다.

『참법 연꽃경(묘법연화경)』을 바탕으로 수행한 결과 그 공덕으로 기쁨나라에 가서 나, '나고 죽음을 여읜 경계(無生法忍)'를 얻고 시방의 모든 여래를 찾아뵙는다는 이 품의 내용은 법화행자들에게도 아주 중요하다. 그래서 법화행자들 가운데 염불수행하여 기쁨나라 간 보기들이 많다.

이 경에서 꾸마라지바는 쑤카바띠(Sukhāvatī)를 '편안하고 즐거운 나라(安樂)'라고 옮겼는데, 똑같은 낱말을 『아미따경』에서는 기쁨나라(極樂)라고 옮겼다. 앞에서 보았듯이 쑤카바띠(Sukhāvatī)는 ' 기쁨(樂)으로 가득 찬'이란 뜻인데, 가득 찬(full)을 기쁨나라(極樂)

이라고 옮겨, 기쁨이 극에 달함을 강조하였고, 안락(安樂)에서는 그 기쁨을 편안히 즐기는 것을 강조한 번역이다.

꾸마라지바의 한문 번역은 여기서도 아미따불(阿彌陀佛)이라고만 옮겼는데, 산스크리트 원문에 따라 '아미따윳(amitāyuś, 無量壽)'이라고 부르는 여래(tathāgato, 如來)·아르한(arhan, 阿羅漢·應供), 바르게 깨달은 분(samyaksaṃbuddha, 正等覺者)이라고 옮겼다.

3) 7권 25장 「소리 보는 보디쌑바 너른 문 품(觀世音菩薩普門品)」

한문 번역 『참법 연꽃 경(妙法蓮華經)』에 없는 「소리 보는 보디쌑바 너른 문 품」 가타(gāthā, 偈頌)이다.

소리 보는 보디쌑바(觀音菩薩) 신앙에서 가장 많이 쓰이고 있는 경전의 품으로 소리 보는 경 너른 문 품(觀音經普門品)·세상 소리 보는 경(觀世音經)·소리 보는 경(觀音經)·너른 문 품 경(普門品經)·너른 문 품(普門品)이라고도 부른다. 『참법 연꽃경』 권7에 나오는 한 품(品)이지만 『소리 보는 경(觀音經)』처럼 경(經)이라는 이름이 붙을 정도로 유명하다. 내용은 소리 보는 보디쌑바가 모든 것에 두루 나타나는 놀라운 효과를 이야기하고 있다.

(1) 한문 번역 『참법 연꽃 경(妙法蓮華經)』과 「소리 보는 보디쌑바 너른 문 품」

현재 남아있는 3가지 『참법 연꽃 경(妙法蓮華經)』 가운데, 『정법화경』 23품에 「광세음보살품(光世音菩薩品)」이 있지만 가타(偈頌)가 없고, 꾸마라지바가 옮긴 『참법 연꽃 경(妙法蓮華經)』 「소리 보는 보디쌑바 보문품」에도 게송이 없었는데 수나라 때 옮긴 『품을 더한 참법 연꽃경(添品妙法蓮華經)』에서 게송을 옮겼다. 『참법 연꽃 경(妙法蓮華經)』은 나중에 추가했으므로 게송이 『품을 더한 참법 연꽃경』과 같다.

그런데 산스크리트본 「소리 보는 보디쌑바 널리 묻는 품」에는 위 한문 번역본에는 없는 가타가 더 있고, 이 부분에 아미따바 붇다가 기쁨나라를 이룩한 이야기가 꽤 자세하게 나온다.

(2) 산스크리트 『참법 연꽃 경(妙法蓮華經)』 「소리 보는 보디쌑바 너른 문 품」

지금까지 남아 있는 산스크리트 『참법 연꽃 경(妙法蓮華經)』은 발견된 지역에 따라 ① 네팔 본, ② 길기트 본, ③ 중앙아시아 본으로 나뉜다.

① 네팔 본 (카슈미르 본 계통): 모두 20본이 넘는 산스크리트 『참법 연꽃 경(妙法蓮華經)』이 전해지고 있으며, 케임브리지대, 파리, 콜카타, 동경대학 같은 곳에서 간직하고 있다. 이미 책으로 나와 활발하게 연구되고 있다.
② 길기트(Gilgit) 본 (카슈미르 본 계통): 옛날 간다라 지역 (현재 파키스탄 서북부) 길기트에서 나온 산스크리트본이다. 완전하지 못하고 4분의 3쯤 남은 것이라고 한다.
③ 중앙아시아 본: 이른바 실크로드 서역에서 발견된 산스크리트 『참법 연꽃 경(妙法蓮華經)』이다.

모두 완전하지 않지만 가장 좋은 것은 타클라마칸 사막 남쪽 길에 있는 호탄(和田)에서 나온 페트롭스키 본이다. 네팔 본과 약간 차이가 있는데, 한문으로 가장 먼저 번역된 『정법화경』이 이 지역과 관계가 있다. 그밖에 Farhad Beg본, Mannerheim본, Trinkler본, 투루판본, 오타니본 같은 것들이 있다.

현재 우리나라에서 읽히고 있는 꾸마라지바 옮김 『참법 연꽃 경(妙法蓮華經)』 「소리 보는 보디쌑바 너른 문 품」에는 이 가타 부분이 들어있지 않고, 법화정사에 펴낸 『법화경』에는 들어 있다. 산스크리트 원문은 〈오슬로대학 인문학부 The THESAURUS LITERATURAE BUDDHICAE (TLB)〉에서 디지털화한 것을 사용하였으며, 법화정사 『법화경』을 참조하였고, 범명원(梵明院)에서 황보생(黃寶生)이 산스크리트 원문, 꾸마라지바 한문 역, H. Kern(1884)의 영어 번역본을 대조하여 새로 옮긴 것을 대조하여 정리했다.

5. 『기쁨나라경 강론(無量壽經講論)과 기쁨나라 가기 바라는 게송(願生偈)』

(바스반두(婆藪槃豆) 보디쌑바 지음,

원위(元魏) 천축삼장(天竺三藏) 보디루찌(菩提流支) 옮김)

1) 우빠데사(優波提舍)와 원생게(願生偈)

이 논서는 인두에서 지어 치나(支那)로 넘어온 하나밖에 없는 기쁨나라(極樂) 정토 계통 해설서이기 때문에 일찍이 일본 정토종에서는 『정토 3경 1론』이라고 했고, 대만 정종학회에서는 『정토 5경 1론』이라고 자리매김할 만큼 중요시하였다.

『무량수경 우빠데사(Sukhāvatīvyūhopadeśa)』는 『무량수경 우빠데사 원생경(無量壽經優婆提舍願生偈)』이라는 긴 이름을 가졌다. 솔직하게 옮긴이도 우빠데사(upadeśa)를 옮기면서 산스크리트 사전을 찾아보고야 그 뜻을 알았다. 어떤 번역본에도 이 낱말의 뜻을 옮겨놓지 않았기 때문에 뜻도 모르고 그냥 긴 이름을 외우느라 애를 먹었다. 여기서 우빠데사(upadeśa, 優波提舍) 뜻을 뚜렷하게 보고자 한다.

붇다의 가르침을 모은 경장은 3장으로 이루어져 있다. ① 경전을 모은 경장(sūtrānta-piṭaka, Ⓟ sutta-piṭaka), ② 쌍가(僧伽)의 생활 규칙을 모은 율장(vinaya-piṭaka, Ⓟ 같음), ③ 경전에 대한 논의를 모은 논장(abhidharma-piṭaka, Ⓟ abhidhamma-piṭaka)이다. 세 번째 논의 모음(piṭaka)은 후대의 뛰어난 논사들이 체계화시킨 논의와 해석을 말하는데, 마뜨리까(mātṛkā, Ⓟ mātikā)나 우빠데사(upadeśa, Ⓟ upadesa)들을 말한다. 마뜨리까(mātṛkā)는 어머니(a mother)란 뜻인데 근본(source, origin) 논의(母論)를 말하고, 우빠데사(upadeśa)는 자세한 설명(specification, 詳述), 설명서(instruction), 강의(teaching), 정보(information), 안내(advice) 같은 뜻으로 <한문 번역>에서는 논의(論議)라고 옮겼다. 『무량수경』 우빠데사는 '『무량수경』 논의(論議)'라고 옮길 수 있으며, 요즈음 말로 더 쉽게 옮기면 '『무량수경』 강의(講議)'나 강론(講論)이라고 하면 쉽게 이해할 수 있다. 실제 한문으로 『무량수경론(無量壽經論)』이라고도 옮긴 것도 있고, 『무량수

우빠데사경론(無量壽優波提舍經論)』이라고 옮긴 것도 있는데 '무량수론(優波提舍)·경·론)'이라는 우스꽝스러운 번역이다.

(기쁨나라) 가기 바라는 게송(願生偈)은 원본에 없어 치나(支那)에서 덧붙인 것으로 보인다. 『고리(高麗)대장경』에만 이 원생게(願生偈)가 있고, 【元】【明】대장경에는 없는 것으로 보아 산스크리트 원문에는 없었던 것으로 보인다. 후대에 '기쁨나라 가기 바라는 게송'에 중점을 두어 '원생게(願生偈)'라고 덧붙이고, 『맑은나라 론(淨土論)』, 『맑은나라 가서 나는 론(往生淨土論)』 같은 이름이 붙었다. 그러나 이 책은 쉽게 『무량수경 논의』 또는 『무량수경 강론』이고, 더 쉽게 옮기면 『무량수경 해설서』이다.

2) 지은이와 한문으로 옮긴이

이 강론을 지은이는 바수반두(vasubandhu, 316~396년쯤, 婆藪槃豆, 世親)다. 바수(vasu)는 뛰어난(excellent), 좋은(good), 기특한(beneficent) 반두(bandhu)는 친척(connection), 친족(relation), 친근한 관계(association), 벗(friend), 형제(brother) 같은 뜻이라 '뛰어난 형제(excellent brothers)'라고 옮길 수 있다. <한문 경전>에서는 바수반타(婆藪槃陀)·벌소반두(筏穌槃豆)·바수반타(婆修槃馱)라고 옮기고 뜻으로는 바수(vasu)는 하늘(天)이나 세상(世), 반두(bandhu)는 친근(親)으로 해석해, 세친(世親)·천친(天親)이라고 옮겼다. 『바수반두 법사 전(婆藪槃豆法師傳)』에 따르면 "북천축 Puruṣapura(富婁沙富羅) 나라 사람이다. Kauśika(憍尸迦)라는 왕의 스승(國師) 브랗마나(婆羅門)가 아들 셋을 두었는데, 세 아들 이름이 모두 바스반두

(vasubandhu)였다. 앞에서 보았듯이 바수(vasu)는 하늘(天), 반두(槃豆) 친근(親)이란 뜻으로, 천축에서는 아이 이름을 이런 식으로 지었다. 이름은 같지만 다른 이름을 갖는 경우가 많다. 여기서 보면 3형제의 공통 이름이 바수반두라는 것을 알 수 있다. 형의 이름은 아쌍가(Asaṅga, 無著)이고 동생은 비린지발파(比鄰持跋婆)이며, 둘째 아들이 바스반두라는 이름으로 불리게 되었다. 이렇게 보면 바수반두라는 뜻이 '뛰어난 형제(execllent brothers)'라는 해석이 맞을 수 있다고 본다. 다만 빠라마르타(Paramārtha, 499~569, 眞諦)가 『바수반두 법사 전(婆藪槃豆法師傳)』을 옮긴 5~6세기에는 바수(vasu)가 하늘(天)이나 세상(世)을 뜻하는 낱말로 쓰였을 수도 있다. 3형제는 모두 소승인 '모든 것은 있다고 주장하는 부파(說一切有部)'로 출가하였다. 나중에 형인 아쌍가가 대승으로 옮겨간 뒤 바수반두도 대승으로 전향하여 아쌍가와 그의 스승 마이트레야의 저서에 주석을 붙여 『유가유식설(瑜伽唯識說)』 완성에 힘썼고, 『유식삼십송(唯識三十頌)』을 펴냈다. 더욱이 반대설을 깨뜨리고 『유식이십론(唯識二十論)』과 유식설 입문서인 『대승백법명문론(大乘百法明門論)』을 지어 대승불교 유가행파의 창시자가 되었다. 『유식삼십송』은 그 뒤 그의 제자들이 여러 주석서를 썼고, 뒷날 현장(玄奬)이 호법(護法)의 주석을 비롯한 10대 논사(十大論師)의 주석을 합쳐서 옮긴 『성유식론(成唯識論)』은 치나(支那) 불교 법상종(法相宗)의 뿌리 경전이 되었다.

이 강론을 한문으로 옮긴 것은 보디루찌(Bodhiruci, 菩提流支)다. 북위 때 스님으로 북천축 사람이다. 한문으로 소리 나는 대로 보디류지(菩提留支)라고 도 옮겼는데, 보디(bodhi)는 깨달음이고, 루찌(ruci)는 빛(light), 광채(lustre), 빛남(splendor), 아름다움(beauty)이므로 '깨달음 빛'이라는 뜻이다. 뜻으로는 도희(道希)라고 옮겼는데, 대승유가(大乘瑜伽) 계통의 학자였다. 북위 선무제 영평 원년(508) 낙양에 오자 황제가 크게 대접해 영령사(永寧寺)에 머물도록 해서 경전을 번역하였다. 『십지경론(十地經論)』, 『금강반야경(金剛般若經)』, 『불명경(佛名經)』, 『법집경(法集經)』 『해밀해탈경(深密解脫經)을 비롯하여 『대보적경론(大寶積經論)』, 『법화경론(法華經論)』, 『무량수경론(無量壽經論) 등, 모두 39부 127권을 산스크리트에서 한문으로 옮겼다.

한문 원문에 보면 나라 이름을 원위(元魏)라고 했는데 북위(北魏, 386~534)를 말한다. 치나(支那) 역사에 위(魏)라는 이름을 가진 나라가 몇 개 있으므로 구별하기 위해 삼국시대 조조가 다스린 위는 조위(曹魏)라 하고, 북위를 원위(元魏)라고 한다. 북위는 대흥안령에서 내려온 선비족 탁발씨가 세운 나라로, 효문제 때 서울을 낙양으로 옮기고 성을 탁발에서 원(元)을 바꾸었으므로 원위(元魏)라고 한 것이다.

보디루찌를 천축삼장(天竺三藏)이라고 했는데, 천축(인두) 출신으로 경·율·론 3장에 능통한 법사인 삼장법사라는 듯이다.

3) 이 강론의 내용

이 논서의 내용은 아쌍가가 지은 『큰 탈 것을 지키는 논(攝大乘論)』 「18가지 정토가 갖추어야 할 것(十八圓淨)」과 일치한다.

이 논서에서 바수반두는 기쁨나라에 가려면 ① 절하는 문(禮拜

門) ② 찬탄하는 문(讚歎門) ③ 바램을 내는 문(作願門) ④ 살펴보는 문(觀察門), ⑤ 남에게 돌리는 문(迴向門)을 닦아야 한다고 했다. 이 5가지 염하는 문은 유가행파를 세운 이답게 정토 수행도 철저하게 지관법(止觀法), 곧 선정(śamatha)과 지혜(vipaśyanā)를 닦아 맑고 깨끗한 마음으로 간구해야 한다고 했다.

그 뒤 북위의 담란(曇鸞, 476~542)은 『무량수경우바제사원생게주(無量壽經優婆提舍願生偈註) = 왕생론주(往生論註)』에서 바수반두의 5가지 염문에 충실하면서 회향문에서 좀 더 발전시켰다. 세친이나 담란의 '5가지 염(念)하는 문(五念門)'은 선정(사마타)과 지혜(비파사나)라는 전통적 염법(念法)을 수행해서 기쁨나라(극락)로 가는 것이고, 담란의 회향법은 큰 탈것(大乘)사상을 충실하게 대입한 해석이라고 할 수 있다.

선도는 『일체 중생이 서녘 기쁨나라 아미따 붇다 나라를 원하여 나도록 권하는 여섯 때 예찬게(勸一切衆生願生西方極樂世界阿彌陀佛國六時禮讚偈) = 왕생예찬』에서 기쁨나라 가는 수행으로 바수반두 5념문을 충실하게 소개한다. 그러나 『관무량수경소(觀無量壽經疏)』에서는 5가지 바른 수행(五正行)을 내놓으며 큰 변화가 일어난다. 선도의 바른 수행(正行)은 바수반두나 담란의 5가지 정행과 크게 다르지 않다. 다만 선도는 이 바른 수행을 진짜 바른 수행(正定業)과 돕는 수행(助業)으로 나누면서 새로운 논리가 형성된다. 이 5가지 바른 수행 가운데 칭명, 곧 '나모아미따불'을 부르는 것만 진짜 바른 수행(正定業)이고 나머지 4가지는 모두 그 칭명을 돕고 보조하는 조업(助業)이라고 했다. 여기서 보면 바수반두나 담란이 중시하였던 사마타(止)나 비빠사나(觀) 같은 어려운 수행을 빼고 비교적 쉽게 다시 구성하였다는 것을 알 수 있다. 다시 말해 칭명(稱名)보다 관념(觀念)을 중시하던 바수반두(세친)나 담란과는 달리 칭명(稱名)을 바른 수행(正行)으로 하여 가장 으뜸으로 치고, 관념(觀念)을 도움수행(助業)으로 하였다. 정토수행법을 아주 쉽게 바꾼 것이다.

도움 수행(助業)이 나중에는 잡행(雜行)으로 발전하여 소리 내서 염불하는 칭명만 바른수행(正行)이고 순수하고 바른 수행(純正行)이라고 주장하는 일본 정토진종이나 대만 혜정(慧淨)법사 정토종에서는 잡행(雜行)으로 분류하였다. (자세한 내용은 『극락 가는 사람들』, 맑은나라, 2015, 995~1044쪽을 볼 것)

『모든 붇다가 보살피는 아미따경』

요진(姚秦) 꾸차 삼장 꾸마라지바 한문으로 옮김

서길수(徐吉洙) 우리말로 옮기고 풀이함

I. 첫머리

1. 붇다 스스로 마련한 법회 [믿음]

이렇게 나는 들었다.

한때 붇다께서 스라바쓰띠 제따숲 베품동산에서 큰 빅슈쌍가 1,250명과 함께 계셨는데, 모두 잘 알려진 큰 아르한들이었다.

장로 사리뿌뜨라 · 마하-마욷갈랴나 · 마하-까샤빠 · 마하-까탸야나 · 마하-꼬스틸라 · 레바따 · 쭈다빤타까 · 난다 · 아난다 · 라훌라 · 가방빠띠 · 삔돌라-바랃바자 · 깔로다인 · 마하-깔삐나 · 박꿀라 · 아니룯다 같은 여러 큰 제자들과, 아울러 만주스리 법왕자 · 아지따 보디쌑바 · 간다-하스띤 보디쌑바 · 항상정진 보디쌑바 같은 여러 큰 보디쌑바들과, 하늘나라 임금 사끄라를 비롯한 헤아릴 수 없이 많은 하늘나라 사람들도 함께하였다.

2. 법회의 주제 - 아미따바 기쁨나라 [믿음]

그때 붇다께서 사리뿌뜨라 장로에게 말씀하셨다. "여기서 서쪽으로 1조 붇다나라를 지나면 기쁨나라(極樂)라는 세계가 있는데, 그 나라에는 아미따바 붇다가 계시고, 지금도 가르침을 펴고 계신다."

"사리뿌뜨라여, 그 나라를 왜 기쁨나라라고 부르는지 아는가?

그 나라 중생들은 괴로움이란 전혀 없고 온갖 즐거움만 누리기 때문에 기쁨나라라고 한다."

Ⅱ. 기쁨나라(極樂)는 어떤 곳인가?

1. 기쁨나라의 모습 - 보배로 꾸민 거리와 못 [믿음]

"사리뿌뜨라여, 기쁨나라는 또 일곱 겹 다락집 · 일곱 겹 그물 · 일곱 겹 나무숲이 모두 네 가지 보석으로 두루 둘러싸여 있으므로 그 나라를 기쁨나라라고 한다."

"사리뿌뜨라여, 기쁨나라에는 또 일곱 가지 보석으로 된 못이 있는데, 그 안에는 여덟 가지 공덕의 물(八功德水)이 가득 차 있고, 못 바닥은 온통 금모래가 깔려 있다. 네 가장자리 계단과 길은 금 · 은 · 묘안석 · 수정으로 되어 있고, 그 위에 있는 다락집도 금 · 은 · 묘안석 · 수정 · 산호 · 붉은 구슬 · 비취로 장엄하게 꾸며졌다. 못 속에는 수레바퀴만 한 연꽃이 있는데, 푸른색은 푸른 빛, 노란색은 노란빛, 붉은색은 붉은빛, 하얀색은 하얀빛이 나서 미묘하고 향기롭고 깨끗하다."

"사리뿌뜨라여, 기쁨나라는 이처럼 본바탕이 뛰어나게 잘 꾸며져 있다."

2. 기쁨나라의 하루(1) - 1조 붇다께 이바지하며 닦음 [믿음]

"사리뿌뜨라여, 또 그 붇다나라에는 늘 하늘 음악이 울려 퍼지고, 땅은 황금으로 되어 있다. 밤낮 여섯 때 하늘에서 만다라 꽃비가 내리므로, 그 나라 중생들은 이른 아침이면 언제나 저마다 옷자락에 갖가지 예쁜 꽃을 받아 다른 나라에 가서 1조 붇다께 이바지하고, 끼니때가 되면 자기 나라로 돌아와서 밥 먹고 수행을 한다."

"사리뿌뜨라여, 기쁨나라는 이처럼 본바탕이 뛰어나게 잘 꾸며져 있다."

3. 기쁨나라의 하루(2) - 새소리로 펴는 아미따불의 설법 [믿음]

"사리뿌뜨라여, 또한 그 나라에는 늘 온갖 기묘한 빛깔의 새들이 있는데, 고니 · 공작 · 앵무 · 사리 · 깔라빙까 · 공명 같은 여러 새들이 밤낮 여섯 때 서로 어울려 우아한 소리를 낸다. 그 소리는 5가지 뿌리 · 5가지 힘(力) · 7가지 깨치는 법 · 8가지 괴로움을 없애는 길 같은 가르침을 펴는 것이기 때문에, 이 소리를 들은 중생들은 모두 마음에 붇다를 새기고, 가르침을 새기고, 쌍가를 새긴다."

"사리뿌뜨라여, 이 새들이 실제로 죄를 지은 과보로 난 것이라 여겨서는 안 된다. 왜냐하면 그 붇다나라에는 세 가지 나쁜 길이 없기 때문이다. 사리뿌뜨라여, 그 붇다나라에는 세 가지 나쁜 길이라는 이름도 없는데, 어떻게 실제로 (나쁜 길이) 있을 수 있겠느냐? 이 새들은 모두 아미따불께서 가르침을 널리 펴고자 바꾸어 만든 것이다."

"사리뿌뜨라여, 저 붇다나라에는 산들바람이 온갖 보배 나무숲과 보배 그물을 흔들어 미묘한 소리를 내니, 마치 백 · 천 가지 음악이 한꺼번에 울려 퍼지는 것 같다. 이 소리를 듣는 이는 모두 붇다를 생각하고, 가르침을 생각하고, 쌍가를 생각하는 마음이 저절로 일어난다."

"사리뿌뜨라여, 그 붇다나라는 이처럼 본바탕이 뛰어나게 잘 꾸며져 있다."

4. 기쁨나라의 법왕 - 가없는 빛(無邊光)과 끝없는 목숨(無量壽) 아미따불 [믿음]

"사리뿌뜨라여, 어떻게 생각하느냐? 저 붇다를 왜 아미따바라고 부르겠느냐?

"사리뿌뜨라여, 저 붇다의 밝고 환한 빛이 끝없어 시방세계를 두루 비추어도 걸림이 없으므로 아미따바라 부른다."

"사리뿌뜨라여, 또 저 붇다와 백성들의 목숨이 끝없고 가없어서 아미따윳이라 부른다."

"사리뿌뜨라여, 아미따불께서 붇다가 되신지 이제 10깔빠(劫)가 되었다."

"사리뿌뜨라여, 또 저 붇다에게는 끝없고 가없는 성문 제자들이 있는데, 모두 아르한이며, 수로 헤아려서는 알 수 없을 만큼 많다. 여러 보디쌑바들도 마찬가지다."

"사리뿌뜨라여, 저 붇다나라는 이처럼 본바탕이 뛰어나게 잘 꾸며져 있다."

Ⅲ. 어떻게 해야 기쁨나라에 갈 수 있는가?

1. 기쁨나라 가는 길(1) [바램(願)] [가서 남] - 반드시 기쁨나라에 나길 바라야 한다

"사리뿌뜨라여, 또한 기쁨나라 중생으로 나는 이들은 모두 물러서지 않는 자리에 이른 보디쌑바들이며, 그 가운데 한 번만 더 나면 (붇다가) 되는 보디쌑바들도 많다. 그 수가 너무 많아 헤아려서는 알 수가 없으며, 그지없고 가없어 셀 수가 없다."

"사리뿌뜨라여, 이 말을 들은 중생들은 마땅히 그 나라에 나길 바라는 마음을 내야 한다. 왜냐하면 이처럼 어진 사람들과 한 곳에서 모두 함께 만날 수 있기 때문이다."

2. 기쁨나라 가는 길(2) [닦음(行)] - 한마음 흐트러짐 없는 염불 [믿음] [바램] [닦음] [가서 남]

"사리뿌뜨라여, 선근과 복덕을 적게 쌓은 인연으로는 그 나라에 날 수 없다."

"사리뿌뜨라여, 만일 선남·선녀가 아미따 붇다에 대한 설법을 듣고, 그 이름을 새기되 하루나 이틀이나 사흘이나 나흘이나 닷새나 엿새나 이레 동안 한마음 흐트러지지 않게 이어가면, 그 사람의 목숨이 다할 때 아미따불이 여러 성인과 함께 그 앞에 나타나기 때문에, 그 사람이 목숨이 끊일 때 마음이 무너지지 않고 바로 아미따불 기쁨나라에 가서 나게 된다."

"사리뿌뜨라여, 나는 그런 사실을 분명히 보았기 때문에 하는 말이니, 이 말을 들은 중생은 마땅히 그 나라에 나길 바라는 마음을 내야 한다."

3. 기쁨나라 가는 길(3) [믿음(信)]

1) 동녘세계 붇다들 - 「모든 붇다가 보살피는 경」을 믿어라. [믿음]

"사리뿌뜨라여,

내가 지금 아미따불의 헤아릴 수 없는 공덕을 찬탄한 것처럼 동녘세계에는

악쏘뱌라는 붇다(阿閦鞞佛),

쑤메루 깃발이라는 붇다(須彌相佛),

큰 쑤메루라는 붇다(大須彌佛),

쑤메루 빛이라는 붇다(須彌光佛),

뛰어난 소리라는 붇다(妙音佛) 같이

강가강(恒河)의 모래처럼 많은 여러 붇다가 각기 자기 나라에서 넓고 긴 혀의 모습(廣長舌相)으로 삼천 큰 천세계(千世界)를 두루 덮고, 실다운 말씀으로 '너희 중생들은 헤아릴 수 없는 공덕을 칭찬한 「모든 붇다가 보살피는 경(經)」을 반드시 믿어야 한다'고 말씀하신다."

2) 남녘세계 붇다들 - 「모든 붇다가 보살피는 경(經)」을 믿어라 [믿음]

"사리뿌뜨라여, 남녘세계에는

해·달빛이라는 붇다(日月燈佛),

이름난 빛이라는 붇다(名聞光佛),

큰 빛의 바탕이라는 붇다(大焰肩佛),

쑤메루 등불이라는 붇다(須弥燈佛),

그지없는 정진이라는 붇다(无量精進佛) 같이

강가강(恒河)의 모래처럼 많은 여러 붇다가 각기 자기 나라에서 넓고 긴 혀의 모습(廣長舌相)으로 삼천 큰 천세계(千世界)를 두루 덮고, 실다운 말씀으로 '너희 중생들은 헤아릴 수 없는 공덕을 칭찬한 「모든 붇다가 보살피는 경(經)」을 반드시 믿어야 한다'고 말씀하신다."

3) 서녘세계 붇다들 - 「모든 붇다가 보살피는 경」을 믿어라 [믿음]

"사리뿌뜨라여, 서녘세계에는

그지없는 목숨이라는 붇다(無量壽佛),

그지없는 바탕이라는 붇다(无量相佛),

그지없는 깃발이라는 붇다(無量幢佛),

큰 빛이라는 붇다(大光佛),

큰 밝음이라는 붇다(大明佛),

보배깃발이라는 붇다(寶相佛),

맑게 비치는 빛이라는 붇다(淨光佛) 같이

강가강(恒河)의 모래처럼 많은 여러 붇다가 각기 자기 나라에서 넓고 긴 혀의 모습(廣長舌相)으로 삼천 큰 천세계(千世界)를 두루 덮고, 실다운 말씀으로 '너희 중생들은 헤아릴 수 없는 공덕을 칭찬한 「모든 붇다가 보살피는 경(經)」을 반드시 믿어야 한다'고 말씀하신다."

4) 북녘세계 붇다들 - 「모든 붇다가 보살피는 경」을 믿어라 [믿음]

"사리뿌뜨라여, 북녘세계에는

빛의 바탕이라는 붇다(焰肩佛),

거침없는 소리라는 붇다(㝡勝音佛),

맞설 수 없음이라는 붇다(難沮佛),

해로 태어남이라는 붇다(日生佛),

빛나는 그물이라는 붇다(網明佛) 같이

강가강(恒河)의 모래처럼 많은 여러 붇다가 각기 자기 나라에서 넓고 긴 혀의 모습(廣長舌相)으로 삼천 큰 천세계(千世界)를 두루 덮고, 실다운 말씀으로 '너희 중생들은 헤아릴 수 없는 공덕을 칭찬한 「모든 붇다가 보살피는 경(經)」을 반드시 믿어야 한다'고 말씀하신다."

5) 아랫녘세계 붇다들 - 「모든 붇다가 보살피는 경」을 믿어라 [믿음]

"사리뿌뜨라여, 아랫녘세계에는

사자라는 붇다(師子佛),

좋은 평판이라는 붇다(名聞佛),

이름난 빛이라는 붇다(名光佛),

다르마라는 붇다(達摩佛),

법의 깃발이라는 붇다(法幢佛),

법을 갖춤이라는 붇다(持法佛) 같이

강가강(恒河)의 모래처럼 많은 여러 붇다가 각기 자기 나라에서 넓고 긴 혀의 모습(廣長舌相)으로 삼천 큰 천세계(千世界)를 두루 덮고, 실다운 말씀으로 '너희 중생들은 헤아릴 수 없는 공덕을 칭찬한 「모든 붇다가 보살피는 경(經)」을 반드시 믿어야 한다'고 말씀하신다."

6) 윗녘세계 붇다들 - 「모든 붇다가 보살피는 경」을 믿어라 [믿음]

"사리뿌뜨라여, 윗녘세계에는
브랗마의 소리라는 붇다(梵音佛),
별자리 임금이라는 붇다(宿王佛),
향기로운 임금이라는 붇다(香上佛),
향기로운 빛이라는 붇다(香光佛),
큰 빛의 바탕이라는 붇다(大焰肩佛),
보석과 꽃으로 꾸민 몸이라는 붇다(雜色寶華嚴身佛),
살라(śāla) 임금이라는 붇다(娑羅樹王佛),
보석 꽃 같은 덕이라는 붇다(寶華德佛),
모든 바른 도리를 봄이라는 붇다(見一切義佛),
쑤메루산 같은 역량이라는 붇다(如須弥山佛) 같이

강가강(恒河)의 모래처럼 많은 여러 붇다가 각기 자기 나라에서 넓고 긴 혀의 모습(廣長舌相)으로 삼천 큰 천세계(千世界)를 두루 덮고, 실다운 말씀으로 '너희 중생들은 헤아릴 수 없는 공덕을 칭찬한 「모든 붇다가 보살피는 경(經)」을 반드시 믿어야 한다'고 말씀하신다."

4. 기쁨나라 가는 길(4) [마지막 당부] - 반드시 믿고(信) 기쁨나라에 나길 바라야(願) 한다 [믿음] [바램] [닦음] [가서 남]

"사리뿌뜨라여, 어떻게 생각하는가? 왜 「모든 붇다가 보살피는 경」이라고 부르겠는가?"

"사리뿌뜨라여, 만일 어떤 선남선녀가 이 경을 듣고 받아 마음에 새기거나, 여러 붇다의 이름을 듣는다면, 그 선남선녀들은 모든 붇다들의 보살핌을 받아 모두 다 아눋따라-싸먁-쌈보디에서 물러서지 않는 자리를 얻기 때문이다."

"그러므로 사리뿌뜨라여, 여러분은 모두 내 말과 여러 붇다께서 하신 말씀을 반드시 믿고 받아들여야 한다."

"사리뿌뜨라여, 만일 이미 바라는 마음을 냈거나, 지금 바라는 마음을 내거나, 앞으로 바라는 마음을 내서 아미따 붇다의 나라에 나고자 하면, 이 사람들은 모두 아눋따라-싸먁-쌈보디에서 물러서지 않는 자리를 얻어 그 나라에 이미 났거나, 지금 나거나, 앞으로 날 것이다."

"그러므로 사리뿌뜨라여, 모든 선남선녀가 만일 믿음이 있다면, 반드시 그 나라에 나길 바라는 마음을 내야 한다."

Ⅳ. 마무리

1. 사꺄무니 붇다는 「믿기 어려운 경」을 말씀하였다 [믿음]

"사리뿌뜨라여, 내가 이제 여러 붇다들의 헤아릴 수 없는 공덕을 칭찬한 것처럼, 저 여러 붇다들도 나의 헤아릴 수 없는 공덕을 칭찬하기를, '사꺄무니 붇다는 매우 어렵고 드문 일을 해냈다.

세상이 끝판이 되고(劫濁) 삿된 생각으로 가득 차고(見濁) 번뇌 때문에 어지럽고(煩惱濁) 죄와 불의에 물들고(衆生濁) 목숨은 줄어드는(命濁) 5가지 죄악으로 더럽혀진(五濁惡世) 싸하세계 속에서 아눋따라-싸먁-쌈보디를 얻고, 모든 중생을 위해 세상에서 믿기 어려운 가르침을 주셨다'고 하신다.

"사리뿌뜨라여, 내가 5가지 더러움으로 물든 죄악의 세상에서 이처럼 어려운 일을 하여 아눋따라-싸먁-쌈보디를 얻고, 모든 세상을 위해 이처럼 믿기 어려운 가르침을 주는 것은 아주 어려운 일이라는 것을 마땅히 알아야 한다."

2. 모두 기뻐하며 믿고 받아들였다 [믿음] [바램]

붇다께서 이 경을 다 말씀하시자, 사리뿌뜨라와 여러 빅슈들,

온갖 천신과 사람들, 그리고 아수라들이 붇다 말씀을 듣고 크게 기뻐하며 믿고 받아들인 뒤, 절하고 물러갔다.

『모든 붇다가 보살피는 아미따경』

끝

〈새로 옮긴 무량수경(無量壽經)〉

『기쁨나라(極樂) 경』

sukhāvatī-vyūha sūtras

쌍가바르만(康僧鎧) 한문으로 옮김

보정 서길수(徐吉洙) 우리말로 옮김

I. 마가다국 서울 독수리봉에서 열린 붇다의 가르침

1. 모임에 참석한 제자와 보디쌑바들

나는 이렇게 들었다.

한때 붇다께서 서울(王舍城) 그리드라꾸따에서 큰 빅슈쌍가(大比丘衆) 만 이천 명과 함께 계시었는데, 모두 신통을 이룬 큰 성인들이었다. 그 이름은 진리 깨침(了本際)·바른 바램(正願)·바른 말씨(正語)·큰 이름(大号)·어진 분(仁賢)·맑음(離垢)·떨친 이름(名聞)·뛰어난 팔(善實)·다 갖춤(具足)·소임금(牛王)·우루빌롸 까샤빠(優樓頻蠡迦葉)·가야 까샤빠(伽耶迦葉)·나디 까샤빠(那提迦葉)·마하 까샤빠(摩訶迦葉)·사리뿌뜨라(舍利弗·마하 마 갈랴나(大目揵連)·깝피나(劫賓那)·큰 집(大住)·크고 맑은 뜻(大淨志)·마하 쭌다(摩訶周那)·사랑 찬 아들(滿願子)·막힘없음(離障閡)·흘러들어감(流灌)·단단히 살핌(堅伏)·얼굴임금(面王)·뛰어난 방편(異乘)·어진 성품(仁性)·기쁨(喜樂)·잘 왔다(善來)·라훌라(羅云)·아난다(阿難) 같은 웃어른(尊者)들로, 모두 뛰어난 제자들이었다.

또 큰 탈것(大乘)을 닦는 여러 보디쌑바들도 함께 모였는데, 두루 어진(普賢) 보디쌑바·만주스리(妙德) 보디쌑바·자비(慈氏) 보디쌑바 같이 아름다운 이 세상(賢劫)에 사는 모든 보디쌑바, 그리고 훌륭한 지킴이(賢護) 보디쌑바를 비롯하여 훌륭한 생각(善思議) 보디쌑바·믿음 슬기(信慧) 보디쌑바·바탕없음(空无) 보디쌑바·신통 꽃(神通華) 보디쌑바[1]·빛나는 꽃(光英) 보디쌑바·으뜸 슬기(慧上) 보디쌑바·슬기 깃발(智幢) 보디쌑바·고요 뿌리(寂根) 보디쌑바·바램 슬기(願慧) 보디쌑바·향내 코끼리(香象) 보디쌑바·보석 꽃(寶英) 보디쌑바·가운데 삶(中住) 보디쌑바·맞춤 행(制行) 보디쌑바·벗어버림(解脫) 보디쌑바 같은 16 보디쌑바(正士)들이다.

2. 큰 탈것(大乘) 보디쌑바의 본보기 사까무니

(보디쌑바들은) 모두 두루 어진(普賢) 보디쌑바의 덕을 좇아서, 여러 보디쌑바의 끝없는 수행과 바램(行願)을 갖추고, 모든 공덕의 원리에 편안하게 머무르면서, 시방세계에 두루 다니며 갖가지 방편(權方便)을 베풀다가, 붇다의 가르침에 들어가 마침내 강 건너 기슭에 이르고, 헤아릴 수 없는 세계에서 등각(等覺)을 이룬다.

(보디쌑바가 등각을 이룬 뒤) 뚜시따 하늘나라(兜率天)에 머물며 바른 법을 널리 펴다가 그 하늘궁전을 내놓고 어머니 태 안으로 내려온다. 오른편 옆구리에서 태어나 일곱 걸음을 옮기니, 밝고 환한 빛이 시방의 끝없는 붇다나라를 두루 비추고, 온 누리가 여섯 가지로 흔들린다. (태어나자마자) 스스로 일컫기를 "나는 반드시 세상에서 위없는 붇다가 되리라."라고 외치자, 서른셋하늘 임금(帝釋天)과 브랗마 임금(梵天)이 받들어 모시고 모든 하늘사람(天)들도 귀의하여 우러러 따른다.

(커가면서) 셈법·문학·예술·활쏘기·말타기·도술을 널리 익히고 수많은 책을 읽어 환하게 꿰뚫게 된다. 집 뒤 동산에서 노닐 때는 무예를 익히고, 궁전 안에서는 여색과 맛있는 음식 속에서 날을 보낸다. (그러다) 늙고 병들어 죽는 것을 보고 세상이 덧없다는 것을 깨달아 나라와 재물과 왕위를 버리고 산으로 들어가 도를 배우게 된다.

흰말을 타고 나와 보석으로 꾸민 관(冠)과 구슬치렛거리(瓔珞)를 돌려보낸 뒤, 진귀한 옷을 버리고 수행자 옷으로 갈아입고, 머리와 수염을 깎는다. 나무 아래 바르게 앉아 부지런히 괴로운 6년을 제대로 닦는다.

다섯 가지 더러운 세상에 나투시어 뭇 중생들과 마찬가지로 먼지와 때가 있다는 것을 보이시고 맑은 물에 몸을 씻은 뒤, 하늘에서 드리운 나뭇가지를 붙잡고 물에서 나온다. 신령한 날짐승의 날갯짓 따라 도 닦는 곳에 다다르고, 길상이란 사람이 마음을 내서 공덕을 보이고자 하니, 가엽게 여겨 이바지한 풀을 받아 붇다나무 밑에 깔고 책상다리를 하고 앉는다.

밝고 환한 빛이 크게 떨쳐 마라(魔羅)에게 알려지자, 마라가 딸린 식구들을 거느리고 와서 괴롭히고 시험한다. 슬기의 힘으로 눌러 (마라들이) 모조리 항복하게 하고, 미묘한 법을 얻어 바른 깨달음을 얻는다.

서른셋 하늘 임금(帝釋天)과 브랗마 임금(梵天)이 가르침의 바퀴

(法輪)를 굴려주길 빌며 청하니, 붇다는 얽매임 없이 다니시며 붇다의 외침을 이어간다. 가르침의 북을 치고, 가르침의 소라를 불고, 가르침의 칼을 휘두르고, 가르침의 깃대를 세우고, 가르침의 우뢰를 떨치고, 가르침의 번개를 번뜩이고, 가르침의 비를 내리고, 가르침의 보시를 베풀어, 늘 가르침의 소리로 모든 세계를 깨우친다. 밝고 환한 빛이 끝없는 붇다나라를 두루 비추니 온 누리가 여섯 가지로 흔들리고, 마라(魔羅)의 세계를 모두 끌어당겨 마라의 궁전을 뒤흔드니, 마라의 무리는 겁나고 두려워 항복하지 않을 수 없다.

삿된 그물을 찢어버려 온갖 견해들을 없애고, 모든 괴로움(煩惱)을 털어버려 갖가지 탐욕의 구렁을 허물고, 가르침의 성을 단단히 지키며 가르침의 문을 열고, 때 묻고 더러운 것을 씻어내고 맑고 밝게 빛나는 붇다의 가르침을 베풀어 바르고 좋은 곳으로 이끌었다.

나라 안으로 들어가 나누어 다닐 때, 가지가지 넉넉한 이바지를 받으며 공덕을 쌓고 복을 심도록 하고, 가르침을 펴고자 할 때는 기쁜 웃음을 보이며 갖가지 가르침의 약으로 3가지 괴로움(三苦)에서 구해준다. 도의 참뜻과 끝없는 공덕을 나타내 보여, 보디쌑바에게 수기(授記)를 내려 바른 깨달음을 이루게 한다.

니르바나(滅度)를 나타내 보였지만, (중생을) 건지는 데는 끝이 없고, 모든 번뇌를 없애고 온갖 좋은 뿌리(善根)를 심어 공덕을 두루 갖춘 것이 미묘하여 헤아리기 어렵다.

여러 붇다나라를 다니며 널리 진리의 가르침을 펴는데, 닦은 것이 맑고 깨끗해 더러움이 없어, 마치 요술쟁이가 사람들에게 남자나 여자 모습을 마음대로 보여주듯 바꿀 수 없는 것이 없으니, 본디 배움이란 분명하여 뜻하는 대로 이루어지는 것이다.

3. 아난다가 가르침을 청하다

여기 모인 여러 보디쌑바들도 마찬가지다. 모든 가르침을 다 배워 막힘없이 훤히 통해 머무는 곳이 편안하고, 수없이 많은 붇다나라에 두루 나투어 중생을 가르쳐 이끌지 않는 곳이 없으나 뽐내거나 함부로 한 적이 없고 중생을 가엾게 여겼다.

이처럼 모든 법을 다 갖춘 보디쌑바는 경전의 알짬(要諦)과 미묘함을 샅샅이 밝혀 널리 펴니, 그 이름이 널리 시방세계까지 이르러, 그지없이 많은 여러 붇다가 다 함께 보살펴 준다. 붇다가 지키신 계를 모두 지키고, 대 성인이 세운 원을 모두 세워, 붇다의 가르침을 널리 펴서 여러 보디쌑바를 위한 큰 스승이 된다. 깊은 싸마디와 슬기로 중생을 깨우쳐 이끌고, 모든 사물의 본성을 훤히 알고, 중생들의 사정을 꿰뚫어 막힘이 없으며, 모든 나라에 대해 분명히 알고 있다.

여러 붇다에게 공양할 때는 번갯불처럼 몸을 나투고, 두려움 없는 설법(無畏)을 잘 익히며, 실체가 없다는 법을 깨달았다. 마라(魔羅) 그물을 찢어버리고 모든 번뇌를 벗어나 제자·홀로 깨달은 분의 경계를 넘어서고, 공(空) 싸마디·무상(無相) 싸마디·무원(無願) 싸마디란 3가지 싸마디(三昧)를 이루었다.

방편을 잘 세워 3가지 탈 것에 관한 법(三乘法)을 보이는데, 중·하의 경계인 제자와 홀로 깨달은 분 경계에서는 니르바나(滅度)를 보이지만, 본래 지은 바도 없고 얻은 바도 없으며, 생기지도 없어지지도 않는 평등법을 얻었으며, 헤아릴 수 없는 다라니와 백 천 가지 싸마디와 모든 근기의 지혜를 이루어 두루 갖추었다.

널리 두루 미치는 선정으로 보디쌑바의 가르침을 깊이 깨달아 붇다의 화엄싸마디를 얻고, 모든 경전을 연설하여 널리 퍼트린다. 깊은 선정에 머무르며, 한 생각 하는 틈에 헤아릴 수 없이 많은 모든 붇다를 두루 찾아뵙는다. (중생들의) 갖가지 어려움에서 건져주기 위해 한가한지 바쁜지를 헤아려 참된 진리를 나타내 보일 때는 모든 여래의 말재주와 지혜를 얻어 말과 소리로 중생들에게 파고들어 다 가르쳐 이끈다.

세간에 있는 일반법을 모두 벗어나 마음이 언제나 진리에 머무르며 세간의 길을 여의었다. 세상 모든 것을 마음대로 할 수 있으며, 중생들을 위하여 부르지 않아도 찾아가는 벗이 되어 뭇 중생들의 무거운 짐을 맡아서 지는 중요하고 큰 임무를 맡는다.

여래의 깊고 깊은 가르침을 받아 지녀, 붇다가 될 씨앗과 본성이 끊어지지 않도록 늘 보살피고, 큰 자비심으로 중생을 가엽게 여겨 도타운 사랑이 깃든 말씨로 진리의 눈을 뜨게 해주고, 3가지 나쁜 길)로 가는 것을 막고 착한 곳으로 가는 문을 열어준다. 부르지 않아도 찾아가는 가르침으로 모든 중생에게 베푸는 것이 마치 효자가 어버이를 사랑하고 받들어 모시는 것과 같다.

모든 중생을 자기 자신처럼 여겨 온갖 선근으로 모두 니르바나에 이르게 하니, 모든 붇다의 끝없는 공덕을 다 얻어 그 거룩하고 밝은 지혜가 헤아릴 수 없다. 이처럼 끝없는 보디쌑바들과 헤아릴 수 없이 많은 큰 보디쌑바들이 한꺼번에 같이 와서 모이게 되었다.

그때 세존께서는 온몸이 기쁨이 차고 얼굴에 드러난 빛이 맑고 깨끗하시어 빛나는 이마가 높고 커 보였다. 아난다 존자는 붇다의 거룩하신 뜻을 받들어 곧 자리에서 일어나, (까사야를 걷어) 오른 어깨를 드러내고 무릎을 꿇고 앉아 두 손 모아 붇다께 사뢰었다.

"오늘 세존께서는 온몸에 기쁨이 차고 얼굴에 드러난 빛이 맑고 깨끗하시고, 빛나는 이마의 높고 크심이 마치 환한 거울이 맑은 것 같아 안팎의 모습이 즐겁고 편안해 보이시며, 훌륭한 모습이 눈부시게 드러나 말로 나타낼 수가 없을 정도인데, 일찍이 지금같이 뛰어난 모습을 뵌 적이 없습니다.

큰 성인이시여, 제 마음에 생각하고 있는 바를 말씀드리겠습니다. 오늘 세상이 우러러보는 분께서는 기묘하고 특별한 법에 머무시고, 오늘 세상의 영웅께서는 붇다가 머물러야 할 곳에 머무시고, 오늘 세상의 눈인 분께서는 중생을 이끌어 주는 스승의 길에 머무시고, 오늘 세상에서 가장 뛰어난 분께서는 가장 좋은 길에 머무시고, 오늘 하늘같이 높은 분께서는 여래의 덕을 행하고 계십니다. 과거·현재·미래의 붇다들은 서로 생각하고 계셔 특별히 오늘의 붇다라는 경계가 없다는데, 그런 여러 붇다를 생각하고 계시옵니까? 어찌하여 헤아릴 수 없는 빛들이 넘치고 계시옵니까?

이에 세존께서 아난다에게 말씀하셨다.

"아난다여, 어떻게 된 것이냐? 천신들이 너에게 붇다에게 가서 물어보라고 가르쳐 준 것이냐, 아니면 스스로 슬기에서 우러나 위엄과 낯빛에 관해서 물어보느냐?"

아난다가 붇다께 사뢰었다.

"천신들이 제게 와서 가르쳐 주지 않았고, 스스로 보고 느낀 바를 여쭙는 것입니다."

붇다께서 말씀하셨다.

"아난다여, 참 훌륭하다. 묻는 것이 시원하구나. 중생을 가엽게 여겨 깊은 슬기와 참으로 재치 있는 말솜씨로 슬기로운 질문을 하는구나. 여래는 그지없이 큰 자비심으로 3가지 세계를 가엽게 여기기 때문에 세상에 나타나 진리를 밝게 가르치고, 뭇 중생들이 널리 참다운 법의 이익을 얻을 수 있도록 하는 것이다. 이는 끝없는 1억(劫) 깔빠 동안 만나기도 어렵고 보기도 어려운 일로, 마치 우둠바라꽃이 때가 되어야 피는 것과 마찬가지다. 오늘 묻는 것은 흠뻑 많고 넉넉하여 모든 천신과 사람들의 지혜가 열리게 할 것이다.

아난다여, 여래 정등각의 슬기로움은 헤아리기 어렵고, 많은 중생을 가르쳐 이끌고, 꿰뚫어 보는 슬기는 걸림이 없어 막거나 끊을 수가 없다는 것을 알아야 한다. 한 끼니만 먹은 힘으로도 백·천·억 깔빠를 살 수 있으니 그지없고 헤아릴 수 없는 목숨은 이에 비할 바가 못 된다. 온몸은 기쁨에 넘쳐 흐트러지지 않고, 낯빛은 변하지 아니하며, 빛나는 얼굴은 달라지지 않는다. 왜냐하면 여래의 싸마디(定)와 슬기(慧)는 막힘이 없이 훤히 통하고 끝이 없어 모든 법을 거침이 없이 마음대로 할 수 있기 때문이다.

아난다여, 이제부터 이야기할 터이니 잘 듣도록 하여라."

아난다가 사뢰었다.

"그렇게 해주시면, 저는 즐거운 마음으로 듣고자 하나이다."

Ⅱ. 기쁨나라(極樂)는 누가 어떻게 만들었는가?

1. 지난 세상 53명 붇다들

붇다께서 아난다에게 말씀하셨다.

"옛날, 그지없고 헤아릴 수 없고 셈할 수 없는 깔빠 이전의 지난날, '등불 켜는 여래(錠光如來)'가 세상에 나타나셔서, 끝없는 중생을 가르쳐 삼계를 벗어나게 하시고, 모두 바른길을 깨달아 니르바나에 들게 하였다.

그다음 이어서 나타나신 여래의 이름을 멀리 빛남(光遠)이라 부르고, 다음은 달빛(月光)이라 부르고, 다음은 짠다나향(栴檀香)이라 부르고, 다음은 좋은 산 왕(善山王)이라 부르고, 다음은 쑤메루산 하늘관(須弥天冠)이라 부르고, 다음은 쑤메루산 같은 빛(須弥等曜)이라 부르고, 다음은 달 빛깔(月色)이라 부르고, 다음은 바른 생각(正念)이라 부르고, 다음은 티끌 떠남(離垢)이라 부르고, 다음은 집착 없음(無着)이라 부르고, 다음은 용 하늘(龍天)이라 부르고, 다음은 밤빛(夜光)이라 부르고, 다음은 편안하고 환한 꼭대기(安明頂)라 부르고, 다음은 흔들리지 않는 경지(不動地)라 부르고, 다음은 유리 참꽃(琉璃妙華)이라 부르고, 다음은 유리 금빛(琉璃金色)이라 부르고, 다음은 황금 곳간(金藏)이라 부르고, 다음은 불꽃 빛(炎光)이라 부르고, 다음은 불꽃 뿌리(炎根)라 부르고, 다음은 땅에 심음(地種)이라 부르고, 다음은 달 모습(月像)이라 부르고, 다음은 해 소리(日音)

라 부르고, 다음은 해탈 꽃(解脫華)이라 부르고, 다음은 장엄 빛(莊嚴光)이라 부르고, 다음은 바다처럼 깨친 신통(海覺神通)이라 부르고, 다음은 물빛(水光)이라 부르고, 다음은 큰 향(大香)이라 부르고, 다음은 티끌과 때를 떠남(離塵垢)이라 부르고, 다음은 싫증 나는 생각을 버림(捨猒意)이라 부르고, 다음은 보배 불꽃(寶炎)이라 부르고, 다음은 묘한 정수리(妙頂)라 부르고, 다음은 날쌔게 일어섬(勇立)이라 부르고, 다음은 공덕 슬기(功德持慧)라 부르고, 다음은 해와 달을 덮는 빛(蔽日月光)이라 부르고, 다음은 해·달·유리 빛(日月琉璃光)이라 부르고, 다음은 위없는 유리 빛(無上琉璃光)이라 부르고, 다음은 가장 높은 머리(冣上首)라 부르고, 다음은 깨달은 꽃(菩提華)이라 부르고, 다음은 달 밝음(月明)이라 부르고, 다음은 햇빛(日光)이라 부르고, 다음은 꽃 빛깔 왕(華色王)이라 부르고, 다음은 물속 달빛(水月光)이라 부르고, 다음은 어리석음을 여읨(除癡冥)이라 부르고, 다음은 가로막음을 제도하는 행(度盖行)이라 부르고, 다음은 맑은 믿음(淨信)이라 부르고, 다음은 좋은 일에 머묾(善宿)이라 부르고, 다음은 헤아릴 수 없는 힘(威神)이라 부르고, 다음은 가르침 슬기(法慧)라 부르고, 다음은 방울소리(鸞音)라 부르고, 다음은 사자 소리(師子音)라 부르고, 다음은 용 소리(龍音)라 부르고, 다음은 세상살이(處世)라 불렀는데, 이와 같은 여러 붇다들이 모두 이어서 나타나셨다.

이때 그다음을 이어 '세상에 거침없는 임금(世自在王)'이라고 부르는, 지난날 붇다들과 같은 길을 오가는 분(如來), 아르한(阿羅漢), 바르고 빈틈없이 깨닫고(正等覺), 슬기와 실천을 갖추고(明行足), 올바로 살아가고(善逝), 세상일을 훤히 알고(世間解), 가장 높고(無上士),

사나이를 길들이고(調御丈夫), 신과 사람의 스승이고(天人師), 깨달은 분이고(佛) 우러러볼 만한 분(世尊)이 나타나셨다.

2. 임금 자리 버리고 출가한 공덕샘(法藏) 빅슈

그 무렵 한 나라의 임금이 그 붇다의 설법을 듣고 마음에 커다란 기쁨으로 가득 차, 도(道)를 찾겠다는 위 없고 바르고 참된 마음을 내어, 나라와 임금 자리를 버리고 스라마나(沙門)의 길을 걷게 되었다. 호를 공덕샘(法藏)이라고 불렀는데, 재주가 있고 날쌔고 사리에 밝은 것이 세상의 여느 사람과 달리 뛰어났다.

그는 '세상에 거침없는 임금(世自在王)'이라는 붇다가 계시는 곳으로 나아가 붇다 발에 머리를 조아리고 오른쪽으로 세 번 돈 뒤, 두 무릎을 대고 꿇어앉아 손은 모으고 게송(頌)으로 공덕을 기려 사뢰었다.

빛나는 얼굴 드높고 위신력 끝없어
불꽃처럼 밝은 빛 견줄 이 없으니,
해·달·마니가 불타듯 빛나 보이지만
모두 다 가려지고 숨겨져 먹칠한 것 같아라.

거룩한 여래 얼굴 세간을 벗어나니 또래가 없고

바로 깨달은 높은 말소리 시방에 울려 퍼지니,
계 지킴, 부지런히 애씀, 싸마디, 슬기
점잖고 어짊이 벗할 이 없어 뛰어나고 드무네.

깊은 진리 훌륭한 생각, 여러 붇다가 가르친 바다는
더 할 수 없이 깊고 깊어 맨 끝 바닥에 이르고,
무명·탐냄·성냄 영원히 여의신 우러러볼 만한 분
인간 영웅과 스승의 신령한 공덕 그지없어라.

공덕과 어진 덕 크넓고 지혜 깊고 묘하여
밝은 위엄과 모습 대천세계를 흔드시니,
저도 붇다 되어 거룩한 법왕처럼 갖추어
나고 죽는 바다를 건너 해탈을 바라나이다.

베풀고 다잡고 계 지키고 참고 부지런히 힘써
붇다처럼 가장 높은 싸마디와 지혜 얻어
붇다 되길 다짐하오니 이 바램을 널리 행하여
모든 두려움과 근심 여의고 평안을 이루게 하소서.

이를테면 백천만억 붇다가 계시고
큰 성인 그지없어 강가강 모래 같아도,
모든 붇다께 다 이바지하고 꼭 도를 구해
굳게 다잡아 물러나지 않겠사옵니다.

강가강 모래 같은 모든 붇다나라
헤아릴 수 없이 많은 나라가 있더라도,
밝고 환한 빛 모든 나라를 두루 비추듯
셀 수 없는 정진과 위신력 헤아리기 어려우리라.

제가 붇다 되면 나라 땅은 가장 으뜸이요
중생은 빼어나고 도량은 기준을 뛰어 넘어,
나라가 니르바나처럼 견줄 짝이 없게 되면
제가 모두를 가엾이 여겨 해탈시키겠나이다.

시방에서 와 나면 마음이 기쁘고 맑고 깨끗하며
저의 나라에 다다르면 즐겁고 조용하고 편안하리니,
바라오니 붇다의 믿음과 빛으로 저의 참뜻을 밝히셔
바라는 대로 힘과 정성을 다할 수 있도록 해주옵소서.

시방의 세존들은 지혜가 걸림이 없으니
늘 그 세존들께서 저의 마음 닦음을 아시고
어쩌다 이 몸이 힘든 괴로움에 머물더라도
부지런히 참고 닦아 끝까지 후회하지 않겠나이다.

붇다께서 아난다에게 말씀하셨다.

"공덕샘(法藏) 빅슈는 이처럼 게송으로 붇다를 기린 뒤, 붇다께 '세존이시여, 저는 가장 높은 바른 깨달음을 얻겠다는 마음을 내었습니다. 바라옵건대 붇다께서 저를 위해 경전의 가르침(經法)[1]을 널리 알려 주시면, 저는 그에 따라 수행하고 붇다나라를 이루어 그지없이 뛰어난 나라 땅을 맑고 깨끗하게 꾸미겠습니다. 제가 이 세상에서 빨리 바른 깨달음을 얻어 모든 나고 죽는 괴로움의 뿌리를 뽑아버릴 수 있게 해 주옵소서.'라고 사뢰었다."

붇다께서 아난다에게 말씀하셨다.

"그때 세상에 거침없는 붇다가 공덕샘 빅슈에게, '그렇다면 어떻게 수행하여 붇다나라를 꾸밀 것인지 그대 스스로 알아야 하느니라.'라고 말씀하셨다."

빅슈가 붇다께 "그것은 뜻이 넓고 깊어서 저의 능력을 벗어난 것입니다. 세존께서 여러 붇다가 어떻게 맑은나라(淨土)를 이룩하였는지 그 수행법을 알기 쉽게 자세히 말씀해 주시면, 그것을 듣고 반드시 말씀하신 대로 수행하여 바라는 바를 모두 이루겠습니다." 라고 사뢰었다.

이때 세상에 거침없는 왕이란 붇다는 빅슈의 높고 밝은 뜻과 바램이 깊고 넓은 것을 아시고, 바로 공덕샘 빅슈에게 가르쳐 주시기를, "비유하자면, 한 사람이 말(斗)로 바닷물을 되어 헤아린다 해도 몇 깔빠(劫) 지나면 반드시 바닥끝까지 닿아 진기한 보배를 얻을 수 있듯이, 사람도 마음 깊이 힘써 도를 구하며 그치지 않으면 마땅히 열매(果)를 맺을 수 있는 것이니, 어떤 바램이라고 이루지 못하겠느냐?"라고 말씀하시고, 이어서 세상에 거침없는 왕 붇다께서 바로 210억 여러 붇다 나라에 살고 있는 천신·사람들의 착하고 악한 것, 나라 땅의 거칠고 뛰어난 것을 널리 말씀해 주시고, 공덕샘(法藏) 빅슈의 마음 깊이 바라는 바에 따라 낱낱이 보여 주셨다.

그때 그 빅슈는 붇다가 말씀하신 바를 듣고, 장엄하고 맑고 깨끗한 나라들을 낱낱이 다 보고 나서, 위없이 높고 가장 뛰어난 바램(願)을 세웠느니라. 그의 마음은 고요하고 맑으며, 뜻은 집착하는 바가 없어, 모든 세상의 누구도 따를 수가 없었으니, (그런 마음과 뜻으로) 5깔빠(五劫)을 다 채워 대상을 두루 살피고 자비로 중생을 제도하며, 붇다나라를 세우기 위한 맑고 깨끗한 수행을 하였느니라."

아난다가 붇다께 여쭈었다.
"그 붇다와 나라의 목숨은 얼마나 되나이까?"

붇다께서 말씀하셨다.
"그 붇다의 목숨은 42깔빠(劫)이다."

이때 공덕샘 빅슈는 210억 여러 붇타의 기묘한 나라의 맑고 깨끗한 수행법을 받아들였다. 그 많은 수행법을 닦고 나서 그 붇다가 계신 곳을 찾아가 머리를 숙여 발에 대고 절을 한 뒤, 붇다를 세 번 돌고 손을 모으고 앉아 붇다께 사뢰었다.
"세존이시여, 저는 이미 장엄한 붇다나라의 맑고 깨끗한 수행을 받다들여 모두 닦았습니다."

붇다께서 빅슈에게 말씀하셨다.

"그대가 지금 생각하는 바를 모든 대중에게 알려서 깨닫겠다는 마음을 일으켜 기쁘게 할 때이다. 보디쌑바들은 듣고 나서 이 법에 따라 닦아 헤아릴 수 없는 큰 바램을 이루게 될 것이다."

빅슈가 붇다께 사뢰었다.

"제가 바라는 바를 찬찬히 말씀드릴 터이니 듣고 살펴주시길 바랄 뿐입니다."

3. 공덕샘 빅슈가 기획한 기쁨나라(極樂) 48가지 조건

1. 제가 붇다가 될 때, 나라 안에 지옥·배고픈 귀신·짐승이 있다면 깨달음을 얻지 않겠습니다.
2. 제가 붇다가 될 때, 나라 안 사람과 하늘신의 목숨이 다한 뒤 다시 3가지 나쁜 길에 떨어진다면 깨달음을 얻지 않겠습니다.
3. 제가 붇다가 될 때, 나라 안 사람과 하늘신이 모두 진짜 금빛이 아니면 깨달음을 얻지 않겠습니다.
4. 제가 붇다가 될 때, 나라 안 사람과 하늘신의 생김새가 달라 잘나고 못남이 있다면 깨달음을 얻지 않겠습니다.
5. 제가 붇다가 될 때, 나라 안 사람과 하늘신이 전생의 삶을 훤히 알고(宿命通), 나아가 백·천억 나유따 여러 깔빠(劫) 일까지 모두 알 수 없다면 깨달음을 얻지 않겠습니다.
6. 제가 붇다가 될 때, 나라 안 사람과 하늘신이 하늘눈으로 보

는 힘(天眼通)을 얻고, 나아가 백·천억 나유따 모든 붇다나라까지 볼 수 없다면 깨달음을 얻지 않겠습니다.

7. 제가 붇다가 될 때, 나라 안 사람과 하늘신이 하늘귀로 듣는 힘(天耳通)을 얻고, 나아가 백·천억 나유따 여러 붇다의 설법까지 다 듣고, 남김없이 받아 새길 수 없다면 깨달음을 얻지 않겠습니다.
8. 제가 붇다가 될 때, 나라 안 사람과 하늘신이 남의 마음을 꿰뚫어 보는 힘(他心通)을 얻고, 나아가 백·천억 나유따 모든 붇다나라 중생들의 마음과 생각까지 알 수 없다면 깨달음을 얻지 않겠습니다.
9. 제가 붇다가 될 때, 나라 안 사람과 하늘신이 하늘발로 다니는 힘을 얻고(神足通), 나아가 한 생각할 틈에 백·천억 나유따 모든 붇다나라까지 넘어서지 못하면 깨달음을 얻지 않겠습니다.
10. 제가 붇다가 될 때, 나라 안 사람과 하늘신이 헛된 생각(想念)을 일으켜 자신의 몸에 집착한다면 깨달음을 얻지 않겠습니다.
11. 제가 붇다가 될 때, 나라 안 사람과 하늘신이 붇다 되는 것이 완전히 확정된 무리(正定聚)에 들어 반드시 니르바나에 이르지 못한다면 깨달음을 얻지 않겠습니다.
12. 제가 붇다가 될 때, 저의 밝고 환한 빛에 제한이 있고, 나아가 백·천억 나유따 여러 붇다나라까지 비출 수 없다면 깨달음을 얻지 않겠습니다.
13. 제가 붇다가 될 때, 저의 목숨에 제한이 있고, 나아가 백·천억·

나유따 깔빠까지만 살 수 있다면 깨달음을 얻지 않겠습니다.

14. 제가 붇다가 될 때, 나라 안 제자 수를 헤아릴 수 있거나 3천 큰 천세계(千世界)의 중생과 홀로 깨달은 분들이 백·천 깔빠 동안 다 함께 헤아리고 견주어 그 수를 알 수 있다면 깨달음을 얻지 않겠습니다.
15. 제가 붇다가 될 때, 나라 안 사람과 하늘신의 목숨이 - 과거세의 다짐(本願)에 따라 수행하여 길고 짧음을 마음대로 하는 경우를 빼고는 - 제한이 없어야지, 그렇지 않으면 깨달음을 얻지 않겠습니다.
16. 제가 붇다가 될 때, 나라 안 사람과 하늘신이 착하지 않은 이름이 있다는 것을 듣기만 해도 깨달음을 얻지 않겠습니다.
17. 제가 붇다가 될 때, 시방세계의 끝없는 여러 붇다가 모두 저의 이름을 찬탄하고 칭찬하지 않으면 깨달음을 얻지 않겠습니다.
18. 제가 붇다가 될 때, 시방 중생들이 마음 깊이 믿고 기뻐하며(信樂) 저의 나라에 나고자(欲生) 10번까지 마음에 새겼는데도(十念) 날 수 없다면 깨달음을 얻지 않겠습니다. 다만 오역죄나 정법을 비방하는 자는 제외하겠습니다.
19. 제가 붇다가 될 때, 시방 중생들이 깨닫겠다는 마음(菩提心)을 내어 여러 가지 공덕을 닦고, 저의 나라에 나고자 마음 깊이 바랬으나 목숨이 다할 때 제가 대중과 함께 그 사람 앞에 나타날 수 없다면 깨달음을 얻지 않겠습니다.
20. 제가 붇다가 될 때, 시방 중생들이 제 이름을 듣고 저의 나라를 생각하며 온갖 좋은 뿌리(善根)를 심고 마음 깊이 회향

(迴向)하며 저의 나라에 나고자 하였으나 이루지 못한다면 깨달음을 얻지 않겠습니다.

21. 제가 붇다가 될 때, 나라 안 사람과 하늘신이 모두 32가지 거룩한 모습(32大人相)을 모자람 없이 이루지 못한다면 깨달음을 얻지 않겠습니다.

22. 제가 붇다가 될 때, 다른 붇다나라의 여러 보디쌑바가 제 나라에 와서 나면 마지막에 반드시 '한살이만 마치면 붇다 되는 자리(一生補處)'에 이르도록 하고, 다만 지난 세상에서 바랬던 것(本願)에 따라 중생을 위해 큰 다짐으로 무장하여 좋은 뿌리를(善根)를 차곡차곡 쌓고, 모든 것을 벗어나 여러 붇다나라를 다니며 보디쌑바행을 닦아 시방의 여러 붇다에게 이바지하고, 강가강 모래처럼 끝없는 중생을 교화하여 위없는 붇다의 법도를 세우고자, 험하지 않은 수행을 놔두고 여러 나라 땅에 가서 바로 눈앞에서 두루 어진 덕행(普賢之德)을 배워 익히려는 보디쌑바들은 자기 마음대로 나툴 수 있게 해야지, 그렇지 않으면 깨달음을 얻지 않겠습니다.

23. 제가 붇다가 될 때, 나라 안 보디쌑바들이 붇다의 위신력(威信力)을 이어 모든 붇다께 이바지할 때, 한 끼니 동안 끝없는 수천·억 나유따 여러 붇다나라에 두루 이를 수 없다면 깨달음을 얻지 않겠습니다.

24. 제가 붇다가 될 때, 나라 안 보디쌑바들이 여러 붇다 앞에서 좋은 뿌리를 심으려는데, 그들이 바래는 이바지 물건을 뜻대로 얻을 수 없다면 깨달음을 얻지 않겠습니다.

25. 제가 붇다가 될 때, 나라 안 보디쌑바들이 '모든 법을 통틀어 아는 지혜(一切智)'를 연설할 수 없다면 깨달음을 얻지 않겠습니다.

26. 제가 붇다가 될 때, 나라 안 보디쌑바들이 나라야나(nārāyaṇa) 금강역사(金剛力士) 같은 몸을 얻지 못한다면 깨달음을 얻지 않겠습니다.

27. 제가 붇다가 될 때, 나라 안 사람과 하늘신, 그리고 온갖 물건들이 모두 점잖고 깨끗하고 빛이 우아하며, 생김새가 빼어나고 더할 나위 없이 미묘해 가늠할 수 없어야지, 여러 중생이 하늘눈을 얻어 이름과 수를 밝혀 알아낼 수 있다면 깨달음을 얻지 않겠습니다.

28. 제가 붇다가 될 때, 나라 안 보디쌑바나 공덕이 적은 이들까지도 도 닦는 곳의 나무가 그지없이 빛나고 높이가 4백만 리나 되는 것을 알아보지 못한다면 깨달음을 얻지 않겠습니다.

29. 제가 붇다가 될 때, 나라 안 보디쌑바가 경전의 교리(經法)를 받아 읽고 외우고 가르치고도 말재주와 지혜를 얻을 수 없다면 깨달음을 얻지 않겠습니다.

30. 제가 붇다가 될 때, 나라 안 보디쌑바들의 슬기와 말재주에 제한이 있다면 깨달음을 얻지 않겠습니다.

31. 제가 붇다가 될 때, 나라가 맑고 깨끗하여 시방의 온갖 끝없는 여러 붇다세계를 모두 낱낱이 비쳐 보는 것이 마치 맑은 거울에서 그 겉면에 비친 모습을 보는 것 같아야지, 그렇지 않으면 깨달음을 얻지 않겠습니다.

32. 제가 붇다가 될 때, 땅 위에서 허공까지 궁전·다락집·못도랑·꽃나무 같은 나라 안에 있는 온갖 것이 다 헤아릴 수 없는 갖가지 보배와 백 천 가지 향으로 꾸며지고, 그 장엄하게 꾸민 기묘함이 모든 사람 사는 세계나 하늘나라를 뛰어넘으며, 그 향내가 시방세계에 두루 퍼지면 보디�바들이 맡고 모두 붇다의 행을 닦아야지, 그렇지 않으면 깨달음을 얻지 않겠습니다.

33. 제가 붇다가 될 때, 시방의 그지없고 헤아릴 수 없는 모든 붇다나라 여러 중생들이 저의 밝고 환한 빛을 받아 그들의 몸에 닿으면 몸과 마음의 부드러움이 사람 사는 세계나 하늘나라를 뛰어넘어야지, 그렇지 않으면 깨달음을 얻지 않겠습니다.

34. 제가 붇다가 될 때, 시방의 그지없고 헤아릴 수 없는 모든 붇다나라 여러 중생들이 제 이름을 듣고, 보디쌑바가 나고 죽음을 여읜 경계(無生法忍)와 갖가지 깊이 있는 다라니(摠持)를 얻을 수 없다면 깨달음을 얻지 않겠습니다.

35. 제가 붇다가 될 때, 시방의 그지없고 헤아릴 수 없는 모든 붇다나라에 사는 여인이 제 이름을 들은 뒤 즐거이 믿고 기뻐하며, 깨닫겠다는 마음을 내고(發菩提心) 여자 몸을 싫어했으나, 목숨을 마친 뒤 다시 여인이 된다면 깨달음을 얻지 않겠습니다.

36. 제가 붇다가 될 때, 시방의 그지없고 헤아릴 수 없는 모든 붇다나라 여러 보디쌑바가 제 이름을 들으면, 목숨을 마친

뒤에 늘 맑고 깨끗한 수행을 하여 끝내 붇다가 되는 길에 이르러야지, 그렇지 않으면 깨달음을 얻지 않겠습니다.

37. 제가 붇다가 될 때, 시방의 그지없고 헤아릴 수 없는 모든 붇다나라 온갖 하늘신과 사람들이 제 이름을 듣고 온몸을 땅에 던져 머리 숙여 절하며 환희 속에 믿고 기뻐하며 보디쌋바행을 닦을 때, 모든 하늘신과 사람들이 공경하지 않는 이가 없어야지, 그렇지 않으면 깨달음을 얻지 않겠습니다.

38. 제가 붇다가 될 때, 나라 안 사람과 하늘신이 옷을 입고자 하면, 생각하자마자 바로 붇다가 찬탄하신 법에 맞는 신기한 옷처럼 저절로 입혀져야지, 옷을 짓거나 물들이거나 빨래를 해야 한다면 깨달음을 얻지 않겠습니다.

39. 제가 붇다가 될 때, 나라 안 사람과 하늘신이 받는 유쾌하고 즐거운 느낌이 어둠과 번뇌를 다 끊은(漏盡通) 빅슈와 같지 않으면 깨달음을 얻지 않겠습니다.

40. 제가 붇다가 될 때, 나라 안 보디쌋바들이 시방에 있는 그지없이 장엄하고 맑은 붇다나라를 보고자 하면, 그때마다 바래는 대로 보배나무 속에서 맑은 거울 겉면에 비친 모습을 보듯 모두 낱낱이 볼 수 있어야지, 그렇지 않으면 깨달음을 얻지 않겠습니다.

41. 제가 붇다가 될 때, 다른 나라 여러 보디쌋바가 제 이름을 듣고도 붇다가 될 때까지 6가지 뿌리(六根)에 흠이 있어 다 갖추지 못한 자가 있다면 깨달음을 얻지 않겠습니다.

42. 제가 붇다가 될 때, 다른 나라 여러 보디쌋바가 제 이름을

들으면 모두 맑고 깨끗한 해탈싸마디를 얻고, 그 싸마디에 들어 한 생각하는 사이 그지없고 헤아릴 수 없는 모든 붇다에게 이바지하고도 싸마디를 잃지 않아야지, 그렇지 않으면 깨달음을 얻지 않겠습니다.

43. 제가 붇다가 될 때, 다른 나라 여러 보디쌑바가 제 이름을 들으면 목숨이 다한 뒤 지위가 높고 귀한 집에 태어나야지, 그렇지 않으면 깨달음을 얻지 않겠습니다.

44. 제가 붇다가 될 때, 다른 나라 여러 보디쌑바가 제 이름을 듣고 뛸 듯이 기뻐하며 보디쌑바행을 닦아 모든 좋은 뿌리를 다 갖추어야지, 그렇지 않으면 깨달음을 얻지 않겠습니다.

45. 제가 붇다가 될 때, 다른 나라 여러 보디쌑바가 제 이름을 들으면, 모두 다 '끝없는 붇다를 한꺼번에 뵙는 싸마디(普等三昧)'를 얻고, 그 싸마디에 머무르며 붇다가 될 때까지 언제나 그지없고 헤아릴 수 없는 모든 붇다를 뵈올 수 있어야지, 그렇지 않으면 깨달음을 얻지 않겠습니다.

46. 제가 붇다가 될 때, 나라 안 보디쌑바들은 바래는 대로 듣고자 하는 가르침을 저절로 들을 수 있어야지, 그렇지 않으면 깨달음을 얻지 않겠습니다.

47. 제가 붇다가 될 때, 다른 나라 여러 보디쌑바가 제 이름을 듣고도 바로 '한 번 도달한 경계에서 물러서지 않는 자리(不退轉)'를 얻을 수 없다면 깨달음을 얻지 않겠습니다.

48. 제가 붇다가 될 때, 다른 나라 여러 보디쌑바가 제 이름을 들은 뒤, 설법을 듣고 깨닫는 경계(音響忍), 스스로 진리에

순응하여 깨닫는 경계(柔順忍), 나고 죽음을 여읜 경계(無生法忍)까지 바로 이루고, 모든 불법에서 물러나지 않는 자리를 얻을 수 없다면 깨달음을 얻지 않겠습니다.

붇다께서 아난다에게 말씀하셨다.

"이때 공덕샘 빅슈는 위와 같은 바램을 아뢰고, 이어서 게송으로 사뢰었다.

세상에 없는 바램 세워 위없는 도 꼭 이룰지니
이 바램 다 이루지 못하면 깨달음 이루지 않으리.

끝없는 깔빠 동안 큰 시주(施主)가 되어
온갖 가난과 고통 널리 건지지 못하면 깨달음 이루지 않으리.

제가 붇다가 되면 그 이름이 시방세계를 다 넘어서야지
끝까지 듣지 못한 사람 있다면 깨달음 이루지 않으리.

욕심 떠나 바른 생각 깊게 하고 맑은 슬기로 맑은 행을 닦아
위없는 도를 구하는 데 뜻을 두어 모든 하늘과 사람의 스승 되리.

위신력이 내는 큰 빛으로 가없는 세계 널리 비추어
3가지 더러운 어둠 쓸어버리고 중생 재난에서 건지리.

중생의 슬기 눈 열리게 하여 어둡게 닫힌 문 없애고
온갖 나쁜 길 막아 좋은 길 가는 문 활짝 열리라.

공덕을 넉넉하게 갖추어 그 위엄 시방에 빛나면
해·달이 빛을 거두고 하늘빛도 숨어 드러나지 못하리.

중생 위해 가르침 곳간 열어 공덕을 널리 베풀고
언제나 뭇사람에게 사자 소리처럼 가르침을 펴리.

모든 붇다께 이바지하여 온갖 좋은 뿌리 다 갖추고
바램과 슬기 모두 이루어 삼계의 영웅 되리라.

붇다의 끝없는 슬기처럼 미치지 않는 곳 없이 두루 다다라
제 공덕의 힘이 가장 뛰어난 세존과 같길 바라나이다.

위와 같은 바램 이루어지면 큰 천세계(千世界) 감동하고
허공의 하늘사람도 반드시 진귀한 꽃비 내려 주리라."

붇다께서 아난다에게 말씀하셨다.

"공덕샘 빅슈가 이 게송를 읊고 나자 때맞추어 모든 땅이 여섯 가지로 흔들려 움직이고, 하늘에서 진귀한 꽃비가 내려 그 위에 뿌려졌다. 저절로 음악이 울려 퍼지며 공중에서 '반드시 위없는 바른 깨달음을 이룰 것이니라.'라고 기리어 말했다. 이에 공덕샘 빅

슈는 이와 같은 큰 바램을 모자람 없이 닦아 다 갖추기 위해 정성껏 살펴 빈틈이 없었으며, 세간을 완전히 벗어나 마음의 고요를 즐거움으로 삼았다."

4. 공덕샘 빅슈는 어떻게 기쁨나라를 이룩했는가?

"아난다여, 공덕샘 빅슈는 그 붇다가 계신 곳에서 여러 하늘신·마라(māra, 魔羅)·브랗마(Brahma, 梵天)·용신(龍神) 같은 여덟 대중이 지켜보는 가운데 그러한 큰 다짐(誓)을 세웠고, 이 바램(願)을 세우고 나서 한결같은 뜻으로 세상에 없는 나라를 꾸미는 데만 온 힘을 쏟았다.

그가 세우려는 붇다나라는 다 트이고 크넓으며 모든 것을 뛰어넘어 세상에 다시없는 것으로, 그 나라가 언제나 약해지거나 변함이 없이 이어지도록 헤아릴 수 없이 많은 세월 동안 보디쌑바의 끝없는 덕행을 쌓고, 심었다.

탐내는 마음·화내는 마음·해치는 마음은 생기지 않았고, 탐내는 생각·성내는 생각·해치는 생각은 일어나지 않았으며, 모습·소리·향내·맛·닿는 느낌·온갖 것에 집착하지 않았다. 참아내는 힘을 얻어 어떤 괴로움도 따지지 않았고, 바라는 바가 적어 만족함을 알고 성내고 어리석음에 물들지 않았으며, 싸마디에 들어 언제나 고요하고, 슬기는 걸림이 없었다.

거짓말하거나 알랑거리는 마음이 없고, 아늑하고 따뜻한 얼굴에 부드럽고 상냥한 말로 먼저 생각하고 물었으며, 뜻을 세운 바램을 위해 지치지 않고 무섭게 정진하여 오로지 높고 맑은 법을 구해 지혜로 뭇 중생들을 이롭게 하였다.

3가지 보물을 공경하고 스승과 어른을 받들어 섬겼으며, 큰 장엄으로 온갖 덕행을 실천해 모든 중생이 공덕을 이루게 하였다. 모든 것이 공하고, 상이 없고, 바랄 것이 없다는 법에 머무르며, 짓는 것도 없고 생겨나는 것도 없으니, 모든 것은 곡두라고 관하였다.

자기를 해치거나 남을 해치거나 자신과 남 모두 해치는 거친 말을 완전히 버리고, 착하고 바른말을 배우고 익혀 자신을 이롭게 하고 남을 이롭게 하고 자신과 남 모두를 이롭게 하였다. 나라를 버리고 임금 자리를 내놓고 재물과 여색을 완전히 끊어버리고, 스스로 6가지 빠라미따를 닦고 다른 사람에게도 닦도록 가르치며, 헤아릴 수 없이 많은 세월 동안 공덕을 쌓고 복덕을 늘렸다.

그는 자기가 태어날 곳을 뜻대로 바라는 대로 골랐고, 끝없는 미묘한 가르침이 저절로 우러나와 수없는 중생을 가르치고 편안하게 하여, 위없는 바른 진리의 길에 머물게 하였다. 큰 부자·거사·학자·높은 벼슬아치가 되거나, 귀족·나라임금·바퀴 굴리는 임금(轉輪聖王)이 되거나, 6가지 욕망이 있는 하늘나라와 브랗마의 왕이 되어, 언제나 4가지 것으로 모든 붇다에게 빠짐없이 이바지하고 공경하였으니, 이런 공덕은 이루 다 말할 수가 없다.

입에서 나는 향기는 우둠바라꽃처럼 깨끗하고, 몸의 모든 털구멍에서는 그윽한 짠다나 향내를 내면, 그 향내가 널리 끝없는 세계에 퍼졌다. 낯빛은 단정하고 생김새는 아주 아름다우며, 손에서는 언제나 보배·옷·음식·진귀한 꽃과 향·갖가지 일산과 깃대 같은 꾸미개들이 끝없이 나오는데, 이런 것들은 온갖 사람과 하늘신을 뛰어넘어 모든 법에서 막힘이 없었다.

Ⅲ. 공덕샘 빅슈가 꾸민 기쁨나라(極樂)는 어떤 모습인가?

1. 기쁨나라 붇다와 백성들

1) 공덕샘 빅슈가 이룩한 세상에 없는 나라

아난다가 붇다께 여쭈었다.

"공덕샘 보디쌑바는 이미 붇다가 되시어 니르바나에 드셨습니까? 아직 붇다가 되지 않으셨습니까? 지금 어디 계십니까?"

붇다께서 아난다에게 말씀하셨다.

"공덕샘 보디쌑바는 이미 붇다가 되어 이제 여기서 10만 억 나라를 지난 서녘에 계시는데, 그 붇다나라를 기쁨나라(安樂)라 부른다."

아난다가 또 여쭈었다.

"그 붇다께서 도를 이루시고 나서 얼마나 많은 세월이 지났습니까?"

붇다께서 말씀하셨다.

"붇다가 되신 지 벌써 10깔빠가 지났다.

그 붇다나라 땅은 금·은·유리·산호·호박·차거·마노 같은 7가지 보석이 저절로 섞여 이루어지고, 얼마나 크고 넓은지 끝을 알 수가 없다. 모든 것이 서로 섞이고 서로 주고받아 찬란하게 빛나고, 미묘하고 아름다우며, 맑고 깨끗하고 장엄함이 시방의 모든 세계를 뛰어넘으니, 뭇 보배 가운데 가장 뛰어나서 마치 '남의 기쁨을 내 것으로 여기는 하늘'의 보배 같다.

또 그 나라 땅은 쑤메루산(須彌山)이나 다이아몬드 두른 산(金剛圍山) 같은 산이 전혀 없고, 큰 바다·작은 바다·시내·도랑·우물·골짜기 같은 것도 없으나, 붇다의 위신력 때문에 보고 싶어 하면 바로 나타난다. 또한 지옥·배고픈 귀신·짐승 같은 갖가지 괴로움의 세계도 없고, 봄·여름·가을·겨울 4철도 없어 춥지도 덥지도 않고 언제나 꼭 알맞게 맞추어진다.

그때 아난다가 붇다께 여쭈었다.

"세존이시여, 만일 그 나라에 쑤메루산이 없다면 네 임금 하늘(四天王)과 33하늘나라(忉利天)는 무엇에 의지해 살 수 있습니까?"

붇다께서 아난다에게 말씀하셨다.

"야마하늘(夜摩天)이나 모습 있는 세계 마지막 하늘(色究竟天)은 무엇에 의지해 살겠느냐?"

아난다가 사뢰었다.

"지은 업에 따라 받은 열매는 헤아릴 수가 없습니다."

붇다께서 아난다에게 말씀하셨다.

"지은 업에 따라 받은 과보가 헤아릴 수 없듯이 모든 붇다나라도 헤아릴 수 없다. 그 나라의 모든 중생은 공덕과 선행의 힘에 따라 그에 알맞은 땅에 머무르기 때문에 그렇게 될 수 있는 것이다."

아난다가 붇다께 사뢰었다.

"저는 그러한 법을 의심하지 않습니다. 다만 앞으로 올 중생들을 위하여 그 의혹을 없애기 위해 그 뜻을 여쭙는 것입니다."

2) 왜 '끝없는 빛 붇다(無量光佛)'인가?

붇다께서 다시 아난다에게 말씀하셨다.

"아미따바 붇다(無量壽佛)가 가진 위신력과 밝고 환한 빛은 가장 높고 으뜸이어서 모든 붇다의 빛이 따를 수가 없으니, 한 번 빛을 내면 100개 붇다나라나 1,000개 붇다나라를 비춘다. 간추려 말하면 동녘의 강가강 모래처럼 많은 붇다나라를 비추고, 남·서·북·동북·남동·서남·북서·위·아랫녘에도 그처럼 비춘다. 붇다의 밝고 환한 빛은 7자를 비추기도 하고, 또는 1요자나(由旬), 2·3·4·5요자나 하는 식으로 곱으로 늘어나 마침내 한 붇다나라를 모두 비춘다.

그러므로 아미따바 붇다를 끝없는 빛의 붇다(無量光佛)·가없는 빛의 붇다(無邊光佛)·걸림 없는 빛의 붇다(無碍光佛)·겨룰 수 없는 빛의 붇다(無對光佛)·가장 아름다운 빛의 붇다(炎王光佛)·맑고 깨끗한 빛의 붇다(淸淨光佛)·즐겁고 기쁜 빛의 붇다(歡喜光佛)·슬기로운 빛의 붇다(智慧光佛)·끊임없는 빛의 붇다(不斷光佛)·헤아리기 어려운 빛의 붇다(難思光佛)·무게를 달 수 없는 빛의 붇다(無稱光佛)·해달을 뛰어넘은 빛의 붇다(超日月光佛)라 일컫는다.

어떤 중생이 이러한 빛을 만나면 3가지 더러움이 사라져 없어지고 몸과 마음이 부드러워져, 뛸 듯이 기뻐하며 착한 마음이 일어난다. 만일 3가지 나쁜 길이란 괴로움에 시달리는 곳에서 이 밝고 환한 빛을 보면 모두 쉴 수 있어 다시는 괴로움과 번뇌가 일어나지 않고, 목숨이 다하면 얽매임을 벗어버리게 된다.

아미따바 붇다가 내는 밝고 환한 빛은 높이 드러나 빛나며 시방의 모든 붇다나라를 비추기 때문에 듣지 못하거나 모르는 이가 없으며, 이제 내가 그 밝고 환한 빛을 기리는 것처럼 모든 붇다·제자·홀로 깨달은 분과 여러 보디쌑바들도 다 함께 그 공덕을 기려 마지않을 것이다.

만약 어떤 중생이 그 밝은 빛의 위신력과 공덕을 듣고, 밤낮으로 그치지 않고 일컬어 기리면, 바라는 대로 그 나라에 나게 되어 여러 보디쌑바·붇다 제자·대중과 함께 찬탄하며 그 공덕을 기리게 될 것이다. 그 뒤 붇다의 도를 이루게 되면, 널리 시방의 여러 붇다와 보디쌑바들과 함께 내가 지금 하는 것과 같이 그 밝고 환한 빛을 기리게 될 것이다.

붇다가 말씀하셨다.

"내가 아미따바 붇다가 내는 밝은 빛의 위신력이 드높고 빼어나고 훌륭하다는 것을 다 말하려면, 1깔빠(劫) 동안 밤낮으로 해도 다 하지 못할 것이다."

3) 왜 '끝없는 목숨 붇다(無量壽佛)'인가?

붇다가 아난다에게 말씀하셨다.

"아미따바 붇다(無量壽佛)의 목숨은 길고 길어서 이루 헤아릴 수 없으니, 네가 어찌 알 수 있겠느냐. 보기를 들어, 시방세계 끝없는 중생들이 다 사람 몸을 얻어 빠짐없이 (붇다의) 제자·홀로 깨달은 분이 되어 모두 한자리에 모여서, 선정에 들어 한마음으로 그 슬기의 힘을 다 모아 백·천만 깔빠 동안 다 함께 그 목숨이 얼마나 길고 긴지 헤아려도 마지막 끝을 알아낼 수 없다. 제자·보디쌑바·하늘신·사람들의 목숨도 그와 같아서 수로 헤아리는 방법으로는 알 수가 없고, 또 제자와 보디쌑바의 수도 헤아리기 어려워 이루 다 말할 수가 없으며, 신통과 슬기가 막힘이 없이 훤히 통하고 위신력에 거침이 없어 손바닥 안에 모든 세계를 가질 수 있다."

4) 헤아릴 수 없이 많은 제자와 보디쌑바

붇다께서 아난다에게 말씀하셨다.

"그 붇다가 처음 설법하는 모임에 참석한 제자들의 수는 헤아릴 수 없이 많고 보디쌑바들 또한 그렇게 많아, 마하 마 갈랴나(大目揵連) 같은 이가 백·천만 또는 헤아릴 수 없이 많이 모여 헤아릴 수 없는 나유따 깔빠(劫)나 목숨이 다할 때까지 모두 함께 헤아리고 견준다고 해도 그 수가 얼마나 되는지 알 수가 없다. 마치 어떤 사람이 터럭 하나를 100개로 쪼갠 뒤 그 하나로 그지없이 깊고 넓은 큰 바다에서 물 한 방울을 적시는 것과 같다. 어떻게 생각하느냐? 그렇게 적신 한 방울은 그 큰 바다에 비해 어느 것이 많다고 하겠는가?"

아난다가 붇다께 사뢰었다.

"그 적신 물은 큰 바다의 크기에 비하면 어떤 셈법으로 헤아리고 어떤 말로 견준다고 해도 알 수가 없습니다.

붇다께서 아난다에게 말씀하셨다.

"마운갈랴나(目連) 같은 이가 백·천만·억 나유따 깔빠 동안 처음 설법하는 모임에 참석한 제자와 보디쌑바의 수를 헤아려 아는 것은 물 한 방울과 같고, 알 수 없는 것은 마치 큰 바닷물과 같다.

2. 더할 수 없이 아름답게 꾸며진 기쁨나라

1) 7가지 보석으로 꾸며진 나무가 들려주는 가르침

또 그 나라 땅은 일곱 가지 보배로 된 갖가지 나무들이 온 세계를 둘러싸고 있는데, 금나무·은나무·유리나무·파리나무·산호나무·마노나무·차거나무들이 2가지 3가지 또는 7가지 보배들이 함께 섞여 이루어졌다.

잎·꽃·열매가 은으로 된 금나무도 있고,
잎·꽃·열매가 금으로 된 은나무도 있고,
잎·꽃·열매가 파리로 된 유리나무도 있고,
잎·꽃·열매가 유리로 된 수정나무도 있고,
잎·꽃·열매가 마노로 된 산호나무도 있고,
잎·꽃·열매가 유리로 된 마노나무도 있고,

잎·꽃·열매가 여러 보배로 된 차거나무도 있다.

자마금 밑동·백은 줄기·유리 가지·수정 잔가지·산호 잎·마노 꽃·차거 열매로 된 보배나무도 있고,

백은 밑동·유리 줄기·수정 가지·산호 잔가지·마노 잎·차거 꽃·자마금 열매로 된 보배나무도 있고,

유리 밑동·수정 줄기·산호 가지·마노 잔가지·차거 잎·자마금 꽃·백은 열매로 된 보배나무도 있고,

수정 밑동·산호 줄기·마노 가지·차거 잔가지·자마금 잎·백은 꽃·유리 열매로 된 보배나무도 있고,

산호 밑동·마노 줄기·차거 가지·자마금 잔가지·백은 잎·유리 꽃·수정 열매로 된 보배나무도 있고,

마노 밑동·차거 줄기·자마금 가지·백은 잔가지·유리 잎·수정 꽃·산호 열매로 된 보배나무도 있고,

차거 밑동·자마금 줄기·백은 가지·유리 잔가지·수정 잎·산호 꽃·마노 열매로 된 보배나무도 있다.

줄과 줄이 서로 가지런하고, 줄기와 줄기가 서로 바라보고, 가지와 가지가 서로 나란하고, 잎과 잎이 서로 마주하고, 꽃과 꽃이 서로 어우러지고, 열매와 열매가 서로 짝을 지으니, 화려한 빛깔이 눈부시게 빛나 바라볼 수가 없으며, 맑은 바람이 불면 궁음(宮音)·상음(商音) 같은 다섯 가지 소리가 미묘하게 흘러나와 서로 자연스럽게 어울린다.

또 아미따바 붇다나라에 있는 깨달음나무는 높이가 400만 리, 밑동 둘레가 5,000 요자나, 가지와 잎이 사방으로 20만 리까지 퍼져 있고, 갖가지 여러 보배가 섞여서 이루어졌는데, 달빛구슬이나 바퀴 굴리는 왕의 보석 바퀴같이 보석 가운데 가장 으뜸가는 보석으로 꾸며져 있다. 잔가지 사이사이에 드리워진 구슬치렛거리는 갖가지 서로 다른 백·천만 빛깔로 바뀌고, 끝없는 불빛이 끝없이 빛을 내, 그 위에는 드물고 훌륭한 보석 그물이 덮여 있어, 모든 꾸밈새가 빈틈없이 나타나 있다.

산들바람이 가볍게 불면, 신기하고 묘한 가르침 소리가 흘러나와 시방의 모든 붇다나라에 두루 울려 퍼지는데, 그 소리를 듣는 이는 깊은 경계를 얻고, 물러서지 않는 경계에 머물며, 붇다가 될 때까지 괴로움과 근심을 만나지 않는다. 눈으로 그 색깔을 보거나, 귀로 그 소리를 듣거나, 코로 그 향내를 맡거나, 혀로 그 맛을 보거나, 몸으로 그 빛을 쪼이면, 마음이 그 가르침을 만난 인연으로 깊고 깊은 경계를 모두 얻고, 물러서지 않는 경계에 머물며, 붇다가 될 때까지 6가지 감각기관이 맑고 밝으며 온갖 번뇌와 근심이 없어진다.

아난다여, 그 나라 사람과 하늘사람이 이 나무를 보면 3가지를 여읜 경계를 얻게 되는데, 첫째 설법을 듣고 깨닫는 경계, 둘째 스스로 진리에 순응하여 깨닫는 경계, 셋째 나지도 죽지도 않는 도리를 깨닫는 경계이다. 이것은 모두 아미따바 붇다(無量壽佛)의 위신력 때문이고, 과거세에 세운 바램의 힘 때문이고, 모자람이 없는 바램 때문이고, 뚜렷한 바램 때문이고, 굳은 바램 때문이고, 마지막 바램 때문이다.

붇다께서 아난다에게 말씀하셨다.

"일반 세상의 임금들도 백·천 가지 음악을 가지고 있고, 바퀴 굴리는 왕(轉輪聖王)에서 여섯 번째 하늘(六天)에 이르기까지 모두 음악(妓樂)과 음악 소리를 가지고 있는데, 올라갈수록 천억·만 배씩 더 뛰어나다. 아미따바 붇다 나라에 있는 갖가지 7가지 보배나무에서 나오는 한 가지 음악이 여섯 번째 하늘의 만 가지 음악보다 천억 배나 더 뛰어나다. 저절로 울리는 음악과 음악소리가 수없이 많은데, 모두 설법하는 소리가 아닌 것이 없고, 맑고 즐겁고 구슬프고 밝고 야릇하고 묘하고 아늑하고 점잖아 시방세계 음악 가운데 가장 으뜸이다.

또 강당·절·궁전·다락집들은 모두 7가지 보석으로 꾸며졌는데, 저절로 바뀌어 이루어진 것이며, 다시 구슬·달빛마니 같은 뭇 보석으로 그물을 만들어 그 위에 덮었다.

2) 8가지 공덕의 물소리가 들려주는 가르침

안팎과 왼쪽과 오른쪽 곁에는 갖가지 몸을 씻는 못이 있는데, 그 너비와 깊이는 10나유따, 20·30나유따, 또는 백·천 나유따이다. 못마다 가장 급이 높은 8가지 공덕 물(八功德水)이 가득가득 차 있는데, 맑고 깨끗하고 향기롭고 맛이 단 이슬 같다.

황금못 바닥은 백은 모래, 백은못 바닥은 황금 모래, 수정못 바닥은 유리 모래, 유리못 바닥은 수정 모래, 산호못 바닥은 호박 모래, 호박못 바닥은 산호 모래, 차거못 바닥은 마노 모래, 마노못 바닥은 차거 모래, 백옥못 바닥은 자마금 모래, 자마금못 바닥은 백옥 모래가 깔려 있는데, 2가지 보배나 3가지 보배, 또는 7가지 보배가 섞여 이루어진 것도 있다.

그 못 가 언덕 위에는 짠다나나무(栴檀樹) 꽃과 잎이 드리워져 그 향내가 널리 퍼지고, 하늘의 우둠바라꽃, 빧마꽃[1], 꾸무다꽃[2], 뿐다리까꽃[3] 같은 갖가지 빛깔의 연꽃 빛들이 가득 차 물 위를 두루 덮고 있다.

그 나라의 여러 보디쌑바와 제자들이 보배 못에 들어가고자 할 때, 물이 발까지 잠기기를 바라면 물은 바로 발까지 잠기고, 무릎까지 잠기기를 바라면 바로 무릎까지 이르고, 허리까지 이르기를 바라면 물은 바로 허리까지 올라오고, 목까지 이르기를 바라면 물은 바로 목까지 다다르고, 몸을 씻고자 하면 저절로 몸이 씻겨지고, 처음 상태로 돌아가기를 바라면 물은 문득 처음 상태로 돌아가고, 차고 따뜻함도 뜻에 따라 저절로 이루어지니, 정신이 열리고 몸이 산뜻해지며 마음의 때를 말끔히 씻어준다.

맑고 밝고 깨끗하여 마치 물이 없는 것처럼 보배 모래가 환히 비쳐 깊은 곳도 비치지 않는 데가 없으며, 잔물결이 돌아 흘러 둥글게 돌아 들어갔다가 조용하고 천천히 흘러나오니 더디지도 빠르지도 않다.

잔물결이 피어오르며 스스로 미묘한 소리를 내니 듣고자 하는 것을 듣지 못하는 것이 없다. 붇다 소리도 들리고, 가르침 소리도 들리고, 쌍가(僧) 소리도 들리고, 싸마디 소리, 공·무아 소리, 큰 자비 소리, 빠라미타(波羅蜜) 소리나 10가지 힘·두려움 없음 같이 붇다만 갖춘 법[4]이란 소리, 온갖 신통과 슬기 소리, 지은 바가 없다는 소리, 나고 죽는 것이 없다는 소리, 나고 죽음을 벗어난 경계라는 소리, 아울러 정수리에 단 이슬 뿌리는(灌頂)[5] 소리 같은 온갖 미묘한 소리가 들리니, 이러한 소리를 듣고 들리는 것을 기리면 기쁨이 그지없다.

(이 소리를 듣는 그 나라 중생들은) 맑고 깨끗함을 좇아서 탐욕을 떠나 고요하고 바르고 참된 뜻에 따라 닦고, 3가지 보물, 10가지 힘·두려움 여읨 같은 붇다 만의 가르침에 따라 닦고, 슬기를 훤히 깨달은 보디쌑바·제자들이 가는 길을 따라 닦으므로 3가지 나쁜 길 같은 괴로움과 어려움이란 이름도 없고, 오로지 기쁘고 즐거운 소리만 울려 퍼진다. 그러므로 그 나라를 기쁨나라(極樂)라 부르는 것이다.

3. 기쁨으로만 가득 찬 나라

1) 모든 것이 갖추어진 기쁨나라

아난다여, 그 나라에 가서 난 사람은 모두 이처럼 맑고 깨끗한 몸·갖가지 미묘한 말소리·신통과 공덕·사는 궁전·옷과 먹을거리·온갖 미묘한 꽃향기·치렛거리들이 다 갖추어져 마치 욕망이 있는 세계의 여섯 번째 하늘 환경과 같다.

만일 먹고 싶을 때는 7가지 보석으로 된 그릇이 절로 눈앞에 나타나고, 금·은·유리·차거·마노·산호·호박·달빛구슬로 만든 바리때가 바라는 대로 다다르면 온갖 맛있는 먹을거리들이 저절로 가득 차게 된다. 그러나 이런 먹거리를 실제 먹는 것이 아니라, 다만 그 색깔을 보고 향내만 맡으며 먹었다고 생각하면 저절로 배가 부르고 몸과 마음이 부드럽게 되기 때문에 맛에 집착하는 일은 없다. 먹는 일을 마치면 모두 사라져 버리고, 때가 되면 또다시 눈앞에 나타난다.

2) 하늘나라 뛰어넘는 모습과 행복

그 붇다나라는 맑고 깨끗하고 조용하고 편안하며, 미묘하고 유쾌하고 즐거워, 나고 죽는 것을 벗어난 니르바나의 길에 머무는 것이다. 그 나라의 모든 제자·보디쌑바·사람·하늘신은 슬기가 아주 밝고 신통이 막힘없이 통하며, 모두 다 한 동아리로 생김새가 다르지 않다. 다만 다른 세계처럼 말하기 때문에 사람이니 하늘신이니 하는 이름이 있는 것이다. 얼굴은 바르고 얌전하여 일반 세상에서는 보기 드물게 뛰어나고, 생긴 모습은 미묘하여 하늘신이나 사람과는 달리 모두 텅 비어 실상이 없고 끝이 없는 몸을 받는다.

붇다께서 아난다에게 말씀하셨다.

"이 세상에서 가난하고 어려운 거지가 임금 곁에 있다고 보고, 그 두 사람의 얼굴과 모습을 견주어 보면 어찌 비슷하다고 할 수 있겠느냐?"

아난다가 붇다께 사뢰었다.

"만일 그런 사람이 임금 곁에 있다면 여위고 작고 지저분하고 더러워 그 차이가 백·천만 억 배라고 해도 헤아릴 수가 없습니다. 왜냐하면 그 가난하고 어려운 거지는 품위와 신분이 너무 낮아 옷은 몸을 제대로 가리지 못하고 먹는 것은 겨우 목숨을 이어가 배고프고 춥고 고달픈 것이 사람의 도리를 거의 못 하기 때문입니다. 모든 것이 전생에 가만히 앉아 좋은 뿌리를 심지 않고, 재물을 모아도 베풀지 않고, 잘 살수록 더 아끼기만 하고, 오로지 도리에 어긋난 잇속만 끝없이 챙기려 했지, 착한 일을 믿고 닦지 않아 저지른 잘못이 산더미처럼 쌓였기 때문입니다.

그러다 목숨이 다하면 재물과 보물은 사라져 없어지고 지친 몸에는 병만 쌓이고 모여 근심과 걱정거리만 되니, 자기에게는 도움이 되지 않고 모두 남의 것이 되어 버립니다. 착한 일을 한 것도 없고 덕도 없어 믿고 기댈 것이 없으니, 죽은 뒤에는 괴로움의 세계에 떨어져 오랜동안 괴로움을 받고, 죄를 끝마치고 나와도 신분이 낮고 더할 나위 없이 어리석고 못난 사람으로 나는 것입니다.

세상의 임금들이 사람들 가운데 홀로 높고 귀한 까닭은 모두 전생에 덕을 쌓아서 생긴 것으로, 자애로운 은혜와 아울러 어진 사랑을 널리 베풀었고, 믿음을 바탕으로 좋은 일을 닦아서 어기거나 다투지 않았기 때문입니다. 그러다 목숨이 다하면 쌓은 복대로 좋은 세상에 태어나, 하늘나라에서 행복과 즐거움을 한껏 누리다가 쌓은 덕에 남은 것이 있어 오늘 인간 세상의 왕가에 태어났습니다. 자연히 높고 귀하고 몸가짐이 바르며, 뭇사람의 존경을 받고 훌륭한 옷과 진귀한 음식을 바라는 대로 입고 먹을 수 있으니, 모두 전생의 복덕에 따라 이루어질 수 있는 것입니다."

붇다께서 아난다에게 말씀하셨다.

"너의 말이 옳다. 그러나 비록 임금이 사람들 가운데 가장 높고 귀하며 생김새가 바르다고 해도 바퀴 굴리는 왕(轉輪聖王)과 견주면 너무 못나고 더러워 마치 저 거지가 임금 옆에 있는 것과 같고, 바퀴 굴리는 왕의 위엄 있는 모습이 뛰어나 하늘 아래 으뜸이라 해도 서른셋 하늘나라 왕과 견주면 더욱 더럽고 험상궂어 서로 다른 것이 만 억 배나 되며, 또 그 서른셋 하늘나라 왕을 욕망이 있는 세계 여섯 번째 왕과 견주면 백·천억 배나 차이가 난다. 만일 그 여섯 번째 하늘나라 왕을 아미따바 붇다나라 보디쌑바와 제자의 빛나는 얼굴과 모습에 견준다면 백·천·만억으로도 미치지 못해 몇 배나 될지 헤아릴 수가 없다."

붇다께서 다시 아난다에게 말씀하셨다.

"아미따바 붇다 나라에 사는 모든 하늘신·사람들의 옷과 먹고 마실 거리·꽃 향·구슬치렛거리·온갖 해 가리개와 깃발·미묘한 말소리·사는 집·궁전과 다락집은 그 모습 높낮이 크고 작음을 헤아려 한 가지나 두 가지 보석에서 끝없는 갖가지 보석에 이르기까지 바라는 대로 생각만 하면 바로 이루어진다. 또 그 나라 땅에는 갖가지 보배로 만들어진 아름다운 덮개가 두루 깔려 있어 모든 하늘신과 사람들이 그 위를 걸어 다니며, 붇다 위에는 끝없는 보배 그

물로 덮여 있는데, 모두 금실이나 구슬 같은 백·천 가지 온갖 보배로 되어 있어 기묘하고 진기하고 특이하고 장엄하게 꾸며져 있고, 사방에 드리워진 보배로 된 방울에서 찬란한 빛깔들이 빛을 내 더할 나위 없이 장엄하고 아름답다.

3) 붇다의 가르침 따라 닦으며 누리는 편안한 기쁨

저절로 생긴 바램이 천천히 일어나 조금씩 움직이며 잘 어울리니 춥지도 덥지도 않고, 따뜻하고 서늘하고 부드럽고, 느리지도 빠르지도 않다. 그런 바램이 모든 그물과 온갖 보배나무에 불면 그지없이 미묘한 가르침의 소리가 멀리 울리고, 수만 가지 따스하고 아름답고 덕스러운 향기가 퍼지는데, 그 소리를 듣는 이는 속세의 근심과 더럽혀진 버릇(習氣)이 스스로 일어나지 않고, 그 바램이 몸에 닿으면 모두 유쾌하고 즐거운 느낌을 받는 것이 마치 빅슈가 6가지 알음알이에서 생기는 마음 작용을 다 끊어 고요히 꺼진 싸마디를 얻은 것과 같다.

또 바램이 불면 꽃이 흩날려 붇다나라에 두루 퍼지는데, 빛깔에 따라 제 자리를 차지하고 있어 어수선하지 않고 부드러운 빛이 나며, 향내가 부드럽고 세게 풍긴다. 발로 그 위를 밟으면 네 치쯤 들어갔다가 발을 들면 다시 본디대로 돌아가며, 꽃을 다 쓰고 나면 문득 땅이 갈라져 빠져 들어가 버리기 때문에 자취가 남지 않고 깨끗해진다. 철 따라 바램이 불어 꽃이 흩날리는데 이처럼 6번 되풀이한다.

또 온갖 보배로 된 연꽃이 온 세계에 가득한데, 보배 연꽃 하나

하나가 백·천억 개의 잎이 달려 있다. 그 꽃잎에서 나는 빛은 빛깔이 가지가지로 그지없으니, 푸른색은 푸른빛 하얀색은 하얀빛을 내며, 검은빛 노란빛 자줏빛도 마찬가지로 빛을 내, 그 찬란한 빛이 해나 달처럼 밝게 빛난다.

하나하나의 꽃에서 삼십육 백·천억 빛줄기가 나오고, 하나하나의 빛줄기에서 삼십육 백·천억 붇다가 나투시는데, 몸은 자마금색(紫磨金色)이고 모습은 빼어나고 남다르다. 모든 붇다 한 분 한 분이 백·천 가지 밝은 빛을 내며 널리 시방세계를 위해 미묘한 가르침을 설하신다. 이처럼 모든 붇다는 저마다 그지없이 많은 중생이 붇다의 바른길에 편안히 이르게 하신다."

Ⅳ. 기쁨나라(極樂)에는 어떻게 해야 갈 수 있는가?

1. 이렇게 해야 기쁨나라 갈 수 있다.

1) 기쁨나라에는 붇다가 될 사람들만 간다

붇다께서 아난다에게 말씀하셨다.

"그 나라에 나는 중생들은 모두 다 붇다가 될 수 있는 무리(正定聚) 속에 살게 된다. 왜냐하면 그 나라 안에는 (붇다 되는 길에서) 어긋난 무리(邪聚)나 정해지지 않은 무리(不定聚)는 없기 때문이다. 그래서 강가강 모래 수와 같이 수없는 시방세계의 여러 붇다들도 모두 한결같이 아미따바 붇다가 가진 위신력과 공덕이 헤아릴 수 없음을 아름답게 여기신다.

모든 중생이 그 붇다의 이름을 듣고(聞其名號) 믿는 마음으로 기뻐하고(信心歡喜), (그 이름을) 한 번만이라도 염하고(乃至一念), (그 한 번 염한 것을) 마음 깊이 회향하여 그 나라에 나기를 바라면(至心迴向 願生彼國), 바로 (그 나라에) 가서 나게 되어(即得往生), 물러서지 않는 자리에 머문다. 다만 5가지 큰 죄와 바른 법을 비웃고 헐뜯어 말하는 자는 셈하지 않는다.

2) 기쁨나라 갈 수 있는 3가지 무리의 조건

붇다께서 아난다에게 말씀하셨다.

"그 기쁨나라에 나고자 하는 시방세계의 모든 하늘신과 사람들은 무릇 세 무리(輩)가 있다."

위 무리(上輩者)는 집을 나와 욕심을 버리고 스라마나(沙門)가 되고, 깨닫겠다는 마음을 일으켜 오로지 아미따바 붇다를 한결같이 마음에 새기며(念佛), 갖가지 공덕을 닦아, 그 나라에 가서 나길 바라는 이들을 말한다. 이러한 사람이 목숨이 다할 때 아미따바 붇다가 여러 대중과 더불어 그 사람 앞에 나투시고, 그 붇다를 따라 그 나라에 가서 나게 되는데, 바로 칠보 연꽃 가운데 저절로 나게 되어, 다시 물러나지 않는 자리에 머물며, 슬기와 날램을 갖추고 마음먹은 대로 거침없이 할 수 있게 된다.

그러므로 아난다여, 이 세상에서 아미따바 붇다를 뵙고자 하는 사람은 위없는 깨달음을 얻겠다는 마음을 내고, 많은 공덕을 쌓고, 그 나라에 가서 나기를 바라야 한다.

붇다께서 아난다에게 말씀하셨다.

가운데 무리(中輩)란, 시방세계의 여러 하늘신과 사람들이 더할 나위 없는 마음으로 그 나라에 나기를 바라고, 비록 스라마나(沙門)가 되어 큰 공덕을 닦지는 못하더라도 반드시 위없는 깨달음을 얻겠다는 마음을 내어, 오로지 아미따바 붇다를 한결같이 마음에 새기며(念佛), 좋은 일도 좀 하고, 계를 받들어 지키고, 탑과 불상을 만들어 세우고, 스라마나에게 이바지하고, 깃대(幡) 끝에 비단 걸고 등불을 밝히며, 꽃을 뿌리고 향을 사르며, 이러한 공덕을 회향하여 그 나라에 나길 바라는 사람들을 말한다.

그 사람이 목숨이 다할 때 아미따바 붇다가 그 몸을 바꾸어 나타나시는데, 그 밝은 빛과 모습을 진짜 붇다처럼 갖추고, 여러 대중과 더불어 이 사람 앞에 나타나시면, 그 꾸민 붇다(化佛)를 따라 그 나라에 가서 나, 물러나지 않는 자리에 머물게 되니, 그 공덕과 슬기는 위 무리(上輩)의 다음 간다.

아래 무리(下輩)란 시방세계의 여러 하늘신과 사람들이 마음 깊이 그 나라에 나길 바라는 무리들로, 여러 가지 공덕을 짓지 못했다고 하더라도 마땅히 위없는 깨닫겠다는 마음을 내고, 뜻을 오로지 하나로 합쳐 아미따바 붇다를 10번(十念)만이라도 마음에 새기면서(念佛) 그 나라에 나길 바라는 무리나, 또는 깊은 가르침을 듣고 기꺼이 믿고 즐거워하며 의혹을 일으키지 않고 단 한 생각(一念)이라도 그 붇다를 마음에 새기면서, 아주 정성 어린 마음으로 그 나라에 나길 바라는 무리이다.

이러한 사람은 목숨이 다할 때, 꿈에 그 아미따바 붇다를 뵙고 (기쁨나라에) 가서 나게 되는데, 그 공덕과 지혜는 가운데 무리(中輩) 다음간다.

2. 시방세계 보디쌑바도 가서 바램을 이루는 나라

붇다께서 다시 아난다에게 말씀하셨다.

"아난다여, 아미따바 붇다의 위신력은 끝이 없어, 헤아릴 수 없고 가없는 여러 붇다·여래들이 칭찬하고 찬탄하지 않는 분이 없다. 동녘의 강가강 모래처럼 많은 여러 보디쌑바들도 모두 아미따바 붇다가 계신 곳에 가서 뵙고 삼가고 존경하며 이바지한다. 아울러 여러 보디쌑바·제자 같은 큰 무리가 가르침을 듣고 널리 알려 중생을 바른길로 이끈다. 서·남·북녘과 사방 사이 및 위·아랫녘도 또한 그와 같다.

이때 붇다께서 계송으로 말씀하셨다.

"동녘의 여러 붇다나라는 강가강 모래처럼 많은데 그 나라 보디쌑바들 아미따바 붇다 찾아가 뵈옵고,

남·서·북, 사방 사이, 위·아랫녘도 그와 같아서
그 나라 보디쌑바들 아미따바 붇다 찾아가 뵈옵네.

모든 나라 보디쌑바들 각기 하늘나라 기묘한 꽃·보배 향·값을 매길 수 없는 옷 가져와 아미따바 붇다께 이바지하고,

모두 하늘음악 올릴 때 어울리고 품위 있는 소리 내어
가장 높은 분 찬탄하며 아미따바 붇다께 이바지하네.

신통과 슬기 모두 꿰뚫어 깊은 가르침에 얽매임 없이 들고 공덕의 곳간 모두 갖추어 신묘한 슬기 짝할 분이 없네.

슬기의 햇빛 세간을 비추어 나고·죽음이란 구름 싹 없애니 공경

하여 세 번 돌고 위없이 깨달은 분에게 머리 숙이네.

장엄한 맑은나라 보니 그 미묘함 헤아려 생각하기 어려워 헤아릴 수 없는 마음 내어 저의 나라도 그러길 바라나이다.

때맞추어 아미따바 붇다 얼굴 들어 기쁘게 웃으시니
입에서 나온 수없는 빛 시방 나라 두루두루 비추네.

도는 빛 몸을 둘러싸 3번 돌고 정수리로 들어가니
모든 하늘·사람 무리 좋아서 뛰며 모두 기뻐하네.

소리 보는 보디쌑바 옷깃 여미고 머리 숙여 묻기를
붇다께서 무슨 일로 웃으신지 일러주시기 바라나이다.

천둥 같은 맑은 목소리 8가지 소리로 기묘하게 퍼지니
이제 보디쌑바에게 수기(授記)를 주려니 잘 들을지니라.

시방에서 모인 보디쌑바들 그대 바라는바 내 아노니
장엄한 나라 찾기 바라면 수기 받아 꼭 붇다 되리.

모든 것은 꿈같고, 허깨비 같고, 메아리 같음을 깨달아
갖가지 묘한 바램 다 채우면 반드시 맑은나라 이루리.

법이란 번개나 그림자 같음을 알고 보디쌑바의 길을 다해
온갖 공덕을 모두 갖추면 반드시 수기 받아 붇다 되리.

모든 본성은 다 공이고 내가 아님을 꿰뚫어 알고
오로지 맑은 붇다나라를 구하면 꼭 그 나라 이루리.

여러 붇다들 보디쌑바들께 기쁨나라(安養) 붇다 뵈라 하시니
가르침 듣고 기꺼이 받아 행하면 맑고 깨끗한 나라 빨리 얻으리.

그 장엄한 맑은 나라에 이르면 바로 신통을 재빨리 얻어
반드시 아미따바 붇다 수기 받아 위없는 깨달음 이루리.

그 붇다 본디 세운 바램 따라 그 이름 듣고 가서 나길 바라면
모두 다 그 나라에 이르러 절로 물러서지 않는 자리에 이르리.

보디쌑바가 뜻과 바램을 일으켜 자기 나라도 똑같이 하려고
모든 것 뛰어넘어 널리 염하면 이름이 시방에 높이 드러나리.

수많은 붇다를 받들어 섬기고 두루 모든 세계 날아다니며
공경과 기쁨으로 갔다가 다시 기쁨나라(安養國)로 돌아오리.

좋은 뿌리 심지 못한 사람 이 가르침(此經) 들을 수 없고,
맑고 깨끗한 계를 지켜야 붇다의 바른 가르침 얻어들으리.

일찍이 붇다를 뵈었다면 의심 없이 이 일을 믿을 것이니
공경하고 겸손하게 듣고 행하여 기쁜 마음으로 뛰놀며 기뻐하리.

교만하고 삿되고 게으른 사람 이 가르침 믿기 어렵고
지난 세상 붇다를 뵌 이라야 이러한 가르침 즐겨 들으리.

제자나 보디쌑바도 성인의 마음 끝까지 알아낼 수 없으니
날 때부터 눈먼 사람이 다른 사람 길 이끌려 함과 같도다.

붇다의 슬기 바다 깊고 넓어서 끝도 없고 바닥도 없으며
성문·보디쌑바 헤아릴 수 없고 붇다만 홀로 밝으시네.

가령 모든 사람이 다 갖추어져 모두 다 도를 이루고
맑은 지혜로 본디 공함을 알고 억겁 동안 붇다 지혜 생각하고

있는 힘 다해 설명해도 목숨 다할 때까지 알지 못하니
붇다 슬기는 가없어 이렇듯 지극히 맑고 깨끗하니라.

목숨 오래 살기 어렵고 붇다 세상 만나기도 어려우며
믿음·슬기 갖기도 어려우니 바른 법 들으면 힘써 닦으라.

가르침 듣고 잊지 않고 뵈옵고 공경하는 큰 경사 얻으면

바로 나의 좋은 친구이니 그러므로 반드시 마음을 내야 한다.

온 세계에 불길이 가득하여도 반드시 뚫고 나가 가르침 듣고 꼭 붇다 되는 길 만나 생사에 헤매는 중생을 널리 구해야 한다."

V. 기쁨나라에 가면 얻는 기쁨과 슬기

1. 32가지 모습 갖추고, 나고 죽음을 벗어난다

붇다께서 아난다에게 말씀하셨다.

"그 나라 보디쌑바들은 모두 한살이만 마치면 붇다가 되는 자리(一生補處)에 이르게 된다. 다만 본디 세운 바램에 따라 중생을 위한 큰 다짐이란 공덕으로 자기 나라를 꾸며 모든 중생을 이끌어 해탈시키고자 하는 보디쌑바들은 그 안에 들어가지 않는다.

아난다여, 극락세계의 모든 제자들은 그 몸에서 내는 빛이 한 길(2.4~3m)이며, 보디쌑바들의 빛은 100 요자나를 비추는데, 그 가운데 두 보디쌑바의 빛은 가장 높고 으뜸이어서, 헤아릴 수 없는 빛이 두루 3,000개의 큰 천세계(千世界)를 비춘다."

아난다가 붇다께 여쭈어 물었다.

"그 두 보디쌑바의 이름은 무엇입니까?"

붇다께서 말씀하셨다,

"한 분은 '소리 보는(觀世音)' 보디쌑바라 하고, 또 한 분은 '큰 힘을 이룬(大勢至)' 보디쌑바라고 한다. 이 두 보디쌑바는 일찍이 이 싸하세계(娑婆世界)에서 보디쌑바 행을 닦다가 목숨이 다하자 갑자기 몸이 바뀌어 저 기쁨나라에 나게 되었다.

아난다여, 누구든지 그 나라에 나는 중생들은 모두 32가지 생김새(相)를 갖추고, 슬기가 가득 차 여러 가르침에 깊이 들어가 이치를 깊이 깨달아 묘법을 밝히고 신통이 걸림이 없으며, 모든 감각기관이 밝고 부드럽다. 그 가운데 근기가 무딘(鈍根) 이는 2가지 경계(忍)를 얻게 되고, 근기 뛰어난(--利根) 이는 나고 죽음을 여읜 경계(無生法忍)를 얻는다. 또 그 보디쌑바들은 붇다가 될 때까지 3가지 나쁜 길에 떨어지지 않고, 신통에 걸림이 없어 늘 지난 세상의 일을 알고 있다. 다만 우리나라처럼 5가지 더러움으로 물든 다른 나라에 나서 몸을 드러내 중생들을 제도하려는 이는 그 안에 들어가지 않는다.

2. 한 끼니 사이에 시방 붇다께 이바지한다

붇다께서 아난다에게 말씀하셨다,

그 나라 보디쌑바들은 붇다의 위신력을 이어받아 한 끼니 사이에 시방의 헤아릴 수 없는 많은 나라에 가서 여러 붇다들을 공경하고 이바지한다. 그때 마음먹으면 바로 꽃·향·음악·양산·깃발 같은 헤아릴 수 없이 많은 이바지거리가 저절로 생겨나는데, 진귀하고 뛰어나 이 세상에서는 볼 수 없는 것들이다.

그 이바지를 받들어 여러 붇다·보디쌑바·제자·대중에게 뿌리면 허공에서 변하여 꽃양산이 되는데 빛깔이 밝게 빛나고 향내가 널리 펴진다. 그 꽃은 둘레가 400리나 되는 것에서 2배씩 늘어나 3,000개의 큰 천세계(千世界)를 뒤덮을 수 있는 것까지, 순서대로 나타났다가 차례대로 변하여 사라진다.

모든 보디쌑바들은 다 함께 기뻐하며 허공에서 함께 하늘음악을 연주하고, 미묘한 소리로 노래 불러 붇다의 덕을 기리고 가르침을 들으며 기뻐해 마지않는다. 붇다께 이바지하고 나면, 끼니가 끝나기 전에 가볍게 날아 재빨리 자기 나라로 돌아온다."

3. 아미따바 붇다의 가르침을 직접 듣는다

붇다께서 아난다에게 말씀하셨다.

"아미따바 붇다가 여러 제자·보디쌑바를 위하여 가르침을 펴실 때는 모두 다 7가지 보석으로 된 강당에 모이게 하여 도(道)와 가르침을 널리 펴시고 훌륭한 법을 밝히시니, 기뻐하지 않은 이가 없고 마음으로 깨달아 도를 얻는다.

이때 사방에서 저절로 바람이 일어나 보배나무에 두루 불면, 5가지 소리가 나고 예쁜 꽃비가 수없이 내려 바람 따라 두루두루 미친다. 저절로 생긴 이바지가 이처럼 끊이지 않고, 여러 하늘신도 모든 하늘나라에서 백·천 가지 꽃과 향, 만 가지 음악으로 붇다와 보디쌑바·제자 무리에게 이바지하는데, 꽃과 향을 널리 뿌리고 갖가지 곡을 연주하며 앞뒤로 오가니, 그때 빛나는 즐거움은 말로 다 할 수 없다.

4. 깊은 싸마디와 높은 슬기로 모든 빠라미따를 이룬다

1) 붇다의 가르침을 닦아 5가지 눈을 얻는다

아난다여, 그 나라에 난 보디쌑바들이 익히는 길은 늘 바른 법을 말하고 슬기에 따르기 때문에 틀리거나 모자람이 없다. 그 나라에 있는 모든 물건에 대하여 내 것이라는 마음이 없고 그리로 쏠리는 마음도 없어, 가고 오고 나아가고 머무는 데 걸림이 없으니 마음대로 해도 거침이 없다. 만나서 꾀하는 바가 없고 내가 없고 남도 없어 겨루거나 다툼이 없다. 모든 중생을 크게 사랑하고 가엾게 여겨 넉넉히 이익을 주는 마음을 얻고, 부드러움이 (탐내고 성냄을) 굴복시키니 분하거나 한 맺힌 마음이 없다.

5가지 가로막음을 떠나 맑고 깨끗하며, 싫어하거나 업신여김이 없는 마음, 가지런하고 뛰어난 마음, 깊고 고요한 마음, 가르침을 사랑하고 즐거워하고 기뻐하는 마음, 모든 번뇌를 없애 나쁜 길로 빠지는 길을 멀리 떠나 보디쌑바가 해야 하는 바를 끝까지 다 한다. 헤아릴 수 없는 공덕을 모두 갖추게 되고, 깊은 싸마디를 얻고, 갖가지 밝은 슬기를 꿰뚫어 뜻은 7가지 깨치는 법에서 노닐며 마음과 붇다의 가르침을 닦는다.

몸의 눈(肉眼)은 맑고 밝아서 뚜렷하게 볼 수 없는 것이 없고,
하늘 눈(天眼)을 헤아릴 수 없고 가없이 볼 수 있고,
법의 눈(法眼)은 마지막까지 여러 길을 볼 수 있고,
슬기 눈(慧眼)은 진리를 보아 저 언덕으로 건너갈 수 있고,
붇다 눈(佛眼)은 모든 것 갖추어 모든 사물의 본성을 깨달았다.

걸림 없는 슬기로 사람들을 위해 중생을 위하여 불법을 연설하며, 3가지 세계가 공하여 가질 것이 없다는 것을 빈틈없이 관하여, 뜻을 붇다의 가르침을 찾는 데만 두니, 모든 말재주를 갖추고 중생의 번뇌라는 병을 아주 없애 버린다.

2) 깊은 싸마디와 높은 슬기를 모두 갖춘다

여래께서 내놓은 가르침을 그대로 깨치고, 되풀이함(習)을 없애는 소리 방편을 잘 알아 세속 말에 기뻐하지 않고, 바른 논리를 즐긴다. 온갖 좋은 뿌리(善根)를 닦고 뜻은 붇다의 가르침을 받들며, 모든 것이 다 끝나는 것(寂滅)임을 알아 다시 태어나는 것과 번뇌를 함께 없애고, 깊고 깊은 가르침을 들어 마음에 의심과 두려움이 없이 늘 닦을 수 있다.

(중생을) 크게 가엾어함이 깊고 뛰어나 감싸 받아들이지 않음이 없다. 마침내 일승법(一乘法)으로 저 언덕에 이르러 의혹의 그물을 끊어버리면, 슬기가 마음에서 생겨나 붇다의 가르침을 제대로 갖추게 된다.

슬기는 큰 바다 같고 싸마디는 쑤메루산 같으며, 슬기 빛은 밝고 맑아 해와 달을 뛰어넘으니, 맑고 깨끗한 가르침을 원만히 갖추었느니라.

마치 눈 덮인 산처럼 모든 공덕을 고르게 비추기 때문에,

마치 넓고 큰 땅처럼 맑고 더러움과 좋고 나쁨이 다름이 없는 마음이기 때문에,

마치 맑은 물처럼 세속적 근심과 온갖 더러움을 씻어 없애주기 때문에,

마치 불의 왕처럼 모든 번뇌란 땔나무를 태워 없애주기 때문에,

마치 큰 바램처럼 여러 세계를 걸림 없이 가기 때문에,

마치 허공처럼 모든 것에 마음이 전혀 쏠리지 않기 때문에,

마치 연꽃처럼 세간에 있으면서도 더러움에 물들지 않기 때문에

마치 큰 탈것(大乘)처럼 백성 무리를 싣고서 나고 죽음에서 나올 수 있기 때문에,

마치 무거운 구름처럼 큰 가르침의 천둥을 쳐서 깨닫지 못한 이를 깨닫게 하기 때문에,

마치 큰 비처럼 단 이슬 같은 가르침의 비를 내려 중생을 적시기 때문에,

마치 다이아몬드 산처럼 마라(魔羅)의 무리와 다른 가르침을 꼼짝없이 만들기 때문에,

마치 하늘 임금처럼 온갖 좋은 가르침 가운데 가장 우두머리이기 때문에,

마치 니그로다 나무처럼 모든 것을 넓게 덮기 때문에,

마치 우둠바라꽃처럼 드물어 만나기 어렵기 때문에,

금빛 날개 새(金翅鳥)처럼 위엄으로 다른 교도들은 굴복시키기 때문에,

무리 지어 노니는 날짐승처럼 곳간에 쌓아두는 일이 없기 때문에,

소 왕처럼 이길 수 없기 때문에,

코끼리 왕처럼 잘 굴복시키기 때문에,

사자 왕처럼 두려워하는 것이 없기 때문에,
텅 빈 허공처럼 도타운 사랑과 같기 때문이다.

3) 마침내 보디쌑바의 6가지 빠라미따를 모두 이룬다

시기하는 마음을 꺾어 없애버려 이기려 하지 않기 때문에 가르침을 구하는 것만 낙으로 삼고, 싫다거나 넉넉하다는 마음이 없어 늘 널리 전하길 바라고 뜻은 지치거나 싫증 남이 없다. 가르침의 북을 치고, 가르침의 깃발을 세우고, 슬기의 햇빛을 비추어 의심과 어둠을 없애고, 6가지 화합과 공경(六和敬)을 닦아 늘 가르침을 베풀고, 뜻은 세차게 앞서가고 마음은 물러서거나 약해지지 않는다.

세상을 위해 등불 밝혀 가장 뛰어난 복밭이 되고, 늘 이끌어 주는 스승이 되어 미워하거나 사랑하는 차별이 없고, 오직 바른길만 즐기고 다른 기쁨과 시름이 없으며, 욕망의 가시를 뽑아내 중생무리를 편안하게 하니 공덕이 뛰어나 공경하지 않을 수 없다.

(탐하고 성내고 어리석은) 3가지 가로막는 것 없애고, 온갖 신통에서 노닐며, 인연의 힘, 뜻하고 바라는 힘, 방편의 힘, 늘 좋은 힘·선정과 지혜의 힘·가르침을 많이 듣는 힘, 보시·삼감(戒)·너그러움(忍辱)·애씀(精進)·사마타(禪定)·슬기(智慧) 같은 (6빠라미따의) 힘, 바른새김(正念)·그침과 찬찬히 봄(止觀)·갖가지 신통의 힘, 가르침에 따라 여러 중생을 다스리는 힘 같은, 모든 것을 다 갖춘다.

몸빛·생김새·공덕·말솜씨를 모두 갖추고 장엄하여 견줄 이 없으며, 헤아릴 수 없는 모든 붇다를 공경하고 이바지하며, 늘 여러 붇다를 위해 함께 불러 기린다. 마침내 보디쌑바들은 빠라미따(波羅蜜)로 공(空)·상 없는(無相)·바램을 떠난 싸마디(無願三昧)와 나지도 없어지지도 않는 갖가지 싸마디를 닦아서 제자와 홀로 깨닫는 분 같은 자리를 멀리 떠났다.

아난다여, 저 보디쌑바들은 이처럼 헤아릴 수 없는 공덕을 이루었다. 나는 너만을 위해 줄여서 이야기하였지만, 만약 다 이야기한다면 백·천·만 깔빠를 해도, 다할 수 없다."

VI. 기쁨나라 가기 쉬운데, 가려는 사람이 없구나!

1. 왜 좋고 쉬운데, 가려 하지 않는가?

붇다께서 마이뜨레야 보디쌑바·하늘신·사람들에게 말씀하셨다.

"아미따바 나라 제자와 보디쌑바의 공덕과 슬기는 말로 다 할 수 없고, 그 나라는 헤아릴 수 없이 미묘하고 편안하고 즐겁고 맑고 깨끗함은 지금까지 말한 바와 같다. 그런데 (사람들은) 어찌하여 좋은 일 하지 않고, 도(道)란 자연스러운 것이라고 생각하지 않고, 위·아래가 없음을 드러내지 않고 끝 간 데가 없다는 것을 훤히 통하려고 힘쓰지 않는가?

모름지기 모두 부지런히 정진하여 스스로 구하려고 애쓰면, 반드시 (윤회를) 뛰어넘어)기쁨나라(安養)에 가서 나게 되어, 5가지 나쁜 길(五惡趣)을 가로로 끊고, 나쁜 길이 저절로 끊어지면 도에 올라 마지막(窮極)이 없어진다.

(기쁨나라) 가기 쉬운데, (가려는) 사람이 없구나! 그 나라는 막거나 멀리하지도 않아 자연히 이끌려 가게 되어 있는데, 어찌하여 세상일 버리지 않는가! 열심히 도와 덕을 구하면 더할 수 없이 오래 살아 끝없는 목숨과 즐거움을 얻을 수 있다.

2. 세상일에 얽매여 갈 마음을 못 낸다

1) 세간의 사랑과 욕망

세상 사람들은 풍습이 야박하여 급하지 않은 일로 서로 다투고, 심한 죄악과 지독한 괴로움 속에서 부지런히 몸으로 일하여 스스로 살아가야 한다. 신분이 높거나 낮거나, 가난하거나 부유하거나, 어른이나 아이나, 남자나 여자나, 모두 돈과 재물 걱정하는 것은 있는 사람이나 없는 사람이나 똑같다. 불안하여 이리저리 뛰며 근심 걱정으로 괴로워하고, 앞일에 대한 걱정이 겹겹이 쌓여 마음과 달리 치닫게 되니 마음 편할 틈이 없다.

밭 있으면 밭 걱정, 집 있으면 집 걱정, 소나 말 같은 6가지 짐승, 사내·계집종과 돈·재물, 옷·먹거리와 살림 도구, 모두가 걱정거리가 되어 생각을 무겁게 하고 숨을 멎게 하며 근심에 빠지고 시름에 떨게 된다.

뜻밖에 물난리 나고, 불이 나고, 도둑맞고, 원한을 품은 사람이나 빚쟁이가 뜯어 가는 따위로 불타고, 떠내려가고, 빼앗겨 흩어져 없어지고, 닳아 없어지면 근심이 독이 되어 가슴이 두근거린다. 해결되지 않을 때는 마음에 괴로움이 뭉쳐 근심과 번뇌가 떠나지 않고 마음과 뜻이 단단히 굳어져 바야흐로 바로 벗어날 수가 없다.

또는 아무것도 못 하고 부서져 몸이 망해 목숨이 다하게 되면 모든 것을 버리고 떠나지만, 누구도 따르는 사람이 없다. 지위가 높아 귀하거나 재산 넉넉하고 세력 있는 사람도 그런 괴로움은 다 갖는 것이니, 근심과 두려움이 수없이 많은 갈래로 생겨나 그런 근심과 괴로움은 수많은 얼음 속이나 불 속 같은 아픔을 모두 갖추게 된다.

가난하고 천한 사람은 고달프고 힘이 없어 늘 가진 것이 없다. 밭이 없으면 근심이 되어 밭을 갖고자 하고, 집이 없으면 근심되어 집을 가지려 하고, 소나 말 같은 6가지 짐승, 사내·계집종, 돈과 재물, 옷과 먹거리, 살림 도구가 없으면, 이것도 근심이 되어 가지려고 한다. 하나가 있으면 다시 하나가 모자라고, 이것이 있으면 저것이 모자라, 모두 있어야 하겠다고 생각하고, 모두 갖추려고 하면 바로 다시 흩어져 없어져 버린다. 이처럼 근심하고 괴로워하며 다시 찾아다니지만, 얻을 수 없을 때는 머리를 써봤자 소용이 없고, 몸과 마음이 모두 힘들어 앉으나 서나 편안하지 않다.

근심이 이어서 뒤따르고, 근심과 걱정은 또 얼음 속이나 불 속 같은 괴로움과 맺어져 모든 아픔을 다 갖추게 된다. 그렇게 아무것도 안 하고 앉아 몸과 명이 다하게 되는데, 좋은 일을 한 것도 없이, 도와 덕을 행한 것도 없이 목숨이 끝나고 몸이 죽으니 홀로 멀리 떠나야 한다. 가야 하는 곳은 있지만 그것이 좋은 길인지 나쁜 길인지도 모르고 가게 된다.

2) 다툼과 화냄

세간 백성인 아버지와 아들, 형과 아우, 남편과 아내, 가족, 안팎 친족들은 서로 존경하고 사랑해야 하고, 서로 미워하지 말고, 있고 없는 것 서로 돌리어 쓰고, 탐하고 아까워하지 말고, 말과 얼굴빛은 늘 부드러워야지 서로 멀리하여 어그러져서는 안 된다.

어쩌다가 마음에 다툼이 있어 화를 내게 되면, 살았을 때 품은 한은 작은 미움이더라도 다음 생에서는 바뀌어 큰 원수가 된다. 왜냐하면 세상일은 서로 해를 끼치더라도 바로 관계가 깨지지 않지만, 독을 품고 성냄이 쌓이면, 분한 정신이 맺혀 저절로 의식에 새겨져 떠나지 않기 때문에 반드시 서로 짝이 되어 태어나서 서로 앙갚음을 하게 된다.

사람이란 세간의 사랑과 욕망 속에서 홀로 태어나 홀로 죽고, 홀로 가서 홀로 와, 괴로움과 즐거움의 땅에 가서 자기 몸으로 스스로 맡아 해내야지 누구도 대신해 줄 사람이 없다. 선과 악의 변화에 따라 재앙과 복이 있는 곳이 달라, 미리 엄하게 정해져 있고 반드시 홀로 가야 한다.

멀리 떨어진 다른 곳에 이르면 아무도 다시 볼 수 없으니, 좋고 나쁜 행실에 따라 저절로 생겨난 것이다. 멀고 어두운 곳으로 헤어져 오래되어도 가는 길이 다르니 서로 다시 만나기 참으로 어렵고 어렵다.

어찌하여 세상일 버리지 못하고, 각자 건강할 때 열심히 좋은 일 닦기에 힘쓰고, 정진하고 세상을 벗어나 더할 수 없이 오래 살려 하지 않는가? 어찌 도를 구해 편안함을 기대하지 않고 어떤 즐거움을 바라지 않는가?

3) 인과를 모르는 어리석음

이처럼 세상 사람들은 착한 짓 해 좋은 것 얻고, 도 닦아 도를 얻는 것을 믿지 않고, 사람이 죽으면 다시 태어나고, 사랑을 베풀면 복을 얻는 것을 믿지 않으며, 좋고 나쁜 것을 모두 믿지 않고 그렇지 않다고 말해, 마침내 그렇게 된 것이 없다. 아무것도 않고 앉아서 어른들이 한 것을 보고 그대로 되풀이만 하면서, 앞사람이나 뒷사람이나 똑같이 전해주고 이어받으면서 아버지가 넉넉히 가르쳤다고 한다.

아버지나 할아버지가 모두 좋은 일은 하지 않고 도와 덕을 몰라, 몸은 어리석고 정신은 어둡고, 마음은 막히고, 뜻은 닫혔다. 나고 죽는 도리나 선악의 길을 스스로 볼 수 없고 말해 줄 사람도 없어, 길·흉·허물·복은 스스로 다투어 지으니 이상할 것이 하나도 없다.

나고 죽는 떳떳한 도리는 서로 물려주고 이어받는 것인데, 아버지가 아들 때문에 울고, 아들이 아버지 때문에 울고, 형제나 부부가 서로 울어주는 것처럼 위아래가 뒤바뀌어 거꾸로 되는 것은 무상의 본바탕이다. 모든 것은 다 지나가 붙잡아 둘 수 없다는 것을 말로 가르쳐 이끌어도 믿는 사람은 적지만, 이처럼 나고 죽음이 떠돌아 쉬거나 그침이 없다.

이러한 사람은 사리에 어둡고 앞뒤 헤아리지 않고 덤비기 때문에 가르침을 믿지 않고 자기 즐거움만 바란다. 애욕 때문에 어리석음에 홀려 도와 덕에 이르지 못하고, 성냄에 홀려 빠지고, 이리처럼 재물이나 여색을 탐하게 된다. 아무것도 안 하고 앉아 도를 얻지 못하니, 나쁜 길에서 괴로워해야 하고, 나고 죽음이 끝이 없으니 불쌍하고 몹시 가엾다.

어쩌다 집안의 아버지와 아들, 형과 아우, 남편과 아내 가운데 한 사람이 죽고 한 사람은 살게 되면, 서로 가엾어하고, 은혜와 사랑을 생각해서 그리워하며, 근심에 얽혀 마음과 뜻이 아프고, 서로 돌아보며 그리워함이 날이 가고 해를 넘겨도 풀리지 않는다. 도와 덕을 가르쳐 주어도 마음이 열려 밝아지지 않고, 먼저 간 사람의 은혜와 사랑만 생각하며, 탐내고 집착하는 마음을 떠나지 못해 정신이 흐릿하고 어두우며 꽉 막혀 어리석은 홀림에 빠지게 된다. 깊이 생각하여 지혜을 짜내지 못하고, 스스로 바르고 곧은 마음으로 오로지 도를 열심히 행하지 못하고, 세상일을 결단할 수 없어 편안히 지내다가 마지막에 나이와 수명이 다하면 도를 얻을 수 없으니 어찌할 것인가?

시끄러운 세상에 살면서 모두 애욕을 탐해 길을 헤매는 사람들은 많고 깨달은 사람은 적다. 세간의 일이란 바쁘고 바빠 믿고 도움받을 만한 곳이 없어 자리가 높은 사람이나 낮은 사람이나, 윗사람이나 아랫사람이나, 가난하나 잘 사나, 귀하거나 천하거나 부지런히 일하고 수고롭게 애쓰며 바쁘게 일하지만, 모두 독살스러운 마음을 품고 악한 기운이 그윽하여 정상에서 벗어난 일을 하게 된다.

하늘과 땅을 거스르고 사람의 마음을 따르지 않으니 저절로 거짓과 나쁨을 먼저 따르게 되고, 제멋대로 할 바를 들으니 그 죄가 막바지에 이르게 된다. 그 목숨이 다하기도 전에 곧바로 정신을 빼앗겨 나쁜 길로 떨어져 들어가 여러 살이 동안 괴로움을 받게 된다. 그 나쁜 길에서 돌고 돌아 여러 천억 깔빠를 지나도 벗어날 기약이 없으니 그 아픔을 말로 다 할 수 없어 몹시 가엾지 않을 수 없다.

3. 세상일 덧없으니 반드시 기쁨나라 가야 한다

붇다께서는 마이뜨레야 보디쌑바와 하늘신, 그리고 사람들에게 말씀하셨다.

"나는 지금 여러분께 세간 일을 말했다. 사람들은 그렇게 살기 때문에 가만히 앉아서 도를 얻지 못하는 것이니 깊이 생각하고 헤아려 모든 나쁜 것을 멀리 떠나 좋은 것을 가리어 부지런히 애써야 한다. 애욕과 세상에 드러나는 영광은 오래 지킬 수 없어 모두 떠나야 하는 것이지 즐거움일 수 없으니 붇다가 세상에 계실 때 열심히 정진해야 한다.

기쁨나라(安樂國) 가겠다고 큰 바램을 가진 사람은 슬기롭고 사리에 밝게 되고, 뛰어난 공덕을 얻게 된다. 마음 따라 바라는 바를 얻지 말고, 가르침과 계를 등지지 말고, 사람 뒤에 숨어 있어서는 안 된다. 만일 의심나는 것이 있거나 가르침에서 모르는 것이 있으면 모두 붇다에게 물으면 반드시 답해줄 것이다.

마이뜨레야 보디쌑바가 무릎을 꿇고 말씀드렸다.

"붇다의 위신은 높고 무겁고 하신 말씀은 시원하고 어질어 마음을 꿰뚫어 생각하게 합니다. 세상 사람들은 실제 붇다께서 말씀하신 대로 그렇게 삽니다. 이제 붇다께서 사랑하고 가엾게 여기셔, 큰길을 나타내 보이시니 눈과 귀가 훤히 열리고 길이 해탈을 얻게 되었으니, 붇다의 말씀하신 바를 듣고 기뻐하지 않을 수 없습니다.

모든 하늘신·사람·꿈틀거리는 동물까지 모두 사랑의 은혜를 입어 근심과 괴로움을 벗어날 수 있습니다. 붇다께서 말씀하신 가르침과 타이르심은 몹시 깊고 몹시 높으며, 그 슬기롭고 밝은 견해는 8방향과 위·아래, 과거·미래·현재의 일에 끝까지 통하지 않는 것이 없습니다.

이제 저희가 얽매임에서 벗어날 수 있게 된 것은 모두 붇다께서 전생에 도를 구하실 때 몸을 낮추어 고행하셨기 때문으로, 그 은혜로운 덕이 널리 뒤덮고, 복록이 높고 뛰어나고, 밝은 빛이 환히 비추어 하늘에 이르러 끝이 없고, 니르바나에 들게 하시고, 진리를 가르쳐 위엄으로 바르게 이끌었으니, 그 감동 시방에 끝도 가도 없습니다.

붇다께서는 진리의 왕이시고 뭇 성인들보다 높으시어 널리 모든 하늘신과 사람들의 스승이 되고, 마음이 바라는 바에 따라 모두 도를 얻게 하였습니다. 이제 붇다를 만나 뵙고, 또 아미따바 붇다에 관한 소리를 들으니 기쁘기 그지없고 마음이 열려 밝아짐을 얻었습니다."

붇다께서 마이뜨레야 보디쌑바에게 말씀하셨다.

"그대가 말한 대로다. 만약 붇다를 사랑하고 공경한 사람이 있다면 참으로 좋은 기회이니, 이 천하에 오랜 세월이 지난 뒤 다시 붇다가 나타났기 때문이다. 지금 나는 이 세상에서 붇다가 되어 진리와 법을 이야기하고, 도와 가르침을 펴고, 모든 의문의 그물을 끊고, 애욕의 뿌리를 뽑고, 여러 나쁜 짓의 물줄기를 막으면서 3가지 세계를 노닐고 있지만 거리낌이 없다.

경전을 간추려 설명하는 슬기는 모든 도의 고갱이니, 그 골자를 밝고 또렷하게 밝히고, 5가지 길을 열어 보여 어리석은 사람을 이끌고, 나고 죽음에서 니르바나의 길로 바로잡아 주고 있다.

마이뜨레야여, 그대는 수 없는 깔빠 이전부터 보디쌑바 행을 닦아 중생을 구하려 힘쓴 지 오래되었고, 그대를 따라 니르바나에 이른 사람이 헤아릴 수 없다는 것을 알아야 한다. 그대와 시방 여러 하늘나라 사람과 모든 4가지 중생은 수없는 깔빠 이전부터 5가지 나쁜 길을 흘러 다니면서 근심하고 두려워하고 괴로워하며 오늘날에 이르기까지 나고 죽음이 끊임없이 이어지고 있다. 이제 붇다를 만나서 가르침을 듣고, 아울러 아미따바 붇다에 대하여 듣게 되었으니 기쁜 일이고, 정말 좋은 일이다.

나는 그대에게 기쁨을 주고자 하니, 그대도 이제 스스로 나고 죽고 늙어 병드는 괴로움을 싫어해야 한다. 악에 젖는 것은 즐겨할 것이 못 되니 모름지기 스스로 마음을 다잡아 몸으로 하는 짓을 바르게 하고, 여러 가지 좋은 일을 하여라. 스스로 닦아 몸을 깨끗하게 하고 마음의 때를 씻어내야 하고, 말과 행동이 믿을만하여 안팎이 같아야 한다. 사람은 먼저 자신을 건지고 나아가 남을 건지는 것이니, 꼼꼼하고 분명하게 바램을 세운 뒤 좋은 뿌리를 쌓아가야 한다.

한살이 동안 겪는 근심과 괴로움은 잠깐이지만, 나중에 아미따바 붇다 나라에 나서 얻는 기쁨과 즐거움은 끝이 없다. 오래도록 도와 덕이 함께 밝아져, 나고 죽는 바탕을 아주 뽑아버리고, 다시는 탐하고, 화내고, 어리석은 괴로움을 되풀이하지 않고, 1깔빠나,

100깔빠나, 천·억·만 깔빠를 살고 싶으면 마음대로 거침이 없이 모두 얻을 수 있고 저절로 이루어져 다음은 니르바나의 길에 들어선다.

여러분은 모름지기 각자 힘써 닦아야지, 마음이 바라는 바를 얻지 못해 의혹이 생겨나서 중간에 그만두고 후회하게 되면, 스스로 허물이 되어 기쁨나라 가장자리 땅에 있는 7가지 보석으로 된 궁전에 태어나 500살 동안 여러 재앙을 받는다."

마이뜨레야가 붇다께 사뢰었다.

"붇다의 간곡하신 가르침을 받자오니 오로지 정성을 다하여 닦고 배우며, 붇다의 가르침대로 받들어 행하고 추호도 의심하지 않겠사옵니다."

Ⅶ. 왜 세간을 떠나 기쁨나라(極樂)로 가야 하는가?

1. 산 것을 죽이는 나쁜 짓

붇다께서 마이뜨레야에게 말씀하셨다.

"여러분이 이 세상에서 마음과 뜻을 바르게 하고 나쁜 짓을 하지 않으면 더할 나위 없는 공덕이 되고, 시방세계에서 누구도 맞설 수 없는 으뜸이 된다. 왜냐하면 모든 붇다나라의 하늘신과 사람들이 저절로 좋은 일을 하고 너무 나쁜 짓을 하지 않으면 이끌어 가기 쉽기 때문이다. 이제 내가 이 세상에서 붇다가 되었는데, 5가지 나쁜 것(五惡), 5가지 아픔(五痛), 5가지 불길(五燒) 가운데서 가장 괴로운 세상에 놓여 있다. 모든 중생에게 5가지 나쁜 짓을 버리게 하고, 5가지 아픔을 없애주고, 5가지 불길을 떠나도록 중생들의 뜻을 크게 고쳐, 5가지 좋은 일을 이어가 복과 덕(福德)·중생 제도(度世)·오래 삶(長壽)·니르바나(泥洹)의 길을 얻게 하려고 한다.

붇다가 말씀하셨다.

무엇이 5가지 나쁜 것(5惡)이고, 무엇이 5가지 아픔(五痛)이고, 무엇이 5가지 불길(五燒)이며, 무엇으로 5가지 나쁜 짓을 삭혀 5가지 착한 일을 이어가 복과 덕·중생 제도(度世)·오래 삶(長壽)·니르바나(泥洹)를 얻게 하는 길인가?

"첫째 나쁜 것이란, 여러 하늘신·사람·꿈틀거리는 동물들이 온갖 나쁜 짓을 하려 하고 그렇지 않은 것이 없다. 강한 것은 약한 것을 억누르고, 상대를 넘어뜨리고 적을 죽이고, 잔인하게 해치고 마구 죽이며, 서로 삼키고 씹으면서 좋은 것을 닦을 줄 모르고, 몹시 나쁘고 막되어 나중에 재앙과 벌을 받게 되니 당연한 과보이다.

하늘과 땅의 신령(神明)이 자세히 기록하여 죄를 저지른 자는 용서하지 않기 때문에 가난하고 천한 사람, 거지·어버이 없는 어린아이·자식 없는 늙은이, 귀머거리·소경·벙어리, 어리석은 미치광이나 못된 놈, 절름발이와 미치광이까지 태어나는 것이다. 그리고 지위가 높고 귀한 자, 뛰어난 재주로 슬기롭고 사리에 밝은 자들이 있으니, 모두 전생에 자식을 사랑하고 어버이를 섬기며 좋은 일을 닦고 덕을 쌓았기 때문이다.

세상에 변치 않는 떳떳한 도리가 있고 임금님 법에도 감옥이 있으니, 옳다고 여겨 두려워하고 삼가지 않으면 나쁜 일 하여 죄를 짓고 재앙과 벌을 받는다. 풀려나 보려고 하지만 면하거나 나오기 어려운 것이니 세간이 이런 것은 우리가 지금 보고 있는 일이다.

목숨이 다해 다음 세상에서는 더 심하고 더 힘드니, 어두운 저승에 들어가 삶을 바꾸어 새 몸을 받게 되면서 마치 임금님 법에서 가장 무거운 형벌을 받는 아픔과 괴로움을 받게 된다. 3가지 진구렁에 빠져 헤아릴 수 없는 괴로움을 받게 되는데, 몸 바뀌면서 생김새가 달라지고 (6가지) 길도 바뀌며, 받는 목숨도 길거나 짧아지고, 죽은 넋과 자세한 업이 저절로 그를 따른다. 홀로 그 길을 가면서 (업이 있는 사람과는) 함께 태어나 서로 앙갚음함이 그침이 없어, 재앙과 나쁜 업이 다 없어질 때까지 그 안에서 돌아다니며 나올 기약이 없고, 벗어나기 어려우니 그 아픔은 말로 다 할 수가 없다.

하늘과 땅 사이 도리가 이러하니 비록 그때 바로 받지 않는다 해도 좋고, 나쁜 과보는 반드시 모아서 돌아오게 된다. 이것이 첫 번째 큰 나쁜 일이고, 첫 번째 아픔이고, 첫 번째 불길이니, 이러한 괴로움을 견주어 말한다면 큰불로 사람 몸을 불사르는 것과 같다.

그런 속에서도 어떤 사람은 한마음으로 뜻을 억눌러 다스리고, 몸놀림을 바르게 하여, 홀로 갖가지 좋은 업을 짓고 나쁜 짓을 하지 않으면, 몸이 홀로 얽매임을 벗어버려 복덕·중생 제도(度世)·하늘에 오름(上天)·니르바나(泥洹) 같은 길을 얻게 되니, 이것이 첫 번째 큰 착한 일이다.

2. 도둑질하는 나쁜 짓

붇다가 말씀하셨다. 그 두 번째 나쁜 것은 세간 사람들 가운데 어버이와 아들, 형과 동생, 집안의 남편과 아내가 모두 사람으로서 지켜야 할 도리를 모르고, 법도를 따르지 않고, 음탕하고 제멋대로 하며, 제각기 쾌락만 좇고, 마음 내키는 대로 서로 속이고 의심하며, 마음과 입이 서로 달라 말과 생각이 참되지 않다.

아첨하면서 정성을 다하지 않고, 교묘하게 꾸며대는 말로 비위나 맞추며 알랑대고, 어진 사람 시기하고 착한 사람 헐뜯으며, 미워하는 마음으로 어려운 처지에 빠지게 한다. 임금이 밝지 못해 신하를 써도 그 신하는 거침없이 갖가지 거짓말로 법도를 밟고 행하고, 그

형세를 알고 자리를 차지하고 있으면서 속여서 일을 처리하니 충성스럽고 어진 신하들은 줄어들고 하늘의 뜻을 당할 수가 없다.

신하는 임금을 속이고, 자식은 부모를 속이며, 형과 아우·남편과 아내·안팎의 벗들도 서로 속이고 각자 탐냄·화냄·어리석음을 품고 자기 잇속만 챙기려 너무 욕심을 부리는 것은 신분이 높거나 낮거나 마음가짐이 모두 같으니, 집과 몸을 망치고 앞뒤 돌아보지 않고 친족 안팎이 앉아서 끝장나 없어진다. 어떤 때에는 가족·벗·마을의 어리석고 거친 사람들이 평소와 달리 함께 어떤 일을 일삼아서 하는데 이해관계가 생기면 서로 성을 내며 원한을 맺게 된다.

잘 살면서도 아까워 베풀려 하지 않고, 지키고 더 탐하는 것만 사랑해 몸과 마음을 힘들게 한다. 이런 지경에 이르면 믿을 것도 없고 혼자 와서 혼자 가지, 한 사람도 따르는 사람이 없다. 좋고 나쁜 것, 재난과 복은 목숨 따라 생겨나므로 즐거운 곳에 가기도 하고 괴로운 곳에 들어가기도 하니, 그 뒤에 뉘우쳐도 다시 어찌할 수가 없다.

세상 사람들은 마음이 어리석고 슬기가 적어 착한 것을 보면 미워하고 헐뜯으며, 뒤따르려 하지 않고 부질없이 나쁜 짓만 하려 해, 무릇 도리에 어긋난 짓만 하고, 늘 훔치려는 마음을 품고, 다른 사람에게 이로운 것을 바라보며 슬퍼하고, 있는 것 써버려 다 없어지면 다시 필요한 것을 찾는다. 삿된 마음이고 바르지 않기 때문에 다른 사람의 낯빛을 두려워하고, 미리 생각하여 계획하지 않고 일이 닥치면 이내 뉘우친다.

이승에 살면서는 임금님 법에 감옥이 있어 죄에 따라 벌을 받는

데, 전생에 도덕을 믿지 않고 좋은 바탕을 닦지 않았기 때문에 지금 다시 나쁜 짓을 하게 된다. 하늘신이 판단하여 따로 명부에 기록하여 목숨이 다하여 혼이 떠나면 나쁜 길에 떨어지기 때문에 3가지 진구렁에서 헤아릴 수 없는 괴로움을 겪으며 떠돌아, 몇 깔빠가 지나도 나올 기약이 없고 벗어나기 어려워 그 아픔은 말로 다 할 수 없다. 이것이 두 번째 큰 나쁜 일·두 번째 아픔·두 번째 불길이니, 이러한 괴로움을 견주어 말한다면 큰불로 사람 몸을 불사르는 것과 같다.

사람은 그런 속에서도 한마음으로 뜻을 억눌러 다스리고, 몸놀림을 바르게 하여, 홀로 갖가지 좋은 업을 짓고 나쁜 짓을 하지 않으면 몸이 홀로 얽매임을 벗어버려 복덕·중생 제도(度世)·하늘에 오름(上天)·니르바나(泥洹)의 길을 얻게 되니 이것이 두 번째 큰 착한 일이다.

3. 삿된 관계하는 나쁜 짓

붇다께서 말씀하셨다.

"세 번째 나쁜 것이란, 세간 사람들은 하늘과 땅 사이에 함께 살면서 서로 더부살이하고 있으므로 사는 햇수가 얼마 되지 않는다. 위로는 어진 사람·경험 많은 사람·지위가 높은 사람·재산이 넉넉한 사람, 아래로는 가난하고, 천하고, 약하고, 못났고, 어리석은 사람들이 함께 사는데, 그 가운데 나쁜 짓을 하는 사람은 늘 삿되고 나쁜 마음을 품고 오로지 음란하고 방탕한 생각만 하여 번뇌가 가슴속에 가득 차고 애욕 때문에 어지러워 앉으나 서나 불안하다.

탐하는 마음을 지키고 중하게 여겨 쓸데없이 얻으려고만 하고, (여자의) 매끈한 얼굴빛이나 곁눈질하고 간사한 몸짓을 밖으로 드러낸다. 자기 아내는 싫어하고 미워하면서 남몰래 멋대로 (다른 여자 집에) 드나들면서 집 재산을 털어먹고 도리에 어긋나는 짓을 한다.

맞는 사람끼리 패거리를 만든 뒤, 군사를 일으켜 상대를 쳐 죽이고, 도리를 어겨 억지로 빼앗는 나쁜 마음밖에 없어, 스스로 닦아 익히지 않고 훔쳐 얻어 일을 이루려 한다. 힘으로 남을 두렵게 하고 을러메서 괴롭혀, 자기 아내와 자식에게 가져다주고, 자기 기쁨만을 위해 마음 내키는 대로 온몸으로 쾌락을 즐기고, 친족에게도 자리가 높고 낮은 것을 피하지 않으니 집 안팎이 근심하고 괴로워한다. 또한 임금님이 못 하게 말리는 명령도 두려워하지 않는다.

이러한 악한 짓은 다른 사람과 귀신에게 알려지고, 해와 달이 비쳐 보고, 하늘과 땅의 신령도 자세히 기록하기 때문에 저절로 3가지 진구렁에 빠져 헤아릴 수 없는 괴로움을 받으며 그 속에서 맴돌게 되는데, 수많은 삶을 이어가며 몇 깔빠 동안 빠져나올 기약이 없고 벗어나기 어려우니 그 아픔은 말로 할 수가 없다. 이것이 세 번째 큰 나쁜 것이고, 세 번째 아픔이고, 세 번째 불길이니 이러한 괴로움을 견주어 말해보면 큰불에 사람 몸을 태워버리는 것과 같다.사람은 그런 속에서도 한마음으로 뜻을 억눌러 다스리고, 몸놀림을 바르게 하여, 홀로 갖가지 좋은 업을 짓고 나쁜 짓을 하지 않으면 몸이 홀로 얽매임을 벗어버려 복덕·중생 제도(度世)·하늘에 오름(上天)·니르바나(泥洹)라는 길을 얻게 되니 이것이 세 번째 큰 착한 일이다.

4. 거짓말하는 나쁜 짓

붇다께서 말씀하셨다.

"네 번째 나쁜 것은 세상 사람들이 좋은 것을 닦으려 생각하지 않고, 점점 서로 가르쳐 함께 나쁜 짓을 하게 되니, 이간질하고(兩舌), 욕하고(惡口), 거짓말하고(妄語), 꾸며서 말해(綺語) 하리하여 해치고, 다투어 어지럽히고, 착한 사람을 미워하고 시기하며, 슬기로운 사람을 해쳐 무너뜨리고, 곁에 살면서 부부만 즐기고 어버이는 섬기지 않고, 스승이나 어른을 업신여기고, 벗에게 믿음을 잃으니 성실한 사람이 되기 어렵다.

높은 자리에 오르면 스스로 잘난 체하고, 자기만의 도가 있다며 위세를 부리고, 다른 사람에게 해를 끼치고 얕잡아본다. 스스로를 알 수 없으니 나쁜 짓하고도 부끄러워하지 않고, 스스로 실하고 굳센 것을 내세워 다른 사람을 공경하기 어려우니, 하늘·땅의 신령과 해·달을 두려워하지 않고 착한 일을 짓지 않아 설득하고 가르치기 어렵다. 스스로는 아무것도 하지 않고, 그렇게 될 것이라고 말하면서 근심이나 두려움도 없이 늘 잘난 체하고 건방지게 논다.

이러한 모든 나쁜 짓은 하늘신이 판단하여 기록하며, 전생에 지은 작은 복덕과 착함의 힘으로 떠받치며 살아가고 있지만, 이승에서 나쁜 짓을 하여 복덕이 다 없어지면 여러 착한 귀신들이 모두 떠나버리고 몸은 홀로 쓸쓸하게 서서 더 기댈 곳이 없어지니, 목숨이 끝날 때 모든 나쁜 업이 돌아와 저절로 다그치면서 함께 달려와 빼앗아 가게 된다.

그 명부 기록이 하늘·땅 신령에게 있어, 그 재앙과 허물에 끌려 바로 (나쁜 길로) 가게 되니, 죄에 대한 열매는 저절로 생겨나 버리거나 떠날 수가 없다. 무릇 전생의 업보에 따라 불가마에 들어가 몸과 마음이 부서져 정신이 괴롭고 아프게 되었을 때야 뉘우친들 어디 쓸데가 있겠는가?

하늘의 도리와 자연이란 틀어짐이 없으므로 저절로 3가지 진구렁에 빠져 헤아릴 수 없는 괴로움을 받으며 그 속에서 맴돌게 되는데, 수많은 삶을 이어가며 몇 깔빠 동안 빠져나올 기약이 없고 벗어나기 어려우니 그 아픔은 말로 할 수가 없다. 이것이 네 번째 큰 나쁜 것이고, 네 번째 아픔이고, 네 번째 불길이니 이러한 괴로움을 견주어 말해보면 큰불에 사람 몸을 태워버리는 것과 같다.

어떤 사람은 그런 속에서도 한마음으로 뜻을 억눌러 다스리고, 몸놀림을 바르게 하여, 홀로 갖가지 좋은 업을 짓고 나쁜 짓을 하지 않으면 몸이 홀로 얽매임을 벗어버려 복덕·중생 제도(度世)·하늘에 오름(上天)·니르바나(泥洹)라는 길을 얻게 되니 이것이 네 번째 큰 착한 일이다.

5. 술 마시는 나쁜 짓

붇다께서 말씀하셨다.

"다섯 번째 나쁜 것이란, 세상 사람들이 너무 게을러서 좋은 일하여 몸을 다스리고 업을 닦으려 하지 않아 가족과 딸린 식구들이 배고프고 춥고 고생스럽다. 어버이가 가르치면 눈을 부릅뜨고 화를 내며 말대꾸하고, 말하면 오히려 사이가 좋지 않게 되어 달아나고 벗어나 등지고 저버린다. 견주어 말하면 원한을 품은 사람 같아 자식이 없는 것만 못하다.

주고받는 데 절도가 없으니 모두 다 불안해하고 싫어한다. 은혜를 등지고 의리를 저버리고 받은 것을 갚을 마음이 없으니 가난하고 고달프고 힘이 없어져도 다시 얻을 수가 없다. 이득을 노려 제멋대로 빼앗고 건방지게 놀며 흩어버리고, 자주 남의 것을 거저 얻어 스스로를 먹여 살리는 데 쓴다.

술을 즐기고 맛있는 것을 좋아하니, 마시고 먹는 것에 절도가 없어 거리낌 없이 써서 없애버린다. 미련하게 날뛰면서 다른 사람의 마음은 모르고 힘으로 억누르려 하고, 다른 사람의 착한 것을 보면 새암을 내서 미워한다. 의리도 없고 예의도 없으며, 스스로 한 일을 돌아보지 않고 자기가 하는 것은 다 옳다고 하니, 잘못을 일러 깨우칠 수가 없다. 집안의 어버이·형과 아우·아내와 아들딸의 생활비가 있는지 없는지는 걱정하지 않고, 어버이 은혜는 생각하지 않고, 스승과 벗에 대한 의리는 없으며, 마음에는 늘 나쁜 생각을 하고, 입으로는 늘 나쁜 말을 하고 몸으로는 늘 나쁜 짓을 하여 좋은 일을 한 것이 하나도 없다.

옛 성인과 여러 불경의 가르침을 믿지 않고, 믿음과 실천으로 나고 죽음을 벗어남을 믿지 않고, 죽은 뒤 신령(神明)이 다시 태어남을 믿지 않고, 좋은 것 지으면 좋은 것 얻고 나쁜 짓 하면 나쁜 것 얻는다는 것을 믿지 않는다.

참사람(眞人)을 죽이려 하고 쌍가(僧伽)에서 다투어 어지럽히며, 어버이·형과 아우·딸린 식구를 죽이려 하니, 어버이·형과 아우·아내와 아들딸들이 그가 죽기를 바란다. 이처럼 세상 사람들의 마음과 뜻이 모두 그리하여, 어리석고 사리에 어두우면서 스스로는 슬기롭다고 생각한다. 태어날 때 어디서 왔으며 죽어서 어디로 가는지 모르고, 어질지 못하고 거칠어 하늘과 땅을 거스르면서, 그 가운데서 요행을 바라고 오래 살길 바라지마는 반드시 죽음으로 돌아가게 되어 있다.

사랑하는 마음으로 가르치고 이끌어 착한 것을 생각하게 하고, 나고 죽음과 좋고 나쁨에 대한 본디 뜻과 본디 있다는 것을 열어 보이지만, 믿지 않으니 애써 해준 말이 이롭거나 도움이 되지 않고, 마음이 꽉 막히고 생각이 열리지 않는다. 긴 목숨이 끝나려 할 때 뉘우침과 두려움이 번갈아 닥치지만 미리 착함을 닦지 않고 막바지에 가서야 후회하는데, 뒤늦게 후회해서 이를 어찌하겠는가!

하늘과 땅 사이에 5가지 길(五道)이 뚜렷하게 있어 크넓고 그윽하고 아득하다. 좋고 나쁜 행적에 따라 재앙이나 복을 받게 되는데, 자기가 지은 것은 스스로 받아야지 누구도 대신해 줄 수 없는 것이 자연의 도리이므로, 이미 저지른 짓에 따라 목숨을 쫓아 재앙을 내리니 떨쳐버릴 수가 없다.

착한 사람이 착한 짓을 하면 즐거움을 따라 즐거움으로 들어가고 밝음을 따라 밝음으로 들어가며, 나쁜 사람이 나쁜 짓을 하면, 괴로움을 따라 괴로움으로 들어가고 어두움을 따라 어두움으로 들어가는 것을 누가 알 수 있겠는가! 홀로 붇다 만 알아, 말로 가르침을 열어 보이지만 믿고 실천하는 사람은 적다.

나고 죽음은 그치지 않고 나쁜 길은 끊이지 않는 것이라, 이처럼 세상 사람이 온전히 끝내기 어려운 것이기 때문에 저절로 3가지 진구렁에 빠져 헤아릴 수 없는 괴로움을 받으며 그 속에서 맴돌게 되는데, 수많은 삶을 이어가며 몇 깔빠 동안 빠져나올 기약이 없고 벗어나기 어려우니 그 아픔은 말로 할 수가 없다. 이것이 다섯 번째 큰 나쁜 것이고, 다섯 번째 아픔이고, 다섯 번째 불길이니 이러한 괴로움을 견주어 말해보면 큰불에 사람 몸을 태워버리는 것과 같다.

사람은 그런 속에서도 한마음으로 뜻을 억눌러 다스리고, 몸놀림을 바르게 하여, 홀로 갖가지 좋은 업을 짓고 나쁜 짓을 하지 않으면 몸이 홀로 얽매임을 벗어버려 복덕·중생 제도(度世)·하늘에 오름(上天)·니르바나(泥洹)라는 길을 얻게 되니, 이것이 다섯 번째 큰 착한 일(大善)이다.

6. 5가지 나쁘고, 아프고, 불길에 둘러싸인 세계

붇다께서 마이뜨레야에게 말씀하셨다.

"내가 여러분에게 말한 세상의 5가지 나쁜 것에서 생긴 근심과 괴로움은 위에서 본 바와 같다. 그 결과 5가지 아픔과 5가지 불길에서 굴러 옮겨 다니며 살아가게 된다. 다만 갖가지 나쁜 짓 하고 좋은 바탕을 닦지 않으면 모두 저절로 여러 나쁜 길로 들어가, 살아 있을 때 이미 병에 걸려 죽으려 해도 죽지 못하고 살려 해도 살지 못해 여러 사람들에게 죄악이 가져다준 결과를 보여준다. 몸이 죽으면 한 짓에 따라 3가지 나쁜 길에 들어가니, 괴로움이 헤아릴 수 없고 저절로 서로 몸을 불태우게 된다.

오래 지난 뒤까지 함께 원한을 맺게 되니, 작고 적은 것부터 시작하여 마침내 큰 죄악에 이르게 된다. 모두 재물과 계집을 너무 아끼고 사랑하여 은혜를 베풀지 못한 데서 비롯된 것으로, 어리석은 욕심에 짓눌려 마음에서 나오는 생각에 따라 번뇌에 얽매이고 헤어날 수가 없다. 자기에게 너그럽고 이익을 다투면서 돌이켜 살펴보는 바가 없고, 잘살고 지위가 높고 명예가 빛날 때는 기뻐하지만 너그럽지 못하고 착한 것을 닦지 않으므로, 그 위세도 얼마 안 가서 없어져, 몸으로 힘쓰고 애써도 오래 가면 거칠고 사나워진다.

하늘의 도리는 널리 전해져 저절로 죄를 드러내니, 법과 풍속을 모두 따져 높고 낮음에 따라 벌을 주기 때문에 홀로 놀라서 그 속에 들어가야 하는 것은 옛날이나 지금이나 마찬가지로 안타깝고 가슴 아픈 일이다.

붇다께서 마이뜨레야에게 말씀하셨다.

"세상이 이와 같으니, 붇다가 모두 불쌍히 여겨 위신력으로 모든 나쁜 것을 막아 없애고 모두 착함을 이루도록 하셨다. 생각하는 바를 버리고 경과 계를 받들어 지니고 도법을 받아 닦아 어기거나 잃지 않으면, 마침내 나고 죽음을 벗어나 니르바나의 길을 얻게 된다.

7. 좋은 길로 이끌기 위한 붇다의 가르침

붇다께서 말씀하셨다.

"여러분, 이제 여러 하늘신과 사람들, 그리고 후세 사람들은 불경 말씀을 얻어듣고 깊이 생각해야 하며, 그 속에서 마음이 바르고 행동이 얌전해야 한다. 임금은 좋은 일 하여 아랫사람을 거느리고 교화해야 하고, 더욱더 서로 타이르고 조심하여 각자 바르게 지켜야 하고, 성인을 우러러보고 좋은 것을 받들어야 하고, 어질게 대하고 널리 사랑해야 한다. 붇다의 말씀과 가르침을 감히 등지거나 헐뜯어서는 안 되고 반드시 얽매임을 벗어나려 해야 하고, 나고 죽음을 끊고 3가지 진구렁(三塗)과 헤아릴 수 없는 근심·두려움·괴로움의 길을 떠나야 한다.

여러분은 널리 덕의 뿌리를 심어야 하고, 은혜를 베풀고, 도(道)가 금하는 것을 저지르면 안 되고, 참고 열심히 닦아, 한마음과 슬기로 더욱 서로 가르쳐 이끌어야 하고, 어질게 행하여 좋은 것을 이루어야 한다. 바른 마음과 바른 뜻으로 하루라도 맑고 깨끗하게 계를 지키면, 아미따바 나라에서 100년 동안 착한 일 하는 것보다 낫다. 왜냐하면 그 붇다나라에서는 저절로 이루어지고 모두가 좋은 것만 쌓고 털끝만큼 나쁜 것도 없기 때문이다.

이처럼 열흘 동안 좋은 것을 닦으면 다른 여러 붇다나라에서 1,000년 동안 좋은 것을 닦는 것보다 낫다. 왜냐하면 다른 붇다나라에는 좋은 일 하는 이들이 많고 나쁜 일 하는 이는 적고, 복덕이 절로 생겨나 나쁜 것을 짓는 일이 없는 땅이기 때문이다.

오직 이 세상만 나쁜 것이 많아서 저절로 되지 않아 부지런히 일하고 힘들게 얻으려고 하지만 더욱더 서로 속이고 해치니, 마음이 괴롭고 몸은 지쳐서 마시는 것은 쓰고, 먹는 것은 독과 같다. 이처럼 모든 일이 편안하지 않고 쉴 틈이 없다.

나는 여러 하늘신과 사람들을 가엽게 여겨 가르쳐 깨우치도록 애쓰고, 좋은 것을 닦도록 가르치고, 그릇에 따라 깨우치어 이끌고, 경의 가르침(經法)을 주니 받들어 행하지 않는 이가 없고, 마음의 바램에 따라 모두 도를 얻게 하니, 붇다가 돌아다니며 발을 밟은 나라나 읍내나 마을이나 교화를 입지 않은 곳이 없다.

천하가 부드럽고 순하고, 해와 달이 맑고 밝으며, 때맞추어 바램 불고 비가 내리며, 재난과 돌림병이 일어나지 않고, 나라는 넉넉하고 백성은 편안하며, 군대와 무기가 쓸모없고, 덕을 받들어 어진 마음이 일어나며, 힘써 예를 지켜 사양하는 것을 닦는다."

붇다께서 말씀하셨다.

"내가 여러분, 곧 여러 하늘신과 사람들을 가엽게 여기는 것은 어버이가 아들딸을 생각하는 것보다 깊다. 이제 내가 이 세상에서 붇다가 되어 5가지 나쁜 것을 억누르고, 5가지 아픔을 지워버리고, 5가지 불길을 아주 없애버리겠다. 좋은 것으로 나쁜 것을 쳐서, 나고 죽는 괴로움을 빼버리고, 5가지 덕을 지키게 하여 저절로 편안해지도록 하겠다.

내가 세상을 떠난 뒤 경(經)과 도(道)가 조금씩 없어지고 백성들이 알랑거리고 속이면서 다시 여러 가지 나쁜 것(衆惡), 5가지 불길(五燒), 5가지 아픔(五痛)이 이전 법으로 돌아가고, 오래 지난 뒤에는 더욱 심해질 것은 말로 다 할 수가 없지만 나는 다만 그대에게 줄여서 말하였다."

붇다께서 마이뜨레야에게 알리셨다.

"여러분은 각자 잘 생각하여 한껏 가르치고 삼가 붇다의 가르침처럼 행하고, 서로 내가 말한 가르침을 자세히 생각하고, 한껏 서로 깨우치며 불법이 가르치는 대로 행하여 어긋나서는 안 된다."

이에 마이뜨레야 보디쌑바는 합장하고 붇다께 사뢰었다.

"붇다께서 말씀하신 바는 참으로 옳습니다. 세상 사람들은 실제 그렇습니다. 여래께서 널리 사랑하시고, 불쌍히 여기시고, 가엾어하시어, 모두 얽매임에서 벗어나게 하시니, 붇다의 무거운 가르침 결코 어기거나 잃어버리지 않겠습니다.

Ⅷ. 아난다가 직접 본 아미따바 붇다와 기쁨나라(極樂)

1. 아난다가 아미따바 붇다를 직접 뵙다

붇다께서 아난다에게 말씀하셨다.

"그대는 일어나 옷매무시를 바르게 한 뒤 손을 모으고 우러러보며 아미따바 붇다께 절을 올려라. 시방의 모든 나라 붇다·여래들도 늘 함께 집착 없고 걸림 없는 저 붇다를 일컬어 기리고 아름답게 여긴다."

그러자 아난다는 일어서서 옷매무시를 바로 하고 서쪽을 바라보며 우러러 합장하고 땅에 엎드려 아미따바 붇다께 절을 올렸다.

(아난다가) 붇다께 사뢰었다.

"저 붇다가 계시는 기쁨나라(安樂) 땅과 여러 보디쌑바와 제자, 그리고 대중들을 뵙고 싶습니다."

이 말을 마치자마자 바로 아미따바 붇다께서 크게 밝고 환한 빛을 내서 모든 붇다나라를 두루 비추었다. 다이아몬드 두른 산(金剛圍山), 쑤메루산왕(須彌山王) 같은 크고 작은 모든 산들이 다 같은 빛깔이었다.

견주어 말하자면 깔빠(劫) 단위처럼 많은 물에 가득 찬 세계에 있는 모든 것은 물에 잠겨 보이지 않고, 깊고 넓은 물만 흐르고 있어 크넓은 물만 보이는 것처럼, 그 붇다의 밝고 환한 빛도 마찬가지다. 제자나 보디쌑바의 모든 밝은 빛들이 다 숨겨지고 오로지 붇다의 빛만 밝게 빛나고 두드러지게 드러났다.

그때 아난다가 바로 뵙는 아미따바 붇다는 위엄과 덕망이 높고 높아 마치 쑤메루산왕이 여러 세계의 모든 산 위에 우뚝 솟아 있는 것 같았고, 생김새와 맑고 환한 빛이 두루 비치지 않는 곳이 없었다. 이 모임에 있던 4가지 무리 모두 함께 볼 수 있었으며, 그 나라에서 우리나라를 보는 것도 마찬가지였다.

2. 왜 기쁨나라(極樂)에서 태(胎)로 태어나는가?

이때 붇다께서는 아난다와 아지따 보디쌑바에게 말씀하셨다.

"그대들이 그 나라를 볼 때 땅 위에서부터 위로 올라가 맑은 분이 사는 하늘(淨居天)까지, 그 안에 있는 미묘하고 엄숙하고 깨끗한 자연에 있는 것들을 모두 보았는가, 못 보았는가?

아난다가 대답하여 말했다.

"네, 이미 다 보았습니다."

"여러분은 또 아미따바 붇다의 큰 소리가 모든 세계에 널리 알려져 중생을 가르쳐 이끄시는 것을 들었는가 못 들었는가?

아난다가 대답하여 말했다.

"네, 이미 들었습니다."

"그 나라 백성들이 백·천 요자나가 되는 7가지 보석으로 된 궁전을 타고 걸리는 바 없이 시방을 두루 다니며 여러 붇다에게 이바지하는 것을 보았는가 못 보았는가?"

대답하여 말했다.

"이미 보았습니다."

"그 나라 백성 가운데 태로 태어나는(胎生) 이가 있는 것을 보았는가 보지 못했는가?"

대답하여 말했다.

"이미 보았습니다. 태로 태어난 이들이 사는 궁전은 100 요자나 또는 500 요자나인데, 모두 그 안에서 온갖 유쾌하고 즐거운 것을 누리는데 33 하늘나라에 사는 것과 같으며, 여기도 모두 저절로 이루어지는 것입니다."

이때 아지따 보디쌑바가 붇다께 여쭈었다.

"세존이시여, 어떤 인연으로 그 나라는 태(胎)에 태어나는 백성이 있고, 저절로 바뀌어 나는(化生) 백성이 있습니까?"

붇다께서 아지따에게 알려 주셨다.

"만일 어떤 중생이 의심하는 마음을 가진 채 갖가지 공덕을 닦아 그 나라에 나고자 했지만, 붇다의 슬기(佛智)는 헤아려 생각할 수 없고 말로 설명할 수 없는 대승의 넓은 슬기이고, 짝이 없고 견줄 데 없는 가장 높고 뛰어난 슬기라는 것을 깨닫지 못했기 때문이다.

이처럼 여러 슬기에 대해 의심하며 믿지 않았지만, 죄와 복은 믿어 좋은 바탕을 닦아 그 나라에 나길 바라면, 그런 중생은 그 궁전에 태어나 500살 동안 붇다를 뵙지 못하고, 가르침을 듣지 못하고, 보디쌑바 · 제자 · 거룩한 대중들을 보지 못하기 때문에 그 나라에서는 태에서 났다(胎生)고 한다.

어떤 중생이 붇다 슬기에서 뛰어난 슬기까지 의심하지 않고 뚜렷하게 믿고, 갖가지 공덕을 지어 믿는 마음을 회향하면, 그런 중생은 7가지 보석으로 된 꽃 속에 저절로 바뀌어 나 책상다리로 앉아, 마침내 잠깐 사이에 몸의 생김새는 빛을 내고 슬기와 공덕은 모든 보디쌑바처럼 다 갖추게 된다."

"그리고 또, 아지따여, 다른 붇다나라의 여러 큰 보디쌑바들도 마음을 내서 아미따바 붇다를 뵈려고 공경하여 이바지를 올리고 아울러 여러 보디쌑바와 제자들에게도 그렇게 하면, 그 보디쌑바들이 목숨이 다하면 아미따바 나라에 나서, 7가지 보석으로 된 꽃 속에 저절로 바뀌어 나게 된다."

"마이뜨레야여, 그렇게 저절로 난 이들은 슬기가 뛰어나기 때문인 것을 알아야 한다. 태로 태어난 이들은 모두 슬기가 없어 500살 동안 붇다를 뵙지 못하고, 경법을 듣지 못하고, 보디쌑바와 여러 제자를 보지 못하고, 붇다에게 이바지할 수 없고, 보디쌑바의 법식을 모르고, 공덕을 배워 익힐 수 없게 되는데, 이런 사람은 전생에 슬기가 없어 의심하였기 때문인 것을 알아야 한다."

붇다께서 마이뜨레야에게 알려 주셨다.

"견주어 말하면, 바퀴 굴리는 임금(轉輪聖王)이 따로 지은 궁실을 7가지 보석으로 꾸미고, 침상과 휘장을 베풀고, 여러 비단 깃발을 건다. 만일 어린 왕자가 왕에게 죄를 지으면 바로 그 궁전에 집어넣어 금 사슬로 매 놓고, 먹을거리·옷·침상과 깔개·꽃과 향·춤과 음악을 주고, 바퀴 굴리는 임금처럼 부족함이 없다고 하자. 어떻게 생각하느냐? 왕자들은 그곳에서 편안하게 즐기려고 하겠느냐, 그렇지 않겠느냐?"

대답하여 말했다.

"그렇지 않습니다. 갖가지 수단으로 여러 가지 큰 힘을 찾아 빠져나오려고 할 것입니다."

붇다께서 마이뜨레야에게 알려주셨다.

"이 모든 중생들도 마찬가지로 붇다의 슬기를 의심하면 그 궁전에 태어나서 벌을 받거나 한 생각 나쁜 일도 없지만, 500살 동안 3가지 보물을 못 보고, 이바지하거나 갖가지 좋은 바탕을 닦지 못하게 된다. 이것이 괴로움이 되어 비록 넉넉하고 남을 만큼 즐거움이 있지만 그곳에서 즐기려 하지 않을 것이다.

만약 이 중생이 그 본 바탕 죄를 알고 스스로 깊이 뉘우치고 꾸짖어 그곳을 떠나려고 하면, 바로 뜻대로 되어 아미따바 붇다 계시는 곳에 가서 뵙고 공경하며 이바지를 올리고, 헤아릴 수 없이 수많은 여러 여래가 계시는 곳에 가서도 공덕을 쌓을 수가 있다.

마이뜨레야여, 어떤 보디쌑바가 의혹을 갖는 것은 큰 공덕을 잃는 것이니 반드시 여러 붇다의 위없는 슬기를 분명하게 믿어야 한다."

3. 다른 나라 보디쌑바들도 기쁨나라로 간다

마이뜨레야 보디쌑바가 붇다께 여쭈었다.

"세존이시여, 이 (싸하) 세계에는 얼마나 많은 '물러서지 않는 자리에 오른 보디쌑바'가 있어 그 붇다나라에 가서 날 수 있습니까?"

붇다께서 마이뜨레야에게 알려 주셨다.

"이 (싸하) 세계에는 67억 물러서지 않는 자리에 오른 보디쌑바들이 있어 그 나라에 가서 나게 될 것이다. 그 보디쌑바들은 모두 수없는 여러 붇다께 이바지하였으니, 여기 있는 마이뜨레야 같은 보디쌑바이다. 그밖에 수행을 많이 하지 않았거나 공덕을 적게 닦은 보디쌑바는 일컬어 헤아릴 수가 없는데, 모두 가서 나게 될 것이다.

붇다께서 마이뜨레야 보디쌑바에게 알려 주셨다.

"나의 나라에 있는 보디쌑바만 그 나라에 가서 나는 것이 아니라 다른 붇다나라에서도 또한 그와 같다.

첫째, 멀리 비추는 붇다(遠照佛) 나라에서는 180억 보디쌑바가 모두 가서 나게 될 것이고,

둘째, 보석 간직한 붇다(寶藏佛) 나라에서는 90억 보디쌑바가 모두 가서 나게 될 것이고,

셋째, 끝없는 소리 붇다(無量音佛) 나라에서는 220억 보디쌑바가 모두 가서 나게 될 것이고,

넷째, 단이슬 맛 붇다(甘露味佛) 나라에서는 250억 보디쌑바가 모두 가서 나게 될 것이고,

다섯째, 용을 이긴 붇다(龍勝佛) 나라에서는 14억 보디쌑바가 모두 가서 나게 될 것이고,

여섯째, 뛰어난 힘을 가진 붇다(勝力佛) 나라에서는 1만 4천 보디쌑바들이 모두 가서 나게 될 것이고,

일곱째, 사자 붇다(師子佛) 나라에서는 500억 보디쌑바가 모두 가서 나게 될 것이고,

여덟째, 티끌 여읜 빛 붇다(離垢光佛) 나라에서는 80억 보디쌑바가 모두 가서 나게 될 것이고,

아홉째, 으뜸 어진 붇다(德首佛) 나라에서는 60억 보디쌑바가 모두 가서 나게 될 것이고,

열째, 뛰어난 덕의 산 붇다(妙德山佛) 나라에서는 60억 보디쌑바가 모두 가서 나게 될 것이고,

열한째 인간 왕 붇다(人王佛) 나라에서는 10억 보디쌑바가 모두 가서 나게 될 것이고,

열두째, 위없는 꽃 붇다(無上華佛) 나라에서는 헤아릴 수 없이 많은 보디쌑바가 모두 물러나지 않는 자리를 얻고 슬기롭고 용맹하며, 이미 헤아릴 수 없이 많은 여러 붇다에게 이바지했다. 그들은 7일이면 큰 보디쌑바들이 백·천 깔빠 동안 닦아야 할 단단한 법을 이룰 수 있다. 그런 보디쌑바가 모두 가서 나게 될 것이고,

열셋째, 두려움 없는 붇다(無畏佛) 나라에서는 790억이나 되는 큰 보디쌑바와 작은 보디쌑바 및 빅슈들이 헤아릴 수 없이 많은데, 모두 가서 나게 될 것이다.

마이뜨레야여, 위에서 말한 14개 붇다나라에서만 가서 나는 것이 아니라, 시방세계 헤아릴 수 없는 붇다나라에서도 기쁨나라에 가서 나는 이들이 앞에서 본 나라들과 같이 정말 수없이 많다. 내가 시방의 여러 붇다 이름과 그곳에 가서 나게 되는 보디쌑바 및 빅슈만 말하려 해도 밤낮 1깔빠가 걸려도 다할 수 없으므로, 지금 그대에게 줄여서 말하는 것이다.

IX. 마무리

1. 얻기 어려운 법, 가르침에 맞게 닦아라

붇다께서 마이뜨레야에게 말씀하셨다.

"그 붇다 이름을 듣고 기뻐서 뛰며 한 번만이라도 염하는 사람이 있으면, 이 사람은 큰 이익을 얻고 위없은 공덕을 다 갖춘다는 것을 알아야 한다.

마이뜨레야여, 그러므로 큰불이 3,000개 큰 천세계(千世界)를 다 덮어도, 반드시 그 불을 지나가 이 경의 가르침(經法)을 듣고, 기쁨과 믿음 속에 받아 지녀 읽고, 말씀대로 닦아야 한다. 왜냐하면 많은 보디쌑바가 이 경을 듣고 싶어도 들을 수 없기 때문이다. 만일 어떤 중생이 이 경을 듣게 되면 위없는 도(道)에서 끝까지 물러서지 않는 자리에 오르게 될 것이므로 반드시 온 마음을 기울여 믿고 받아들여, 지니고 외우고, 설하고, 행해야 한다."

"내가 이제 여러 중생들을 위하여 이 경의 가르침(經法)을 설하고 아미따바 붇다(無量壽佛)와 그 나라에 있는 모든 것을 보여주었으니, (그 나라 가기 위해) 꼭 해야 할 것을 모두 찾을 수 있을 것이다. 내가 니르바나에 든 뒤 다시 의혹을 가져서는 안 된다. 미래세상에 경(經)과 도(道)가 완전히 없어진다 해도, 나는 사랑하고 불쌍히 여기고 가엽게 여겨 특별히 이 경을 100년 동안 더 남아있게 할 터이니, 이 경을 만난 사람은 바라는 마음대로 모두 깨달음을 얻을 것이다."

붇다께서 마이뜨레야에게 말씀하셨다.

여래가 세상에 나오는 것은 만나기 어렵고 보기 어려우며, 여러 붇다의 경(經)과 도(道)는 얻기 어렵고 듣기 어려우며, 보디쌑바의 뛰어난 법과 여러 빠라미다(波羅蜜)를 듣는 것도 어려우며, 좋은 동무(善知識) 만나 가르침을 듣고 닦을 수 있는 것 또한 어려운 것이다. 만일 이 경을 듣고, 믿고 기뻐하며 받아 지니는 것은 어려운 일 가운데 어려운 일이라, 이보다 더 어려운 일은 없다. 그러므로 나는 법을 이렇게 마련하고, 이렇게 말하고, 이렇게 가르치니, 반드시 믿고 따라 가르침에 맞게 닦도록 하여라.

2. 이 가르침이 가져다준 깨달음과 기쁨

이때 세존께서 이 경의 가르침을 말씀하시자 헤아릴 수 없는 중생들이 모두 위없는 바른 깨달음을 얻겠다는 마음을 내었다. 1만 2천 나유따 사람들이 맑고 깨끗한 법눈(法眼)을 얻었고, 22억 여러 하늘나라 백성들이 안아가민(阿那含)을 얻었고, 80만 빅슈가 더할 나위 없는 곧바른 힘을 얻었고, 40억 보디쌑바가 물러나지 않는 자리를 얻고 넓은 다짐과 공덕으로 스스로를 꾸몄으니 미래 세상에 반드시 바른 깨달음을 얻게 되었다.

이때 3,000개 큰 천세계가 여섯 가지로 흔들렸고, 크고 밝은 빛이 시방세계를 두루 비추고, 백·천가지 음악이 스스로 울렸으며, 헤아릴 수 없이 많은 신기한 꽃들이 향기롭게 내렸다.

붇다께서 경을 다 설하시자, 마이뜨레야를 비롯한 시방에서 온 여러 보살들, 아난다 어른 같은 큰 제자들과 모든 대중이 붇다의 말씀을 듣고 기뻐하지 않은 이가 없었다.

『기쁨나라경(無量壽經)』 끝

새로 옮긴 『관무량수불경(佛說觀無量壽佛經)』

『기쁨나라(極樂) 보는 경』

송나라 서녘 삼장 깔라야삿(Kālayaśas, 畺良耶舍, 383~442) 옮김

I. 마가다 나라 왕궁의 슬픈 이야기와 기쁨나라(極樂)

1. 붇다 모임에 참석한 제자와 보디쌑바들

이렇게 나는 들었다.

한때 붇다께서 마가다 나라 서울 독수리봉에서 큰 빅슈쌍가(大比丘衆) 1,250명, 그리고 보디쌑바 3만 2천 명과 함께 계시었는데, 만주스리 보디쌑바가 으뜸 제자였다.

2. 가르침 인연: 아버지 임금과 어머니를 가둔 왕

이때 서울(王舍城) 임금님 사는 곳에 한 태자가 있었는데 이름이 아자따사뜨루(Ajātaśatru)였다. 데바닫따(Devadatta)라는 나쁜 벗의 꼬임에 빠져 아버지 임금 빔비싸라를 잡아 묶어 일곱 겹 담으로 둘러싼 깊은 방에 가두어 놓고, 모든 신하에게 명령하여 한 사람도 가까이 가지 못하게 하였다.

임금을 공경하는 그 나라 왕비 바이데히(Vaidehī)는 깨끗하게 몸을 씻고 요구르트에 꿀과 보릿가루를 타서 몸에 바르고, 목걸이 구슬 속에 포도즙을 담아 몰래 임금에게 올렸다. 이때 임금은 보릿가루를 먹고 즙을 마신 뒤 물을 찾아 입을 헹구었다. 입을 헹군 뒤 두 손을 모아 공경하는 마음으로 독수리봉을 향하여 붇다께 절을 올리며 이렇게 사뢰었다.

"마하-마운갈랴나(大目乾連)는 저의 벗입니다. 자비를 베푸시어 저에게 8가지 계(八戒)를 주시길 바랍니다."

그때 마 갈랴나가 마치 매나 새매처럼 날아 바로 임금이 있는 곳에 이르러, 날마다 임금에게 8가지 계를 주었다. 붇다는 또 부루나(富樓那) 존자를 보내 임금을 위해 가르침을 주도록 하였다. 이처럼 시간이 21일이나 지났으나 임금은 보릿가루와 꿀을 먹고 가르침을 들었기 때문에 얼굴빛이 평안하고 기쁨에 차 있었다.

그때 아자따사뚜르는 문지기에게 물었다

"아버지 임금은 아직 살아있느냐?"

문지기가 대답했다.

"대왕이시여, 나라의 큰 부인이 몸에 보릿가루와 꿀을 바르고 목걸이 구슬 속에 즙을 채워 와서 임금께 올렸고, 스라마나(沙門) 뿌르나가 공중에서 날아와 임금을 위해 가르침을 주어 막을 수가 없었습니다."

이 말을 들은 아자따사뚜르는 그 어머니에게 화를 내며, "나의 어머니는 적과 한 패거리가 되었으니 원수이고, 스라마나(沙門)는 주술로 남을 홀리게 하여 저 나쁜 임금을 오랫동안 죽지 않게 하였으니 나쁜 사람이다."라고 하면서 곧 칼을 뽑아 그의 어머니를 해치려 하였다.

그때 똑똑하고 슬기로운 달빛(月光)이란 신하가 지바까와 더불어 임금께 절하며 말했다.

"대왕이시여, 신이 베다 경전에 '하늘과 땅이 열린 때부터 오늘날까지 여러 나쁜 임금들이 나라 자리를 빼앗기 위해 아버지를 죽인 이가 1만 8천 명이다.'라고 들었지만, 아직 도리를 어겨 막되게 어머니를 죽였다는 것을 들어본 적이 없습니다. 임금께서 지금 어머니를 죽이는 일은 끄샤뜨리아를 더럽히는 것으로, 저희는 듣고 나서 참을 수가 없습니다. 이런 것은 짠달라들이나 하는 짓이므로 우리들은 더 이상 이곳에 남아있을 수 없습니다."

두 대신은 이 말을 마치자, 손을 칼에 대고 뒤로 물러섰다. 그러자 아자따사뚜르는 매우 놀라 두려워하며 지바까에게 말했다.

"그대는 나를 위하지 않는가?"

지바까가 말했다.

"대왕이여, 삼가 어머니를 죽이지 마십시오."

임금이 이 말을 듣고 뉘우치며, 바로 칼을 버리고 도움을 청하면서 어머니 해치는 것을 그만두고 내관에게 명령을 내렸다.

"깊은 궁에 가두어 두고 다시는 나오지 못하게 하여라."

3. 기쁨나라(極樂), 괴로움을 벗어나는 길

그때 바이데히(Vaidehī)는 깊은 곳에 갇혀 시름과 근심으로 몹시 힘들고 파리하였다. 멀리 독수리봉을 바라보며 붇다께 절을 올리고 이렇게 말했다.

"붇다께서는 옛날 늘 아난다를 보내 괴로움을 풀어주셨습니다. 제가 이제 시름과 근심에 빠져 있는데 붇다를 뵐 수조차 없습니다. 마운갈랴나 또는 아난다 존자를 보내 제가 뵐 수 있게 해 주시길 바랍니다."

말을 마치고 슬픔 때문에 비 오듯 눈물을 흘리며 멀리 붇다께 절을 올렸다.

그때 바이데히가 미처 머리를 들기도 전에 당시 독수리봉에 계시던 붇다께서 바이데히가 마음으로 바라는 바를 아시고, 바로 마하-마 갈랴나와 아난다에게 공중으로 날아가게 하고, 붇다께서도 독수리봉에서 사라져 바로 임금님 궁전에 나타나셨다.

그때 바이데히가 절을 마치고 머리를 들자, 사꺄무니 붇다께서 몸에 금빛을 내며 수많은 보석으로 꾸며진 연꽃에 앉아 계신 것이 보였다. 마 갈랴나가 왼쪽에서 아난다가 오른쪽에서 모시고, 서른셋하늘 임금(帝釋天)과 브랗마 임금(梵天)을 비롯하여 세상을 보살피는 여러 하늘신이 허공에서 하늘 꽃을 비처럼 두루 뿌리며 이바지하고 있었다.

그때 바이데히는 붇다를 보고 스스로 목걸이를 끊어 버리고 몸을 들어 땅에 던지며 울면서 붇다께 사뢰었다.

"붇다여, 저는 전생에 무슨 죄가 있어 이처럼 나쁜 아들을 낳았으며, 붇다께서는 또 무슨 인연으로 데바닫따와 함께 피붙이가 되었습니까? 붇다께서는 저를 위하여 근심과 걱정이 없는 곳을 널리 말해주시면 꼭 그곳에 가서 나고 싶지 이 더러움으로 물든 잠부대륙이 싫습니다. 더러움으로 물든 이 세상은 지옥, 배고픈 귀신, 짐승으로 가득 차 있고, 착하지 않은 무리가 많습니다. 저는 앞으로 나쁜 소리를 듣지 않고 나쁜 사람을 보지 않길 바랍니다. 이제 붇다께 온몸으로 절하고 뉘우치면서 애처롭게 구하니, 해 같은 붇다께서 저에게 업이 맑고 깨끗한 곳을 볼 수 있도록 가르쳐 주시길 바랄 뿐입니다."

그때 붇다께서는 두 눈썹 사이에서 황금빛을 내니, 그 빛이 시방의 헤아릴 수 없는 세계를 두루 비추고 다시 붇다의 정수리에 머물며, 금 자리로 바뀌어 쑤메루산처럼 되었는데 시방 여러 붇다의 맑고 뛰어난 나라들이 모두 그 안에 나타났다. 어떤 나라 땅은 7가지 보석으로 이루어져 있고, 어떤 나라는 모두 연꽃으로만 이루어졌고, 어떤 나라는 남의 기쁨을 나의 기쁨으로 여기는 하늘(自在天) 궁전 같고, 어떤 나라는 파리(頗梨) 거울 같았는데, 이처럼 시방 여러 붇다 나라가 모두 그 안에 나타나게 하여, 바이데히가 보도록 하였다.

그때 바이데히가 붇다께 사뢰었다. "붇다이시여, 모든 나라들이 맑고 깨끗하며 밝은 빛이 있지만, 저는 이제 기쁨나라(極樂) 아미따바 붇다 계시는 곳에 가서 나고 싶습니다. 저에게 오직 깊이 생각하는 법과 바르게 닦는 법을 가르쳐주시길 바랍니다." 이때 붇다가 바로 소리 없이 빙긋이 웃으시자, 입에서 5가지 빛깔의 빛이 나와 하나하나 빛이 빔비싸라 임금 정수리를 비추었다.

이때 임금은 깊은 곳에 갇혀 있었지만 마음의 눈은 걸림이 없어 멀리서 붇다를 뵈옵고 머리와 얼굴을 땅에 대고 절을 올리니, 저절로 경계가 올라가 안아가민(anāgāmin, 阿那含)을 이루었다.

그때 붇다가 바이데히에게 말씀하셨다.

"그대는 지금 아는가, 모르는가? 아미따바 붇다나라 가는 길이 멀지 않다는 것을! 그대는 생각을 이어서 그 나라를 꼼꼼하게 보아야(諦觀)만 맑은 업(淨業)을 이룰 수 있다. 내가 이제 그대를 위해 여러 가지 깨우치는 법을 널리 말하고, 아울러, 앞으로 올 세상에서 맑은 업을 닦으려는 모든 깨닫지 못한 사람들이 서녘(西方) 기쁨나라(極樂國土)에 나도록 하겠다.

그 나라에 나고자 하면 3가지 복을 닦아야 하니, 첫째, 어버이에게 효도하고 잘 모셔야 하고, 스승과 어른을 받들어 섬겨야 하고, 사랑하는 마음으로 산 것을 죽여서는 안 되고, 10가지 좋은 업을 닦아야 한다. 둘째, 붇다(佛), 가르침(法), 쌍가(僧伽)에 귀의하고 여러 계를 다 갖추어 제대로 지키면서 어긋나서는 안 된다. 셋째, 깨닫겠다는 마음을 내고 씨-열매법(因果)을 깊이 믿고, 큰 탈것(大乘)

경전을 읽고 외우며, 다른 수행자들에게 권하여 앞으로 나아가게 해야 한다. 이와 같은 3가지 일을 맑은 업(淨業)이라고 한다."

붇다께서 아난다와 바이데히에게 말씀하셨다.

"꼼꼼하고 찬찬히 들어라, 그리고 잘 생각하고 새겨야 한다. 붇다는 이제 앞으로 올 세상의 모든 중생을 위해, 번뇌라는 도둑에게 해를 입은 중생을 위해 맑고 깨끗한 업을 이야기하겠다. 바이데히여, 이것을 속 시원하게 물어본 것은 참 훌륭하다. 아난다여, 그대도 받아 지녀 널리 많은 중생을 위해 붇다의 가르침을 알리고 이야기해야 한다. 붇다는 이제 바이데히와 미래의 모든 중생을 위해 서녘 기쁨나라에 관하여 가르치는 것이다. 이는 붇다의 힘이기 때문에 그 맑고 깨끗한 나라를 밝은 거울을 가지고 스스로 얼굴 생김새를 보는 것처럼 볼 수 있고, 그 나라의 더없이 묘하고 즐거운 일을 보면 마음이 기쁨에 넘치기 때문에 바로 나고 죽음을 여읜 경계를 얻게 된다."

"그대는 아직 깨닫지 못해 마음속 생각이 여리고 얕으며, 아직 하늘 눈을 얻지 못해 멀리 볼 수 없지만, 모든 붇다는 다른 방편이 있어 그대가 볼 수 있게 할 것이다."

그때 바이데히가 붇다께 사뢰었다.

"붇다여, 저 같은 사람은 붇다의 힘으로 그 나라를 볼 수 있지만, 붇다께서 돌아가신 뒤 모든 중생은 더러움으로 물들고, 좋은 일을 하지 않아 5가지 괴로움에 시달릴 터인데 어떻게 해야 아미따바 붇다의 기쁨나라를 볼 수 있겠습니까?"

Ⅱ. 생각하고 보아(想觀) 기쁨나라(極樂) 가는 길

1. 기쁨나라 해를 생각하고 본다(日想觀)

붇다께서 바이데히에게 말씀하셨다.

"그대와 중생들은 마땅히 마음을 기울여 마음을 한곳에 두고 서녘 (기쁨나라를) 생각해야 한다. 어떻게 생각하는가? 모든 중생은 태어날 때부터 소경이 아니고 눈이 있는 사람은 모두 해지는 것을 보았을 것이니, 반드시 머릿속에 생각을 일으켜 서쪽을 바라보고 바로 앉아 그 해를 또렷하게 보아야 한다. 마음을 단단히 머물게 하여 올곧은 생각이 떠나지 않도록, 해가 지는 것을 마치 북이 매달린 것처럼 보아야 한다. 해를 보고 나서도 눈을 감거나 눈을 뜨거나 늘 뚜렷해야 한다. 이것이 해를 생각하는 것이고, 첫째 보는 것이라고 한다. 이렇게 보는 것을 바로 보는 것이라 하고, 달리 보는 것은 삿되게 보는 것이라고 한다."

2. 기쁨나라 물을 생각하고 본다(水想觀)

붇다께서 바이데히에게 말씀하셨다.

"첫째 관이 이루어졌으면, 다음에는 물을 생각한다. 서녘(기쁨나라)이 모두 크넓은 물이라고 생각하는데, 물이 맑아 속까지 비치는 것을 보고, 그것을 뚜렷하게 하여 생각이 흩어지지 않게 한다. 물을 본 뒤 얼음을 생각한다. 얼음이 환히 비침을 보고 유리를 생각한다.

이 생각이 이루어지면 유리로 된 땅 안팎이 환히 비침을 본다. 아래는 단단한 7가지 보석으로 된 금 깃발이 떠받치고, 그 깃발은 8모가 뚜렷하게 갖추어져 있다. 각 모는 100가지 보석으로 이루어져 있으며, 보석 구슬 하나하나에 1,000가닥 밝은 빛이 나오고, 빛 한 가닥이 8만 4천 가지 빛깔로 유리땅을 비추는데, 천억 개의 해와 같아 다 볼 수가 없다.

유리땅 위는 황금 줄을 놓아서, 틈과 가장자리를 나누었는데, 7가지 보석으로 가지런하고 뚜렷하게 경계를 만들었다. 보석 하나하나에 500가지 빛깔이 나오고. 그 빛은 꽃처럼, 별·달처럼 공중에 걸려 있어 밝은 빛 대(光明臺)를 만든다. (그 위에 있는) 천만 개의 다락집은 100가지 보석을 맞추어 만들고, 그 자리 양쪽에는 각각 100개의 꽃 깃발과 헤아릴 수 없이 많은 악기로 꾸며져 있다. 8가지 맑은 바램이 밝은 빛을 따라 나와 이 악기를 울리며 괴로움(苦)·공(空)·덧없음(無常)·나없음(無我) 같은 가르침을 이야기한다.

이것이 물을 생각하는 것이고, 둘째 보는 것이라 한다. 이렇게 살펴볼 때 하나하나를 더할 나위 없이 맑고 밝게 보아야 하고, 눈을 감으나 눈을 뜨나 흩어 없어지지 않게 해야 하고, 밥 먹을 때만 빼고 늘 끊임없이 이것을 생각해야 한다. 이렇게 보는 것을 바로 보는 것이라 하고, 달리 보는 것을 삿되게 보는 것이라고 한다."

3. 기쁨나라 땅을 생각하고 본다(地想觀)

붇다께서 바이데히에게 말씀하셨다.

"물을 생각하는 것이 이루어지면, 기쁨나라 땅에 관한 줄거리는 보았다고 할 수 있다. 만약 싸마디를 얻어 그 나라 땅을 보면 또렷하고 틀림없지만, 모두 다 이야기할 수는 없다. 이것이 땅을 생각하는 것이고, 셋째 보는 것이라고 부른다."

붇다께서 아난다에게 알리셨다.

"그대는 붇다 말씀을 지니고 있다가 오는 세상의 모든 대중 가운데 괴로움을 벗어나고자 하는 이를 위해 이 땅을 보는 법을 일러주어라. 만일 이 땅을 보는 사람은 80억 깔빠 나고 죽는 죄를 없애 버리고, 몸을 버리고 세상을 뜨면 반드시 맑은나라(淨土)에 가서 나고, 마음은 걸림이 없어질 것이다. 이렇게 보는 것을 바로 보는 것이라 하고, 달리 보는 것은 삿되게 보는 것이라 부른다."

4. 기쁨나라 나무를 생각하고 본다(樹想觀)

붇다께서 아난다와 바이데히에게 말씀하셨다.

"땅을 생각하는 것이 이루어지면 다음은 보석 나무를 보아라. 보석 나무를 볼 때는 하나하나 보되, 7겹으로 늘어선 나무를 생각해야 한다. 나무 하나하나의 높이가 8,000 요자나이고, 모든 보석

나무는 7가지 보석으로 된 꽃잎을 갖추지 않는 것이 없다. 이파리마다 다른 보석 빛깔을 내니, 유리 빛깔 속에서 금빛이 나오고, 파리 빛깔 속에서 붉은빛이 나오고, 마노 빛깔 속에서 차거 빛이 나오고, 차거 빛깔 속에서 초록 구슬 빛이 나오고, 산호와 호박 같은 여러 보석이 빛을 비추어 꾸미고 있다.

기묘한 구슬 그물이 나무 위를 덮고 있는데, 나무 하나하나에 7겹 그물이 덮여 있고 그물과 그물 사이에 500억 기묘한 꽃으로 꾸민 궁전이 있어 마치 하늘나라 왕궁 같다. 여러 하늘 아이가 저절로 그 안에 있고, 아이마다 500억 개 사끄라-마니보석으로 만든 목걸이를 하고 있다. 그 마니구슬의 빛은 100 요자나를 비추는데 해와 달 100억 개를 합쳐놓은 것과 같아 제대로 된 이름을 붙일 수가 없고, 여러 가지 보석이 섞여 있는 사이에서 나는 빛 가운데 가장 으뜸이다.

이처럼 여러 보석 나무가 줄줄이 서 있고 잎들이 이어져 있는데, 많은 잎 사이 사이에 갖가지 기묘한 꽃들이 피어있고, 꽃 위에는 저절로 열린 7가지 보석 열매가 열려 있다. 나뭇잎 하나의 가로세로 너비가 모두 25 요자나이고, 1,000가지 색으로 100가지 그림이 그려져 있어 마치 하늘나라 목걸이(瓔珞) 같다. 수많은 기묘한 꽃들이 잠부나다 금빛을 내며 불바퀴(旋火輪)처럼 잎과 잎 사이를 돌면 갖가지 열매가 솟아나 마치 하느님(帝釋天) 병(甁) 같다. 크고 밝은 빛이 있어 깃발로 바뀌어 헤아릴 수 없는 보석 덮개가 되는데, 그 보석 덮개 속에 3천 개 큰 천세계(千世界)에서 일어나는 모든 붇다의 일이 비춰 나타나고 시방의 붇다나라도 그 속에 나타난다.

이 나무를 보고 나면 반드시 차례대로 하나하나 보아야 하니, 나무의 줄기·가지와 잎·꽃과 열매를 모두 또렷하게 보아야 한다.

이것이 나무를 생각하는 것이고, 넷째 보는 것이라 부른다. 이렇게 보는 것은 바로 보는 것이라 하고, 다른 관은 삿되게 보는 것이라 부른다."

5. 기쁨나라 연못을 생각하고 본다(池想觀)

붇다께서 바이데히에게 말씀하셨다.

"나무를 생각하는 것이 이루어지면, 다음에는 연못을 생각해야 한다. 연못을 생각할 때 기쁨나라에는 8개 연못물이 있고, 연못물 하나하나가 7가지 보석으로 되어 있다고 생각한다. 그 보석은 부드럽고 여의주 왕으로부터 생겨나 14갈래로 나뉘는데, 갈래마다 7가지 보석 빛깔이 난다. 도랑은 황금으로 되어 있고, 도랑 아래는 모두 갖가지 빛깔의 다이아몬드로 만든 모래가 깔려 있다. 하나하나 물속에는 7가지 보석으로 된 연꽃 60억 송이가 있고, 연꽃 하나하나는 둥글고 크기는 모두 12요자나이다. 마니보석에서 나온 물이 연꽃 사이에서 나무를 따라 위아래로 흐르면서 내는 미묘한 소리가 괴로움(苦)·공(空)·덧없음(無常)·나없음(無我)·여러 빠라미따(pāramitā, 波羅蜜)를 연설하고, 여러 붇다의 빼어난 생김새를 일컬어 기린다.

여의주왕으로부터 미묘하고 밝은 금빛이 튀어나오는데, 그 빛이

100가지 보석 빛을 가진 새가 되어 평화롭고 간절하고 우아하게 울면서 늘 붇다(佛)를 새기고, 가르침(法)을 새기고, 쌍가(僧)를 새기는 것을 기린다. 이것이 8가지 공덕의 물을 생각하는 것이고, 다섯째 보는 것이라 부른다. 이렇게 보는 것이 바로 보는 것이고, 달리 보는 것은 삿되게 보는 것이라고 한다."

6. 기쁨나라 다락집을 생각하고 본다(樓想觀)

붇다께서 바이데히에게 말씀하셨다.

"여러 보석나라 경계 하나하나에 500억 개의 보석으로 된 다락집이 있는데, 그 다락집 안에 헤아릴 수 없이 많은 하늘 사람이 하늘 음악을 연주하고 있다. 또 악기들이 허공에 걸려 있어 마치 하늘나라 보석 깃발처럼 두드리지 않아도 저절로 울린다. 그 소리들은 모두 붇다를 새기고, 가르침을 새기고, 빅슈쌍가(比丘僧伽)를 새기는 것에 내해 설하시는 것이다. 이 생각이 이루어지면 기쁨나라 보석 나무, 보석 땅, 보석 못에 대한 큰 줄거리는 본 것으로, 생각을 모두 묶어서 본 것이고, 여섯째 보는 것이라 부른다.

만약 이것을 본 사람은 헤아릴 수 없이 많은 억 깔빠의 더할 나위 없이 무거운 업을 지었어도 목숨이 끝나면 반드시 그 나라에 나게 된다. 이렇게 보면 바로 보는 것이고 달리 보면 삿되게 보는 것이라 부른다."

7. 기쁨나라 꽃자리(花座)를 생각하고 본다(花座想觀)

붇다께서 아난다와 바이데히에게 말씀하셨다.

"잘 듣고 잘 생각하여 마음에 새겨야 한다. 내가 여러분을 위해 괴로움과 번뇌를 없애고 벗어나는 법을 헤아려 알도록 할 것이니 여러분은 마음속에 잘 간직했다가 널리 대중을 위해 풀어서 알려 주도록 하여라."

이 말씀을 하실 때 아미따바 붇다가 공중에 서서 머무시고, 소리 보는 보디쌑바(觀世音菩薩)와 큰 힘 이룬 보디쌑바(大勢至菩薩)가 왼쪽과 오른쪽에서 모시고 계셨는데, 밝은 빛이 눈부시게 빛나 바라볼 수가 없었으니, 백·천 가지 잠부나다금색도 이와 견줄 수 없다.

그때 아미따바 붇다를 뵌 바이데히가 발에 머리를 대고 절을 올리며 붇다께 사뢰었다.

"붇다시여, 저는 이제 붇다의 힘 때문에 아미따바 붇다와 두 보디쌑바를 뵐 수 있지만 앞으로 올 세상의 중생들은 어떻게 해야 아미따바 붇다와 두 보디쌑바를 뵐 수 있겠습니까?"

붇다께서 바이데히에게 말씀하셨다.

"그 붇다를 보고자 하는 사람은 반드시 생각을 일으켜 7가지 보석으로 된 땅 위에 핀 연꽃을 이렇게 생각해야 한다. 그 연꽃잎 하나하나가 100가지 보석 빛깔을 내고, 8만 4천 잎맥이 있어 마치 하늘나라 그림 같다. 잎맥 하나하나에서 8만 4천 줄기 빛이 나오는데, 또렷하여 누구나 볼 수 있게 한다. 꽃잎은 작은 것도 가로세로 250요자나인데, 이런 연꽃에 8만 4천 개의 큰 잎이 달려있고, 잎 하나하나의 사이에 100억 개의 마니왕구슬로 덮어 꾸민다. 마니구슬 하나하나는 1천 가닥 밝은 빛을 내서 그 빛이 7가지 보석을 합해 만든 덮개처럼 땅 위를 두루 덮는다. 사끄라비-라그나-마니 보석으로 대(臺)를 만든다. 이 연꽃대(蓮花臺)는 8만 개의 다이아몬드·낌수까보석·브랗마마니보석(梵摩尼寶), 기묘한 구슬로 만들어진 그물을 덮어 꾸민다. 그 연꽃대 위에는 저절로 4개의 기둥과 보석 깃발이 서고, 보석 깃발 하나하나에는 백·천·만·억 쑤메루산 같고, 깃발 위에 맨 보석 비단은 야마하늘궁전 같고, 다시 100억 마니구슬왕으로 덮어 꾸민다. 보석구슬 하나하나에는 8만 4천 가닥의 빛이 나고, 빛 하나하나는 8만 4천 가지 다른 금빛이 나고, 금빛 하나하나가 그 보석 땅을 두루 비추면 곳곳이 바뀌는데 그 모습이 모두 다르다. 어떤 것은 다이아몬드 대(金剛臺)가 되고, 어떤 것은 구슬 그물이 되고, 어떤 것은 온갖 꽃으로 된 구름이 되어 각 방면에서 뜻에 따라 바뀌어 나타나서 붇다가 하시는 일을 베푼다.

이것이 꽃자리를 생각하는 것이고, 일곱째 보는 것(觀)이라 부른다."

붇다께서 아난다에게 말씀하셨다.

"이같은 별난 꽃은 본디 공덕샘(法藏) 빅슈가 바랬던 힘으로 이루어진 것이므로, 만약 그 붇다를 염(念)하는 사람은 반드시 먼저 이 기묘한 꽃자리를 생각해야 한다. 이 꽃자리를 생각할 때는 섞은

관을 하지 말고 모두 잎 하나하나, 빛 하나하나, 대(臺) 하나하나, 깃발 하나하나를 모두 또렷하게 관하여 마치 거울 속에서 스스로 자기 얼굴 모습을 보듯이 해야 한다.

이 생각이 이루어지면, 500억 깔빠 동안 나고 죽는 죄를 없애고 반드시 기쁨나라에 가서 나게 된다. 이렇게 보는 것이 바르게 보는 것이고, 달리 보는 것은 삿되게 보는 것이라고 한다.

8. 기쁨나라 붇다 모습을 생각하고 본다(佛像想觀)

붇다께서 아난다와 바이데히에게 말씀하셨다.

"이 일을 보았으면 다음은 붇다를 생각해야 한다. 왜냐하면 모든 붇다·여래는 법계의 몸이고, 모든 중생의 마음과 생각에 두루 들어있기 때문이다. 그러므로 여러분 마음에서 붇다를 생각할 때 이 마음이 바로 (붇다의) 32가지 생김새(三十二相)이고 80가지 품위(八十隨形好)이다. 이 마음이 붇다를 만들고, 이 마음이 바로 붇다이다. 모든 붇다의 바르고 빈틈없는 깨달음이란 바다(正遍知海)도 마음을 따라 생각이 일어난 것이므로 반드시 한마음으로 생각(念)을 이어가 그 붇다·따타가따·아르한·싸먁쌈붇다를 또렷하게 보아야 한다. 그 붇다를 생각하는 사람은 반드시 먼저 상(像)을 생각해야 한다. 눈을 감거나 눈을 뜨거나, 하나의 보석 상이 잠부나다 금빛처럼 꽃 위에 앉아 있는 것을 본다.

붇다 상이 이미 앉았으면, 마음의 눈이 열려 기쁨나라의 7가지 보석으로 꾸며진 보석 땅, 보석 못, 줄 서 있는 보석 나무, 여러 하늘 보석 비단이 그 나무를 덮고 있고, 갖가지 보석 그물이 허공에 가득한 것을 똑똑하고 또렷하게 본다.

이 일을 마치 손바닥 안을 보는 것처럼 더할 나위 없이 또렷하게 본다. 이 일을 보고 나면, 다시 붇다의 왼쪽에 큰 연꽃을 하나 만들고 오른쪽에 큰 연꽃을 하나 만드는데, 앞에서 본 연꽃들과 다름이 없다. 그리고 소리 보는 보디쌑바(觀音菩薩) 상이 왼쪽 꽃자리에 앉고, 큰 힘 이룬 보디쌑바(大勢至菩薩)가 오른쪽 꽃 자리에 앉아 있는 상을 생각하는데, 황금빛을 내는 것은 앞에서 본 바와 같다.

이 생각을 이루고 나면, 붇다와 보디쌑바 상이 모두 기묘한 빛을 내는데, 그 황금빛이 보석나무를 비추면, 나무 하나하나 밑에 3송이 연꽃이 있고, 여러 연꽃 위에는 각각 한 붇다와 두 보디쌑바가 있어 그 나라를 두루 가득 채운다.

이 생각이 이루어질 때 닦는 사람은 물 흐르는 소리, 밝은 빛과 여러 보석 나무, 기러기와 원앙들이 모두 말하는 미묘한 가르침을 들어야 한다. 싸마디에서 나올 때나 싸마디에 들어갈 때 늘 그 미묘한 가르침을 들을 것이니 닦는 사람은 싸마디에서 나올 때 잊지 말고 마음에 새겨 쑤뜨라(Sūtra, 修多羅)와 맞추어 보아야 한다. 만일 쑤뜨라와 맞지 않으면 헛된 생각이고, 쑤뜨라와 맞으면 어렴풋이 기쁨나라를 생각하고 보았다고 부른다. 이것이 상(像)을 생각하는 것이고, 여덟째 보는 것이라 부른다. 이렇게 보는 사람은 헤아릴 수 없는 억 깔빠의 나고 죽는 죄를 없애고 살아있는 몸으로 염불싸마디를 얻는다. 이렇게 보는 것을 바로 보는 것이라 부르고, 달리 보는 것은 삿되게 보는 것이라 부른다.

9. 기쁨나라 아미따바 붇다를 생각하고 본다(無量壽佛相觀)

붇다께서 아난다와 바이데히에게 말씀하셨다.

"그 생각이 이루어지면, 다음에는 아미따바 붇다 몸의 생김새(相)와 밝은 빛을 보아야 한다. 아난다여, 잘 알아 두어야 한다. 아미따바 붇다의 몸은 백·천·만·억 개의 야마하늘(夜摩天) 잠부나다 황금빛이 난다. 붇다의 키는 60만·억 나유따 강가강 모래처럼 많은 요자나이다. 눈썹 사이에 난 흰 터럭(白毫)은 오른쪽으로 도는 것이 쑤메루산 5개와 같고, 붇다 눈은 4개의 큰 바닷물처럼 맑고 깨끗하며, 파랗고 하얀 부분이 뚜렷하다. 몸에 난 모든 털구멍에서 나는 밝은 빛은 쑤메루산과 같고, 그 붇다가 몸 뒤로 둥글게 내비치는 빛(圓光)은 100억 3천 개의 큰 천세계(千世界)만 하고, 그 둥근 빛 속에는 100억 나유따 강가강 모래 수만큼 많은 바꾼 몸(化身)이 있고, 그 바꾼 몸 하나하나에는 또 수없이 많은 바꾼 몸 보디쌑바들이 곁에서 모시고 있다. 아미따바 붇다는 8만 4천 가지 생김새(相)를 가지고 있고, 생김새 하나하나 가운데는 각각 8만 4천 가지 품위(好)가 있으며, 품위 하나하나에는 또 8만 4천 가닥 밝은 빛이 나며, 밝은 빛 하나하나는 시방세계를 두루 비치며 염불하는 중생을 받아들이고 버리지 않는다. 그 빛·생김새·품위·바꾼 몸은 말로 다 할 수가 없으니, 모습을 생각해 내고 마음을 밝혀 보도록 해야 한다.

이 일을 본 사람은 바로 시방의 모든 붇다를 보게 되고, 모든 붇다를 보기 때문에 염불싸마디(念佛三昧)라고 부른다. 이렇게 보는 것을 '모든 붇다 몸을 보는 것'이라 부르고, 붇다 몸을 보는 것은 또한 붇다 마음을 보는 것이다. 붇다 마음은 큰 사랑과 불쌍히 여김이니 조건 없는 사랑으로 모든 중생을 살피어 지키신다. 이렇게 보는 사람이 몸을 버리고 저세상에 가면, 여러 붇다 앞에 가서 나고 죽음을 여읜 경계(無生法忍)를 얻는다.

그러므로 슬기로운 사람은 반드시 마음을 이어 아미따바 붇다를 또렷이 보아야 한다. 아미따바 붇다를 보는 사람은 하나의 생김새(相)와 품위(好)부터 들어가야 하는데, 눈썹 사이의 흰 터럭은 더할 나위 없이 또렷해야 한다. 눈썹 사이 흰 터럭 생김새를 본 사람은 8만 4천 생김새와 품위를 저절로 보게 된다. 아미따바 붇다를 보면 바로 시방의 헤아릴 수 없는 붇다를 보는 것이고, 헤아릴 수 없이 많은 붇다를 보게 되면 눈앞에서 여러 붇다들의 수기를 받게 된다.

이것이 모든 몸의 생김새를 두루 보는 것이고, 아홉째 보는 것이라고 부른다. 이렇게 보는 것을 바로 보는 것이라 부르고, 달리 보는 것을 삿되게 보는 것이라고 한다."

10. 기쁨나라 소리 보는 보디쌑바 모습을 본다(觀世音菩薩相觀)

붇다께서 아난다와 바이데히에게 말씀하셨다.

"아미따바 붇다를 똑똑하고 또렷하게 보았으면 다음은 소리 보는 보디쌑바(觀世音菩薩)를 보아야 한다. 이 보디쌑바는 키가 80억 나유따 강가강 모래 같은 수의 요자나이고, 몸이 잠부나다금 빛깔이고, 정수리에 살 상투(肉髻)가 있고, 목에 둥근 빛이 나는데, 가로세로 바닥 너비가 각각 백·천 요자나이다. 그 둥근 빛 속에 500분의 몸 바꾼(化身) 붇다가 있는 것이 사꺄무니와 같다. 몸 바꾼 붇다 한분 한분에 500 보디쌑바가 있고 헤아릴 수 없는 하늘사람이 모시고 있다. 몸에서 나는 빛 가운데 5가지 길에 사는 중생의 모습(色相) 모두가 나타난다.

머리 위에 사끄라비-라그나-마니 보석으로 된 하늘관을 쓰고 있고, 그 하늘 관 속에 몸 바꾼 붇다 한 분이 서 있는데 높이가 25요자나이다. 소리 보는 보디쌑바의 얼굴은 잠부나다 금색이고, 눈썹 사이 터럭은 7가지 색을 갖추어 8만 4천 가지 밝은 빛을 낸다. 밝은 빛 하나하나에 헤아릴 수 없이 수많은 백·천 몸 바꾼 붇다가 있고, 몸 바꾼 붇다 하나하나에는 수없는 몸 바꾼 보디쌑바들이 모시고 있는데, 이렇게 바뀌어 시방세계에 마음대로 나타난다. 팔은 붉은 연꽃 빛깔이고 80억 미묘한 빛을 띤 목걸이가 있고, 그 목걸이 속에는 모든 갖가지 장엄한 일들이 다 나타난다. 손바닥은 500억 갖가지 연꽃 빛깔을 띠고 있는데, 손에 있는 열 손가락 끝마다 8만 4천 가지 그림이 그려져 있어 마치 도장 찍은 무늬 같다. 그림

하나하나에 8만 4천 빛깔이 나고, 빛깔 하나하나에 8만 4천 빛이 나며, 그 빛이 부드럽게 모든 것을 두루 비추는데, 이 보석 손으로 중생을 맞아들인다. 발을 들 때는 발바닥에 바퀴살이 1,000개인 바퀴 모습이 있는데, 저절로 바뀌어 500억 밝은빛 대(光明臺)가 되고, 발을 내릴 때는 다이아몬드·마니 꽃이 흩어져 두루 차지 않는 곳이 없다. 그 나머지 몸 생김새와 모든 품위는 붇다와 다름이 없으나 다만 머리 위 살 상투와 정수리 생김새를 볼 수 없다는 것은 붇다에 미치지 못한다.

이것이 '소리 보는 보디쌑바(觀世音菩薩)의 몸 생김새를 보는 것이고, 열째 보는 것이라 부른다."

붇다께서 아난다에게 말씀하셨다.

"소리 보는 보디쌑바를 보고자 하면 반드시 이렇게 보아야 한다. 이렇게 보는 사람은 갖가지 불행한 일을 당하지 않으며, 업장을 맑혀 없애고, 수없는 깔빠의 나고 죽는 죄를 없앤다. 이 보디쌑바처럼 그 이름을 듣는 것만으로 헤아릴 수 없는 복을 얻는데, 하물며 또렷하게 보면 어찌 되겠느냐! 소리 보는 보디쌑바를 보는 사람은 반드시 먼저 머리 위 살 상투를 관하고 다음에 하늘관을 보아야 한다. 그 나머지 여러 생김새도 차례로 봐서 모두 손안에 들어있는 것처럼 또렷하게 보아야 한다. 이렇게 보는 것을 바로 보는 것이라 하고, 달리 보는 것은 삿되게 보는 것이라 부른다."

11. 기쁨나라 큰 힘 이룬 보디쌑바 모습을 본다(大勢至菩薩相觀)

붇다께서 아난다와 바이데히에게 말씀하셨다.

“다음에는 큰 힘 이룬 보디쌑바(大勢至菩薩)를 본다. 이 보디쌑바의 몸 크기는 소리 보는 보디쌑바와 같다. 둥근 빛의 너비는 각각 225요자나이고 250요자나를 비춘다. 몸에서 난 밝은 빛이 시방의 나라를 비추며 잠부나다 금빛을 내는데, 인연 있는 중생은 모두 볼 수 있다. 이 보디쌑바의 털구멍 하나에서 나오는 빛만 보아도 헤아릴 수 없이 많은 여러 붇다의 맑고 묘한 밝은 빛을 보는 것이므로 이 보디쌑바 이름을 ’가없는 빛(無邊光)‘이라 부른다. 슬기 빛으로 모든 것을 두루 비추어 3가지 진구렁(三塗)을 벗어나 위없는 힘을 얻게 하므로 큰 힘 이룬 보디쌑바(大勢至菩薩)라고 부른다.

이 보디쌑바가 쓴 하늘관에는 500송이 연꽃이 있고, 보석 꽃 한 송이 한 송이에 500개의 보석 대가 있다. 대 하나하나 속에는 시방 모든 여러 붇다의 맑고 묘한 나라의 넓고 긴 모습이 다 나타나 있다. 정수리 위에 있는 살 상투는 빧마꽃(鉢頭摩華)처럼 생겼고, 살 상투 위에 보석 병 하나가 갖가지 밝은 빛을 담고 있어 붇다가 하시는 일을 두루 비춘다. 나머지 여러 몸의 생김새는 소리 보는 보디쌑바와 다름이 없다.

이 보디쌑바가 다닐 때는 시방세계가 모두 한꺼번에 흔들려 움직이는데, 땅이 움직이는 곳에는 모두 500억 송이 보석 꽃이 핀다. 보석 꽃 하나하나의 장엄함이 높이 드러나 마치 기쁨나라(極樂) 같다. 이 보디쌑바가 앉을 때는 7가지 보석으로 된 나라가 한꺼번에 흔들려 움직이는데, 아래쪽 다이아몬드 붇다나라(金光佛刹)에서 위쪽 밝은 빛 왕 나라(光明王刹)까지 그 사이에 있는 헤아릴 수 없이 많은 몸 나눈(分身) 아미따바 붇다·소리 보는 보디쌑바·큰 힘 이룬 보디쌑바가 모두 기쁨나라에 구름처럼 모여, 공중을 가득 메운 연꽃자리에 앉아 미묘한 가르침을 주어 괴로움에 빠진 중생을 (기쁨나라로) 이끈다.

이렇게 보는 것을 큰 힘 이룬 보디쌑바를 보는 것이라 부르고, 이렇게 큰 힘 이룬 몸(보디쌑바)의 생김새를 보는 것이다. 이 보디쌑바를 보는 것을 열한째 보는 것이라고 하며, 수없는 깔빠·수없이(阿僧祇) 나고 죽는 죄를 없앤다. 이 관을 하는 사람은 아이 배는 태에 들어가지 않고, 여러 붇다의 맑고 묘한 나라에서 노닐게 된다.

이 관이 이루어지면 소리 보는 보디쌑바(觀音菩薩) 및 큰 힘 이룬 보디쌑바(大勢至菩薩) 보는 관을 모두 갖추었다고 보며, 이렇게 보는 것을 바로 보는 것이라 부르고, 달리 보는 것을 삿되게 보는 것이라 부른다."

12. 기쁨나라에 스스로 나는 것을 생각하고 본다(普想觀)

붇다께서 아난다와 바이데히에게 말씀하셨다.

"이 일을 보았을 때, 반드시 생각을 일으켜 이렇게 마음먹어야 한다. 스스로 서녘 기쁨나라에 나서 연꽃 속에 책상다리하고 앉아 있는 것을 보고, 연꽃이 닫히는 것을 생각하고 연꽃이 열리는 것을 생각할 때 500가지 빛깔의 빛이 몸을 비추는 것을 생각한다. 보는 눈이 열린다고 생각하고 붇다와 보디쌑바들이 허공 안에 가득하며, 물새와 나무숲, 그리고 모든 붇다가 내는 말소리는 모두 미묘한 가르침을 이야기하는데 12가지 경전 구성 형식에 다 들어맞는다고 본다. 싸마디에서 나올 때도 기억하여 지니고 잊지 않고 이 일은 보면 아미따바 붇다 기쁨나라를 보았다고 이름한다.

이것을 상을 두루 본다고 하고, 열두째 보는 것이라 부른다. 아미따바 붇다의 바꾼 몸은 수없이 많아 늘 소리 보는 보디쌑바와 큰 힘 이룬 보디쌑바와 더불어 이처럼 닦는 사람 있는 곳에 찾아오신다. 이렇게 보는 것을 바로 보는 것이라 부르고, 달리 보는 것은 삿되게 보는 것이라 부른다."

13. 기쁨나라 아미따바 붇다와 두 보디쌑바를 함께 생각하고 본다 (雜想觀)

붇다께서 아난다와 바이데히에게 말씀하셨다.

"마음 깊이 서녘에 가서 나고자 하는 사람은 먼저 1길 6자 되는 상이 연못 물 위에 계신다고 보아야 한다. 앞에서 말한 바와 같이 아미따바 붇다의 몸길이는 끝 닿는 데가 없어 보통 사람 마음의 힘으로는 미칠 수가 없지만, 여래가 오래전 세운 바램 때문에 그 상을 잊지 않고 생각하는 사람은 반드시 이룰 수 있다. 붇다의 상을 생각하는 것만으로도 헤아릴 수 없는 복을 얻는데, 붇다가 완전히 갖춘 몸의 생김새를 보는 것은 더 말할 것도 없다.

아미따바 붇다는 마음대로 신통을 부려 시방 여러 나라에 거리낌 없이 나타나시는데, 큰 몸을 허공에 가득 채울 수도 있고 1길 6자 되는 작은 몸으로 나타나실 수도 있다. 나타나실 때 모습은 모두 진짜 금빛이고, 둥근 빛 속의 몸 바꾼(化身) 붇다나 보석 연꽃은 앞에서 말한 바와 같다. 소리 보는 보디쌑바와 큰 힘 이룬 보디쌑바는 어디서나 몸은 같지만, 중생들은 머리 꾸밈만 보고 소리 보는 보디쌑바인지 큰 힘 이룬 보디쌑바인지 알 수 있다. 이 두 보디쌑바는 아미따바 붇다를 도와 모든 사람을 널리 가르쳐 (기쁨나라로) 이끄신다.

이것이 함께 생각하고 보는 것이며, 열셋째 보는 것이라 부른다. 이렇게 보는 것을 바로 보는 것이라 부르고 다르게 하는 보는 것을 삿되게 보는 것이라 부른다.

Ⅲ. 기쁨나라(極樂) 9가지 품에 가는 길

1. 상품 상(上品上)에 나는 사람

붇다께서 아난다와 바이데히에게 말씀하셨다.

"무릇 서녘에 태어난 사람이란 9가지 품(品)이 있다. 상품 상(上品上)에 가서 나기를 바라는 중생은 3가지 마음을 내면 바로 가서 날 수 있다. 무엇이 3가지인가? 첫째, 더할 나위 없이 성실한 마음(至誠心)이고, 둘째, 깊은 마음이고, 셋째, 회향하고 바라는 마음인데, 이 3가지 마음을 내는 사람은 그 나라에 날 수 있다. 그리고 3가지 중생은 반드시 그 나라에 가서 날 수 있다. 무엇이 3가지인가? 첫째, 사랑하는 마음으로 죽이지 않고 모든 계를 지키는 중생, 둘째, 큰 탈것(大乘)의 '넓게 두루 미치는 경(方等經)'을 외어 읽는 중생, 셋째, 5가지 새김(六念)을 닦아 그것을 회향하여 그 붇다나라에 나고자 바라는 중생이다.

이런 공덕을 갖추고 하루에서 7일까지 이르면 (기쁨나라에) 가서 나게 된다. 그 나라에 날 때 이 사람은 열심히 정진하였으므로 아미따바 붇다와 소리 보는 보디쌑바·큰 힘 이룬 보디쌑바, 수없이 많은 몸 바꾼 붇다(化身佛), 백·천 빅슈, 제자들, 헤아릴 수 없는 여러 하늘사람들, 7가지 보석으로 꾸민 궁전과 함께 오는데, 소리 보는 보디쌑바가 다이아몬드대(金剛臺)를 가지고 큰 힘 이룬 보디쌑바와 함께 그 닦는 사람 앞에 이른다. 아미따바 붇다가 크고 밝은 빛을 내서 그 닦은 사람 몸을 비추면 여러 보디쌑바와 더불어 손을 내밀어 맞아들인다. 소리 보는 보디쌑바와 큰 힘 이룬 보디쌑바가 수 없는 보디쌑바들과 더불어 닦은 사람을 찬탄하고 나아가도록 권한다. 닦은 사람이 이를 보고 뛸 듯이 기뻐하며 스스로 몸이 다이아몬드대를 타고 있는 것을 보면서 붇다 뒤를 따르면, 손가락 한 번 튕기는 사이에 그 나라에 가서 나게 된다. 그 나라에 나게 되면 붇다의 몸 생김새가 모든 것을 갖추었다는 것을 보고, 여러 보디쌑바의 생김새가 모든 것을 갖추었다는 것을 보고, 밝게 빛나는 보석 나무가 연설하는 기묘한 가르침을 들으면, 바로 나고 죽는 것을 여의는 경계(無生法忍)를 얻게 된다. 눈 깜짝할 사이 여러 붇다를 내리 섬기면서 두루 여러 붇다 앞에서 차례로 예언을 받고(受記) 기쁨나라로 돌아와 헤아릴 수 없는 백·천 다라니 법문을 얻는다. 이것을 상품 상(上品上)에 난다고 부른다."

2. 상품 중(上品中)에 나는 사람

"상품 가운데 중간(上品中)에서 난다는 것은 반드시 큰 탈 것(大乘) 두루 통하는 경전(方等經)을 받아 지니고 외어 읽지 않았지만, 그 본디 뜻을 잘 깨쳐서 가장 깊은 뜻에 대해 마음이 놀라서 움직이지 않고, 씨열매법(因果)을 깊이 믿고, 큰 탈것(大乘)을 헐뜯지 않고, 이 공덕을 회향하여 기쁨나라(極樂)에 나기를 바라는 것이다. 이렇게 닦은 사람은 목숨이 다했을 때 아미따바 붇다와 소리 보는 보디쌑바 및 큰 힘 이룬 보디쌑바가 헤아릴 수 없는 대중들에 둘러싸여 잠부나다 금대를 가지고 닦는 사람 앞에 이르러 기려 말한다. '진리의 아들아, 그대는 큰 탈것을 닦고, 가장 깊은 뜻을 깨쳤으므로 내가 이제 그대를 맞이하러 왔다.' 그리고 1,000분의 몸 바꾼 붇다(化身佛)가 한꺼번에 손을 내민다. 닦는 사람이 잠부나다 대에 앉아 두 손을 공손히 합치고 여러 붇다를 기리면 한 생각하는 사이에 바로 그 나라 7가지 보석으로 된 연못에 나게 된다.

잠부나다 금대는 큰 보석 꽃처럼 하룻밤 자고 나면 바로 핀다. 닦은 사람 몸은 잠부나다 금색이 되고 발밑도 7가지 보석으로 된 연꽃이 받쳐주며, 붇다와 보디쌑바가 밝은 빛을 내 닦는 사람 몸을 비추면 눈이 열려 밝아진다. 살아있을 때 닦은 습관대로 두루 여러 소리를 듣고 오로지 가장 깊은 진리만 말하게 된다. 그렇게 되면 황금대에서 내려와 붇다께 절하고 손 모아 붇다를 찬양한다.

7일이 지나면 바로 아눋따라-싸먁-쌈보디에서 물러나지 않는 자리를 얻는다. 이어서 바로 시방으로 날아가 여러 붇다를 내리 섬기며 여러 붇다로부터 갖가지 싸마디를 닦으면서 1 작은깔빠(小劫)를 지나면 '나고 죽는 것을 벗어난 경계(無生法忍)'를 얻는다는 예언을 바로 눈앞에서 받는다. 이것을 상품 중(上品中)에 난다고 부른다.

3. 상품 하(上品下)에 나는 사람

상품 하(上品下)에 나는 것도 씨열매법을 믿고, 큰 탈것을 헐뜯지 않고, 위없는 도를 이루겠다는 마음을 내고, 이 공덕을 회향하여 기쁨나라(極樂)에 가서 나는 것을 바라는 것이다. 그 닦은 사람이 목숨이 다할 때 아미따바 붇다와 소리 보는 보디쌑바 및 큰 힘 이룬 보디쌑바가 대중과 함께 황금 연꽃을 가지고 500분의 몸 바꾼 붇다가 되어 이 사람을 맞이한다. 500분의 몸 바꾼 붇다는 한꺼번에 손을 내밀며 기려 말한다. '진리의 아들이여! 그대는 이제 맑고 깨끗하고, 위없는 도를 이루겠다는 마음을 내었으므로 내가 너를 맞이한다.' 이 일을 볼 때 바로 스스로가 황금 연꽃에 앉아 있는 것을 본다. 앉고 나서 연꽃이 닫히면 세존을 따라가 바로 7가지 보석으로 된 못 속에 나게 된다. 하루 밤낮을 지나면 연꽃이 피고, 7일 안에 붇다를 뵐 수 있다.

비록 붇다 몸을 뵙지만, 모든 생김새와 품위가 또렷하지 않고, 21일이 지나야 비로소 똑똑하게 볼 수 있다. 뭇 목소리를 들으면 모두가 묘한 가르침이다. 시방을 두루 돌아다니며 여러 붇다에게 이바지하면서 여러 붇다로부터 깊고 깊은 가르침을 들으면, 3작은 깔빠를 지나 모든 가르침을 환하게 알게 되어 몹시 기쁜 자리(歡喜地)에 머물게 된다. 이것을 상품 하(上品下)에 나는 것이라 부르고, 높은 무리(上輩)에 나는 생각이라 부르고, 열넷째 보는 것이라 부른다. 이렇게 보는 것이 바로 보는 것이라 부르고 달리 보는 것은 삿되게 보는 것이라 부른다."

4. 중품 상(中品上)에 나는 사람

붇다께서 아난다와 바이데히에게 말씀하셨다.

“중품 상(中品上)에 나는 것은 만일 중생이 5계를 받아 지니고 8가지 삼가는 계(八戒齋)를 지녀 모든 계를 닦으면서, 5가지 큰 죄(五逆罪)를 짓지 않고, 갖가지 허물과 죄악이 없는 경우이고, 이런 좋은 뿌리를 서녘 기쁨나라에 가서 나기를 바라고 구하는 데 회향하는 것이다. 이렇게 닦은 사람은 목숨이 다할 때 아미따바 붇다가 여러 빅슈와 대중에 둘러싸여 황금빛을 그 사람이 있는 곳에 비추며 괴로움(苦), 공(空), 덧없음(無常), 나없음(無我) 같은 가르침을 주시고, 집을 나와 모든 괴로움을 여읜 것을 찬탄한다. 닦은 사람은 이것을 보고 마음속으로 크게 기뻐하며 자기 몸이 연꽃 자리에 앉아 있는 것을 스스로 보고, 무릎을 꿇고 손 모아 붇다께 절을 올린다. 머리를 아직 다 들기도 전에 바로 기쁨나라에 나면 갑자기 연꽃이 피는데, 꽃이필 때 여러 목소리가 4가지 진리(四諦)를 찬탄하는 것을 듣게 되고, 그때 바로 아르한 도 얻고, 3가지 얻음(三明), 6가지 꿰뚫어 보는 힘(六通), 8가지 얽매임에서 벗어남(八解脫)을 갖추게 되는 데, 이것을 중품 상(中品上)에서 난다고 부른다.”

5. 중품 중(中品中)에 나는 사람

“중품 중(中品中)에 난다는 것은 어떤 중생이 하루 밤낮 8가지 계를 지니고, 하루 밤낮 사미계를 지니고, 하루 밤낮 구족계를 지녀 몸가짐에 흠이 없는 경우로, 이 공덕을 기쁨나라 가서 나는 데 회향하는 것이다. 계의 향이 몸에 밴 닦는 사람은 목숨이 다할 때 아미따바 붇다와 여러 대중이 황금빛을 내며 7가지 보석 연꽃을 가지고 닦는 사람 앞에 이른다. 닦는 사람은 공중에서 '선남자여, 그대처럼 착한 사람은 3세의 모든 붇다의 가르침을 따랐기 때문에 내가 그대를 맞이하러 왔다.'라고 기리는 소리를 스스로 듣게 된다. 닦는 사람은 스스로 연꽃 위에 앉아 있는 것을 보고, 연꽃이 닫히면 서녘 기쁨나라에 가서 나게 된다. 보석 연못에서 7일을 지나 연꽃이 피게 되고, 연꽃이 피면 눈을 뜨고 손을 모으고 세존을 찬탄한다. 가르침을 듣고 기뻐하며, 흐름에 든 경지(須陁洹)를 얻고, 반 깔빠(半劫)를 지나면 아르한이 된다. 이것을 중품 중(中品中)에서 난다고 한다."

6. 중품 하(中品下)에 나는 사람

"중품 하(中品下)에서 나는 것이란, 만약 어떤 선남·선녀가 어버이에게 효도하고(孝養) 받들어 모시며, 세간에서 어질고 의롭게 살면(仁義), 이 사람은 목숨이 다할 때 좋은 동무가 아미따바 붇다 나라의 즐거운 일과 공덕샘 빅슈의 48가지 큰 바램을 널리 말해주고, 이 말을 듣고 바로 목숨이 끝나게 되면, 마치 힘센 사람이 팔을 한 번 굽혔다 펴는 사이에 바로 서녘 기쁨나라에 나게 된다. 나서 7일이 지나면 소리 보는 보디쌑바와 큰 힘 이룬 보디쌑바를 만나 가르침을 듣고 기뻐하며 흐름에 든 경지(須陁洹)를 얻고, 1작은 깔빠를 지나면 아르한을 이룬다. 이것을 중품 하(中品下)에서 난다고 부르고, 이것을 중품(中輩)에서 난다고 부르고, 열다섯째 보는 것이라 부른다. 이렇게 보는 것을 바로 보는 것이라 하고, 달리 보는 것은 삿되게 보는 것이라 한다."

7. 하품 상(下品上)에 나는 사람

붇다께서 아난다와 바이데히에게 말씀하셨다.

"하품 상(下品上)에서 나는 것은 어떤 중생이 온갖 나쁜 업을 짓고, 비록 큰 탈것(大乘) 경전을 헐뜯지 않았더라도, 이 어리석은 사람처럼 나쁜 업을 많이 짓고도 부끄러워하지 않는 경우로, 그런 사람이 목숨을 마치려 할 때 좋은 동무(善知識)를 만나 큰 탈 것(大乘) 12가지 경의 머리 제목 이름을 찬탄한다. 이처럼 여러 경의 이름을 들었기 때문에 1,000 깔빠의 더할 나위 없이 무거운 나쁜 업이 없어진다. 또 슬기로운 사람이 두 손을 모아 마주 잡고 나모아미따불(南无阿弥陁佛)이라 부르도록 가르치면, 붇다 이름을 들었기 때문에 50억 깔빠의 나고 죽는 죄가 없어진다.

이때 그 붇다는 바로 몸 바꾼 붇다, 몸 바꾼 소리 보는 보디쌑바, 몸 바꾼 큰 힘 이룬 보디쌑바를 보내 닦는 사람 앞에 이르러 기리어 말한다. '훌륭하다, 선남이여, 그대가 붇다의 이름을 불러 모든 죄가 없어졌으므로 내가 그대를 맞이하러 왔다.'라고 말을 마치자, 닦는 사람은 몸 바꾼 붇다의 밝은 빛이 그 방에 두루 가득 찬 것을 보고 나서 바로 목숨을 마친다. 보석 연꽃을 타고 몸 바꾼 붇다를 따라 보석 연못에 나서 49일이 지나면 연꽃이 핀다. 꽃이 필 때 자비로운 소리 보는 보디쌑바와 큰 힘 이룬 보디쌑바가 크고 밝은 빛을 내 그 사람 앞에 머무르게 하고 깊고 깊은 12부경을 설하시면, 들은 뒤 믿고 깨우쳐 위없는 도를 깨닫겠다는 마음을 낸다. 10작은 깔빠를 지나면 갖가지 법문을 모두 꿰뚫은 첫 자리(初地)에 들어간다. 이것을 하품 상에서 나는 것이라 부르며, 붇다·가르침·쌍가의 이름을 듣게 되고, 3가지 보물의 이름을 들었으므로 가서 나게 된다."

8. 하품 중(下品中)에 나는 사람

붇다께서 아난다와 바이데히에게 말씀하셨다.

"하품 중(下品中)에서 나는 것은 어떤 중생이 5가지 계(五戒)·8가지 계·구족계를 범한 경우이다. 이런 어리석은 사람은 쌍가 물건을 몰래 훔치고, 바로 눈앞에서도 쌍가 물건을 훔치며, 어긋난 가르침을 설하고도 부끄러워하지 않고, 갖가지 나쁜 법으로 스스로를 꾸민다. 이런 죄를 지은 사람은 그 나쁜 업 때문에 반드시 지옥에 떨어져야 한다. 목숨이 다할 때 지옥의 갖가지 불들이 한꺼번에 몰려오지만, 좋은 동무(善知識)가 큰 사랑과 가여워하는 마음으로 바로 아미따바 붇다가 가진 10가지 힘의 위엄과 덕을 기려 말하고, 그 붇다가 내는 밝은 빛이 가진 위신력을 널리 기리고, 아울러 계·정·혜·해탈·해탈지견을 기린다. 이 사람이 듣고 나면 80억 깔빠 나고 죽는 죄가 없어진다. 지옥의 세차게 타는 불이 서늘바램이 되고, 갖가지 하늘 꽃이 나부낀다.

꽃 위에 모두 몸 바꾼 붇다와 보디쌑바가 이 사람을 맞이하여, 한 생각 하는 사이에 바로 7가지 보석으로 된 연못 속 연꽃 안에 가서 나게 된다. 6 깔빠가 지나면 연꽃이 피고, 연꽃이 필 때 소리 보는 보디쌑바와 큰 힘 이룬 보디쌑바가 맑은 목소리로 그 사람을 편안하게 위로하며 큰 탈것의 깊고 깊은 경전을 설해 준다. 이 가르침을 듣고 나면 바로 위없는 도를 이루겠다는 마음을 낸다. 이것을 하품 중(下品中)에 나는 것이라고 부른다."

9. 하품 하(下品下)에 나는 사람

붇다께서 아난다와 바이데히에게 말씀하셨다.

"하품 하(下品下)에서 나는 것은 어떤 중생이 좋지 않은 업·5가지 큰 죄(五逆)·10가지 나쁜 업을 지어 갖가지 좋지 않은 업을 다 갖춘 경우이다. 이 어리석은 사람은 이 나쁜 업 때문에 반드시 나쁜 길에 떨어져 수많은 깔빠 동안 끝없는 괴로움을 받아야 한다. 이런 어리석은 사람이 목숨이 다할 때 만난 좋은 동무(善知識)가 여러 가지로 편안하게 위로하고 참된 법을 이야기해 주면서 붇다를 염하도록(念佛) 가르친다. 만약 그 사람이 괴로움이 닥쳐 붇다를 염할(念佛) 겨를이 없으면, 좋은 동무가 일러 말한다: 그대가 만약 그 붇다를 염(念)할 수 없으면 반드시 '아미따바 붇다께 귀의합니다(南无阿弥陁佛)'라고 불러야(稱) 한다. 이처럼 마음 깊이 소리가 끊이지 않고 10념(念)을 다 채우며 나모아미따불(南无阿弥陁佛)을 부르면, 붇다의 이름을 불렀으므로 생각 생각(念念) 속에서 80억 깔빠 나고 죽는 죄가 없어진다. 목숨이 다할 때 황금 연꽃을 보면 마치 해바퀴처럼 그 사람 앞에 머물고, 한 생각 하는 사이에 바로 기쁨나라에 가서 나게 된다. 연꽃 속에서 12큰 깔빠가 다 차면 연꽃이 활짝 피고, 꽃이 필 때 소리 보는 보디쌑바와 큰 힘 이룬 보디쌑바가 큰 사랑과 가여워하는 목소리로 그 사람을 위하여 널리 법의 실상과 죄를 없애는 법을 설하게 되고, 듣고 나면 기쁨에 넘쳐 바로 깨닫겠다는 마음(菩提心)을 낸다. 이것이 하품 하에 나는 것이라 부르고, 이것을 하품(下輩)에서 나는 생각이라 부르고, 열여섯째 보는 것이라 부른다."

Ⅳ. 마무리

붇다께서 이 말씀을 하실 때 바이데히와 500명 시녀들은 붇다께서 말씀하신 바를 들은 뒤, 바로 기쁨나라의 넓고 긴 모습을 보고, 붇다의 몸과 두 보디쌑바를 볼 수 있었다. 마음에 기쁨이 넘쳐 일찍이 없었던 일을 찬탄하자 갑자기 크게 깨닫고 나고 죽는 것을 여읜 경지를 얻었다. 500명 시녀들은 아눋따라-싸먁-쌈보디를 얻겠다는 마음을 내고 그 나라에 가서 나기를 바랬다.

붇다께서 "모두 반드시 기쁨나라에 가서 나게 될 것이며, 그 나라에 가면 여러 붇다가 눈앞에 나타나는 싸마디를 얻을 것이다"라는 예언을 하셨다. 헤아릴 수 없이 많은 하늘사람이 위없는 도를 이루겠다는 마음을 냈다.

이때 아난다가 자리에서 일어나 붇다께 사뢰었다.

"붇다시여, 이 경 이름을 무엇이라고 해야 하며, 가르침의 고갱이는 어떻게 받아 지녀야 합니까?"

붇다께서 아난다에게 이르셨다.

"이 경 이름은 『기쁨나라(極樂國土) 아미따바 붇다(無量壽佛)·소리보는 보디쌑바(觀世音菩薩)·큰 힘 이룬 보디쌑바(大勢至菩薩)를 보는 경』이고, 또 다른 이름은 『업장을 맑혀 없애고 여러 붇다 앞에 나는(淨除業障生諸佛前) 경』이다. 그대는 잘 받아 지니고 잃어버려서는 안 된다. 이 싸마디를 닦는 사람은 현재의 몸으로 아미따바 붇다와 두 보디쌑바를 볼 수 있다. 선남·선녀가 붇다 이름과 두 보디쌑바의 이름만 들어도 헤아릴 수 없는 깔빠의 나고 죽는 업을 없애는데, 하물며 마음에 새기고 잊지 않고 기억하면(憶念) 어떠하겠느냐! 염불하는 사람은 '이 사람은 사람 속의 뿐다리까이고, 소리 보는 보디쌑바와 큰 힘 이룬 보디쌑바가 뛰어난 동무(勝友, 善知識)이므로, 닦고 있는 그 자리에 앉아 여러 붇다 나라에 나게 된다'라는 것을 알아야 한다."

붇다께서 아난다에게 알리셨다.

"그대는 이 말을 잘 간직하여라. 이 말을 간직하는 사람은 바로 아미따바 붇다의 이름을 간직하는 것이다."

붇다가 이 말씀을 하실 때 마 갈랴나 존자, 아난다 존자 및 바이데히는 말씀하신 바를 듣고 모두 크게 기뻐하였다.

이때 붇다께서 발로 허공을 걸으시어 독수리봉으로 돌아오셨다. 그리고 아난다가 대중들에게 앞에 있었던 일을 널리 이야기하니, 헤아릴 수 없이 많은 사람·하늘사람·용·신·약사 들이 붇다가 말씀하신 바를 듣고 크게 기뻐하며 붇다께 절을 올리고 물러났다.

『기쁨나라 보는 경(觀無量壽經)』 끝

<기쁨나라 뿌리 3경>의 곁뿌리 경론(傍依經論)

■ 곁뿌리 4경 1론 차례

I.『바로 붇다 보는 싸마디 경(般舟三昧經)』

로까끄세마(Lokakṣema, 支婁迦讖),
『바로 붇다 보는 싸마디 경(般舟三昧經)』 3권
Pratyutpanne-buddha-sammukhāvasthita-samādhi Sūtra

1.「묻는 품(問事品)」

붇다께서 라자가하(Rājagaha, 羅閱祇) 마하환가련(摩訶桓迦憐)에 계실 때 큰 빅슈 쌍가 5백 명은 모두 아르한(arhan, 阿羅漢) 과를 얻었으나, 오직 아난다존자만 그 과에 이르지 못하였다.

그때 바드라 빨(Bhadra-pāl, 颰陀和)이라는 보디쌑바가 있었는데, 다른 보디쌑바 500명과 함께 5계를 받아 지니고 있었다. 보디쌑바들은 해 질 무렵 붇다 계시는 곳에 나아가서 붇다 발에 머리를 조아려 절하고 물러나 한쪽에 앉았다. 5백명 스라마나(śramaṇa, 沙門)도 함께 붇다 계시는 곳에 이르러 먼저 붇다께 절하고 한쪽에 물러나 앉았다.

바드라 빨(颰陀和) 보디쌑바(菩薩)가 붇다께 여쭈었다.

1) "보디쌑바는 어떤 싸마디(三昧)를 얻어야만, 얻는 지혜가 큰 바다와 같으며 쑤메루산(須彌山)과 같아, 들은 것을 의심하지 않고 마

침내 사람 가운데 뛰어난 지도자가 될 수 있으며, 스스로 붇다가 되어 다시 돌아오지 않고, 마침내 어리석은 곳에 다시 태어나지 않겠습니까?

2) 가고 오는 일을 미리 알며, 붇다를 떠나는 일이 없고, 꿈속에서라도 부처님을 떠나지 않을 수 있겠습니까?

3) 단정하고 아름다워 사람들 가운데서 얼굴빛이 비할 수 없고, 어려서는 항상 존귀하고 큰 집안에 태어나고, 그 어버이·형과 아우·일가붙이·알고 지내는(面識) 이들이 존중하고 사랑할 수 있겠습니까?

4) 뛰어난 재주와 넓은 지식으로 논란을 일으키는 사람과 크게 다르고, 스스로 절도를 지켜 늘 안으로는 부끄러워하고, 결코 스스로 큰 체하지 않으며, 언제나 도타운 사랑 베풀 수 있겠습니까?

5) 지혜가 막힘없이 환히 통해 그 밝기가 다른 무리와 같지 않고, 불가사의한 힘이 견줄 데 없고, 힘써 나아감을 따라가기 어려워, 모든 경전에 들어가 갖가지 경전을 읽어도, 그 많은 경전의 뜻을 모르는 것이 없도록 하겠습니까?

6) 편안하고 즐겁게 선(禪)을 수행하여 싸마디(定)에 들고 공(空)에 들어, 생각하는 바도, 집착하는 바도 없어지고, 이처럼 3가지 일에 두

려움 없이 중생에게 경전을 많이 설하여 보호할 수 있겠습니까?

7) 태어나고자 하는 곳이 어디든 자기 마음대로 되고, 본지의 공덕력과 믿는 힘이 많아, 가는 곳마다 몸은 힘이 강하고, 사랑하는 힘 내지 않을 때가 없고, 근력(根力)이 없을 때가 없고, 보는 것이 뚜렷하고, 믿는 것이 뚜렷하고, 바라는 것이 뚜렷하겠습니까?

8) 묻는 것이 큰 바다와 같아, 줄거나 다할 때가 없으며, 달이 가득 차면 두루 비추어 밝음을 느끼지 않는 자가 없듯이, 해가 처음 떠오를 때처럼, 햇불이 비추듯이 걸리어 가로막는 것이 없겠습니까?

9) 집착하지 않는 마음은 허공과 같이 머무는 바가 없으며, 다이아몬드 칼(金剛鑽) 같아서 못 들어가는 곳이 없고, 안전하기가 쑤메루 산과 같아 움직이지 않고, 문지방처럼 바르고 굳게 머물 수 있겠습니까?

10) 마음은 고니 털처럼 부드러워 어수선하거나 그만두지 않고, 몸은 노는 일에 빠지지 않고 산과 강에 노니는 사슴과 같아, 늘 스스로를 지켜 예삿일에 빠진 사람들과 함께하지 않겠습니까?

11) 스라마나(沙門)나 도인이 가르쳐주면 모두 따라 하고, 깔보고 놀려도 끝까지 화내지 않아, 어떤 마라(魔羅)도 일어나지 않게 하겠습니까?

12) 모든 경전 깨쳐 갖가지 슬기에 들고, 온갖 붇다의 가르침 배워 다른 스승 필요 없게 되어, 큰 힘과 거룩한 뜻을 흔들 자가 없게 하겠습니까?

13) 깊이 닦을 때는 닦는 것이 없어 늘 부드럽고, 경을 볼 때는 늘 가여운 마음 가져, 모든 붇다가 한 일을 잇되 싫어함이 없겠습니까?

14) 갖가지 닦은 공덕이 모두 따라와, 늘 지극한 닦음과 믿음에 흔들림이 없어, 하는 일 말끔하고, 맡은 일 모두 풀어내 어려움이 없겠습니까?

15) 슬기가 맑고 밝아, 편안히 수행하고 5가지 번뇌(五蓋)를 여의고, 그 슬기(智慧)로 하는 수행이 차츰 붇다의 경계에 이르겠습니까?

16) 여러 국토를 장엄하게 꾸미고, 계를 맑게 지키는 아르한과 벽지불의 마음으로, 짓는 것은 모두 끝까지 이루고, 지은 공덕은 늘 높고 으뜸이며, 중생을 가르치는 일도 또한 그럴 수 있겠습니까?

17) 보살 가운데 가르침을 싫어하는 자가 없고, 꼭 해야 할 것은 그냥 두는 법이 없으며, 다른 모든 도(道)도 다 이루는 자가 없겠습니까?

18) 일찍이 붇다를 떠나지 않고, 붇다를 보지 못하였지만, 모든 붇다를 어버이처럼 늘 염(念)하고, 차츰 여러 붇다의 불가사의한 힘을

얻고, 여러 경을 모두 얻어, 밝은 눈으로 보는 데 걸림이 없고, 모든 붇다가 다 눈앞에 나타나게 되겠습니까?

19) 마술사가 마음대로 변하듯 여러 법을 만들어, 미리 헤아리지 않아도 문득 법을 이루고, 오는 바도 없고, 가는 바도 없게 할 수 있습니까?

20) 꿈속에서 과거·미래·현재를 생각처럼 만들 듯, 가지고 있는 모든 분신(分身)이 온갖 붇다나라에 두루 이르러, 해가 비추면 물속에 그림자가 두루 나타나듯, 생각하는 것은 메아리처럼 모두 얻고, 오지도 가지도 않게 할 수 있습니까?

21) 나고 죽음을 마치 그림자 나누는 것처럼, 생각하고 아는 것이 문득 공함과 같아, 법 속에 헛된 생각이 없어 귀의하지 않는 사람이 없게 되겠습니까?

22) 모든 것이 평등하고 차이가 없어 경을 보면 모두 알고 마음은 헤아릴 수 없어, 온갖 이로운 것에 마음이 쏠리거나 생각이 가지 않아 모든 붇다 나라를 나와도 다시 걸리는 것이 없겠습니까?

23) 여러 다라니문(陀羅尼門)에 모두 들어가 경전 하나를 들으면 모두 알고, 모든 붇다가 설하신 경을 다 받아 지닐 수 있겠습니까?

24) 모든 붇다 모시고 붇다 힘 모두 얻고, 붇다 위신력 모두 얻어, 용맹정진하는 데 어려움이 없어 사나운 사자처럼 가는데 두려움이 없겠습니까?

25) 모든 나라에서 이 말을 쓰지 않은 사람이 없고, 이 말을 들은 사람은 한 번도 잊은 적이 없을 때, 모든 붇다가 뜻하는 바와 다름이 없겠습니까?

26) 본디 경전이 없었음을 알아 두려워하지 않고, 모든 경전을 얻으려고만 하면 문득 스스로 알아서 설하고, 모든 붇다가 끝까지 싫어하는 마음이 없듯이 세상 사람의 스승이 되면, 귀의하여 오지 않은 사람이 없고, 가는 곳마다 알랑거림이나 거짓이 없고, 모든 나라에 밝은 눈을 비추어 (몸·입·생각 같은) 3가지 것(三處)에 쏠리지 않고 하는 일에 걸림이 없겠습니까?

27) 중생에게 이르지 않는 곳이 없고, 본디 법(本際法)에 바라는 바가 없이 모든 슬기(一切智) 가지고 사람들에게 붇다 길에 들도록 가르침에 두려울 때가 없겠습니까?

28) 붇다와 가지고 있는 경을 모두 환히 알아, 모임에 온 중생 가운데 복 받지 않은 사람이 없고, 붇다의 더할 수 없이 큰 사랑을 보고, 배운 여러 경의 이치를 꿰뚫어, 큰 무리 속에서 두려운 것이 없고, 큰 무리 속에서 넘어설 사람이 없어 이름이 아주 멀리

날릴 수 있게 되겠습니까?

29) 모든 의심스럽고 어려운 것을 깨트리고 깨치지 않는 것이 없어, 경전에서 가장 높은 사람 되어 사자자리에 거침없이 앉아 모든 붇다가 가르침을 주는 것처럼, 붇다의 만 가지 말씀을 훤히 알아 모두가 만억 소리에 들어가겠습니까?

30) 모든 붇다 경전을 소중하게 여겨 늘 곁에서 염하여 여러 붇다의 사랑이 떠난 적이 없고, 붇다 경전 따라 즐거이 행하며, 늘 붇다 따라 드나들고, 늘 스승 곁에 있는 것을 싫어하는 때가 없어 시방 여러 붇다나라 가서 머무는 바가 없이 모든 바라는 바를 얻어 시방의 모든 사람이 번뇌에서 벗어나게 하고, 슬기와 보배가 모든 경장을 얻을 수 있겠습니까?

31) 몸은 허공처럼 상(想)이 없고, 사람들이 보디쌑바의 길을 구하도록 가르쳐 붇다의 씨가 끊어지지 않게 할 수 있겠습니까?

32) 보디쌑바의 도를 행하여 마하야나(摩訶衍)를 떠난 적이 없게 하고, 또한 마하-쌈나하-쌈나다(mahā-saṃnāha-saṃnaddha, 큰 다짐)이란 더할 수 없이 크넓은 도를 얻고, 모든 슬기(Sarva-jña, 一切智)를 얻을 수 있겠습니까?

33) 모든 붇다가 칭찬하고, 붇다의 10가지 힘(十力地)에 가까이 가서,

모든 생각 안으로 다 들어가고, 모든 헤아리는 것을 다 알고, 모든 세상 변화를 훤히 알고, 이루고 못 이루는 것, 나고 죽는 것을 모두 훤히 알 수 있겠습니까?

34) 모든 경전이란 보배의 바다에 들어가 가장 뛰어난 경전을 열어 모두 보시하고, 모든 (붇다) 나라에 가는 바램도 멈추지 않고, 붇다가 즐겨 행하듯 더할 수 없이 크게 변화하겠습니까?

35) 마음을 한번 돌이켜 염하면, 붇다가 모두 눈앞에 나타나고, 모든 것 이루어져, 더 바라는 바가 없고, 마침내 태어날 곳이 없게 되면, 시방의 헤아릴 수 없는 붇다나라(佛刹)를 다 보고, 모든 붇다가 설하신 경을 들으며, 붇다와 빅슈들을 낱낱이 볼 수 있겠습니까?

36) 그때 신선도(仙道)·아르한(阿羅漢)·쁘라떼까 붇다(辟支佛)의 안식(眼識)을 갖지 않아, 이 세상에서 삶을 마치고 저 붇다나라에 태어나 (붇다를) 보는 것이 아니라, 바로 이 세상에 앉아서 모든 붇다들을 다 보고, 모든 붇다가 설하는 경을 듣고 다 받을 수 있겠습니까?

37) 비유하면, 제가 지금 붇다 눈앞에서 붇다와 보디쌑바를 보는 것처럼 붇다를 떠난 적이 없고, 경전을 듣지 않은 적이 없게 되겠습니까?

붇다가 바드라 빨(Bhadra-pāl, 颰陀和) 보디쌑바에게 말씀하셨다.

"맞다, 맞다! 묻는 것이 얽매임을 벗어난 것도 많고, 겉으로 드러나지 않는 것도 많아서 세상 사람들이 다시 헤아릴 수 없게 하고, 하늘 위아래가 모두 편안해지는구나. ……."

붇다가 말씀하셨다.

"〈지금 바로 붇다가 눈앞에 나타나는 싸마디(現在佛悉在前立三昧)〉를 닦는 사람이 있다면 그대가 물은 것을 모두 얻을 수 있다."

붇다가 바드라 빨(Bhadra-pāl) 보디쌑바에게 말씀하셨다.

"가르침에 대한 으뜸가는 수행(一法行)은 늘 익히고 지녀 반드시 지켜야 하고, 다시 다른 가르침을 따르지 않는 것이 여러 공덕 가운데 가장 으뜸가는 것이다. (그렇다면) 가르침에 대한 으뜸가는 수행법(一法行)은 어떤 것인가? 그 싸마디의 이름은 〈지금 바로 붇다가 눈앞에 나타나는 싸마디(現在佛悉在前立三昧)〉라고 한다."

2.「닦는 품(修行品)」

붇다가 바드라 빨(Bhadra-pāl) 보디쌑바에게 말씀하셨다.

"어떤 보디쌑바가 〈현재 바로 시방 붇다를 보는 싸마디(定意)〉를 염(念)하여 그 싸마디(定意)가 이루어지면, 보디쌑바가 높은 수행을 통해 모든 것을 얻은 것이다.

무엇을 싸마디(定意)라고 하는가? 염불(念佛) 인연에 따라서 붇다를 염(念)하여 마음이 어지럽지 않은 것이다. 기억하는 힘(聰明)을 얻어 정진을 버리지 않고 좋은 동무(善知識)와 더불어 공(空)을 닦으며, 잠을 줄이고 모임에 가지 않으며, 나쁜 동무(惡知識)을 피하고 좋은 동무(善知識)를 가까이하며, 정진이 흐트러지지 않고 음식은 만족할 줄을 알며, 의복을 탐내지 않고 목숨을 아끼지 않아야 한다.

홀로 친족을 피해 고향을 떠나 평등한 마음을 익히고, 가여워하는 마음을 얻어 보살피는 수행을 하고, 장애물(蓋)을 없애고, 댜나(dhyāna, 禪)를 익히는 것이다. 물질(色)을 따르지 않고, 5가지 기본요소(5蘊)를 받지 않고, 늙어 가지 않고, 4대(大)에 얽매이지 않고, 뜻을 잃지 않고, 색을 탐하지 않고, 깨끗하지 못한 것(不淨)을 안다. 시방 사람 버리지 않고 시방 사람 살리며, 시방 사람 헤아려 나처럼 생각하되, 시방 사람을 내 것으로 생각하지 않아야 한다.

온갖 욕망 때문에 계를 버리지 않고 공행(空行)을 익히며, 계를 범하지 않고 경을 외우고, 싸마디를 잃지 않으며, 불법(佛法)을 의심치 않으며, 붇다에 대해서 논쟁하지 않으며, 불법을 저버리지 않으며, 비구승을 산란케 하지 않아야 한다. 헛된 말을 여의고 덕 있는 사람을 도우며, 어리석은 사람들의 세속적인 말을 멀리하여 즐기지도 들으려고도 하지 말 것이며, 붇다의 가르침에 대해서는 모두 즐거이 들으려고 해야 한다.

인연 따라 짐승으로 태어나니, 6가지 맛(六味)은 듣지도 말고, (해탈 위해) 5가지를 익히고(五習), 10가지 나쁜 것(十惡)에서 벗어나기 위해서 10가지 좋은 것(十善)을 익혀야 한다. 9가지 번뇌(九惱)를 밝히기 위하여 8가지 정진(八精進)을 행하며, 8가지 게으름(八懈怠)을 버려야 한다. 8가지 방편(八便)을 익히고, 9가지 사유(九思)와 8가지 도가의 염법(八道家念)을 익혀야 한다.

또한 댜냐(禪)에 관한 것만 들으려 집착하지 말며, 교만하지 말며 자만심을 버려 설법을 듣고 경전의 가르침을 듣고자 하며, 불법 닦기를 원하며, 세간의 이익에 따르지 말며, 자신 몸만 생각하지 말고, 시방 사람을 여의고 홀로 깨달음 얻기를 원하지 말며, 목숨에 집착하지 말고, 5가지 기본 요소를 깨달아 미혹을 따르면 안 된다.

있는 것(所有) 따르지 말고 무위(無爲)를 구하며, 생사를 바라지 않으나 생사를 크게 두려워하고, 5가지 기본 요소(五蘊)를 도둑처럼 여기고 4대를 뱀처럼 여기며, 12가지 약해짐(十二衰)를 공한 것이라고 생각해야 한다. 오랜동안 삼계에 머무는 것이 안온하지 못하므로 무위를 얻는 것을 잊어서는 안 된다. 탐욕을 바라지 말며, 생사 버리기를 원하고, 사람들과 다투지 말며, 나고 죽음에 떨어지는 것을 바라지 말라.

늘 붇다 앞에 서서, 이 몸 받은 것을 꿈처럼 생각하고 믿음으로써 다시 의심하지 말며, 그 뜻이 변함없어야 한다. 모든 과거나 미래나 현재의 일에 관한 생각을 버려야 한다.

늘 여러 붇다의 공덕을 염(念)하고, 스스로 귀의하여 붇다께 의지해야 하며, 싸마디(定意)로 마음대로 할 수 있는 능력을 얻어야 하고, 붇다의 겉모습에 따라서는 안 된다. 모든 것이 하나이니 천하와 다투지 말고, 행할 때도 다투지 말며, 인연에 따라 받아들여야 한다. 붇다의 경지(佛地 = 十地 가운데 가장 높은 경계)에 따라 제도하니, 중도의 법을 얻어 공에 이른 마음으로 사람을 유(有)도 아니고 멸(滅)도 아니라고 생각하라. 스스로 무위를 깨달아 슬기로운 눈으로 맑아지면 모든 깨달음이 둘이 아니며, 마음은 가운데와 변두리가 없다.

모든 붇다는 일념(一念)으로 들어가는 것이니, 의심하거나 나무랄 데가 없다. 스스로 얻은 깨달은 마음이므로 붇다의 슬기는 다른 사람을 의지하는 것이 아니며, 좋은 동무(善知識)을 만나면 붇다라고 여겨야지 다르게 생각하지 말라. 모든 보디쌑바는 떨어져 있을 때가 없으므로 어떤 마라(魔羅)도 일어날 수가 없다. 모든 사람을 거울 속에 모습처럼 보고, 모든 붇다를 그림처럼 보며, 모든 것을 법에 따라 행하면, 이처럼 맑고 깨끗한 보디쌑바 행에 들어가리라."

붇다가 말씀하셨다.

"이러한 수행법을 지키면 싸마디에 이르게 되어, '지금 바로 모든 붇다가 눈앞에 나타나는(現在諸佛悉在前立)' 싸마디를 얻을 것이다.

어떻게 해야 '지금 바로 모든 붇다가 눈앞에 나타나는 싸마디(現在諸佛悉在前立三昧)'를 얻을 수 있는가?

바드라 빨이여, 이처럼 빅슈·빅슈니·우빠싸까·우빠씨까가 계를 제대로 지키고 홀로 한곳에 머물러서 마음으로 서녘 아미따바 붇다가 지금 현재 계신다고 염(念)해야 한다. 들은 대로 천억만 붇다나라를 지나면 쑤카바띠(Sukhāvati)라는 붇다나라가 있고 무리 한가운데서 보디쌑바가 경을 설하고, 모두 쉬지 않고 아미따바 붇다를 염하고 있다고 염(念)해야 한다."

붇다가 바드라 빨(Bhadra-pāl)에게 말씀하셨다.

"비유하면, 누군가 잠이 들어 꿈속에서 온갖 금·은·보배를 보고 어버이·형과 아우·아내와 자식·친족·아는 이들과 함께 즐겁게 놀아 그 기쁨과 즐거움이 비할 데가 없지만 그 꿈에서 깨어나면 사람들에게 이야기하고 나서, 스스로 눈물을 흘리며 꿈속에서 본 것을 생각할 것이다.

바드라 빨(Bhadra-pāl)이여, 이처럼 보디쌑바나 스라마나(沙門)나 재가신도가 서녘 아미따 붇다 나라에 관해 들으면, 반드시 그 나라 붇다를 염하고 계를 어기지 말아야 한다. 한 마음(一心)으로 하루 밤낮이나 7일 밤낮을 염(念)하면, 7일이 지난 뒤 아미따바 붇다를 볼 것이며, 깨어 있을 때 보지 못한다면 꿈속에서 볼 것이다. 비유하면, 사람이 꿈속에서 보는 것처럼 밤인지 낮인지 알지 못하고 안인지 밖인지도 알지 못하며, 어둠 속에 있어도 보지 못하는 것도 아니고 막혀있어 장벽이 있다고 보지 못하는 것도 아니다.

바드라 빨(Bhadra-pāl)이여, 이처럼 보살은 마음으로 이렇게 염(念)해야 한다. 그때 붇다 나라 쑤메루산(須彌山)이라는 큰 산의 깊고 어두운 곳이 모두 환히 열릴 것이니, 눈에 가린 것이 없고 마음에도 걸림이 없으리라. 이런 큰 보디쌑바는 천안통을 갖지 않고도 꿰뚫어 보고, 천이통을 가지지 않고도 모두 들으며, 신족통을 가지지 않고도 그 붇다 나라에 이르니, 이 세상에서 목숨을 마치고 그 붇다나라에 태어나 (붇다를) 뵙는 것이 아니라, 바로 이곳에 앉아서 아미따바 붇다를 뵙고, 경전 설하시는 것을 듣고 모두 받아 알게 되니, 싸마디 속에서 모두 잘 갖추어 그것을 사람들을 위해 설한다.

비유하면. 어떤 사람은 바이살리(Vaiśālī, 毘舍離)에 쑤마나(Sumanā, 須門)라는 논다니(婬女)가 있다는 소문을 듣고, 또 어떤 사람은 암라빠리(Āmrapālī, 阿凡和梨)라는 논다니가 있다는 소문을 듣고, 또 어떤 사람은 빨라바르나(Utpalavarṇā, 優陂洹)라는 논다니가 있다는 소문을 들었다. 이때 소문만 듣고 만나본 적이 없는 세 사람이 동시에 논다니를 생각하자 음란한 생각이 일어나 이내 꿈속에서 저마다 따로 그 논다니 있는 곳으로 갔다. 그때 그 세 사람은 모두 라자그리하(Rājagṛha 羅閱祇國)에서 동시에 생각하였지만 각자 꿈속에서 논다니가 있는 곳에서 함께 잠을 자고, 잠에서 깨어난 뒤에 각자 그 일을 생각하는 것과 같다."

붇다가 바드라 빨(Bhadra-pāl)에게 말씀하셨다.

“내가 이 세 사람을 가지고 이야기했듯이, 너도 이 일을 가지고 사람들에게 경을 설명하여이 슬기를 깨치고 물러서지 않는 자리에 이르러 위없이 바른 도(無上正眞道)를 얻게 하여라. 그리고 붇다가 되면 그 이름을 선각(善覺)이라고 하리라.

바드라 빨(Bhadra-pāl)이여, 이와 같이 보디쌑바가 이 세상 나라에서 아미따바 붇다에 대해서 듣고 끊임없이 염(念)하면 그처럼 염했기 때문에 아미따바 붇다를 보게 될 것이다. 붇다를 뵙고 묻기를, ‘어떠한 법을 지녀야 아미따바 붇다 나라에 날 수 있습니까?’라고 하면, 아미따바 붇다가 보살에게 ‘내 나라에 나고자 하는 사람은 늘 나를 염하되, 수없이(數數) 염하여 쉬지 않으면 이처럼 내 나라에 나게 될 것이다’라고 말할 것이다.”

붇다가 말씀하셨다.

“보살이 이처럼 염불하므로 반드시 아미따바 붇다 나라에 태어난다. 늘 이처럼 붇다 몸(佛身)은 32가지 모습을 모두 갖추고 밝은 빛을 훤히 비추는데, 무엇과도 비할 데 없는 단정한 모습으로 빅슈 쌍가(比丘僧)에서 경을 설하며 ‘색이 무너지지 않는다(不壞敗色)’라고 염해야 한다.

‘색이 무너지지 않는다’는 것은 무엇인가? 괴로움·사상(思想)·나고 죽음(生死)·식(識)·혼(魂)·신(神)·지수화풍(地水火風)과 세간과 천상, 그리고 위로는 범천과 대범천에 이르기까지 색이 허물어지지 않는다는 것이다. 또 염불하면 공싸마디(空三昧)를 얻으니 그처럼 염불해야 한다."

붇다가 바드라 빨(Bhadra-pāl)에게 말씀하셨다.

"싸마디 속에서 깨달음을 얻은 보디쌑바가 누구인가? 나의 제자인 마하까샤빠(Mahākāśyapa)·인드라구나(Indraguṇa.因坻達) 보디쌑바·수진(須眞) 천자, 그때 싸마디를 알고 있는 사람, 싸마디를 얻은 사람들이 모두 깨달음을 얻었다.

무엇을 깨달았는가? 이 싸마디가 되면 공싸마디(空定)를 알게 됨을 깨달은 것이다."

붇다가 바드라 빨(Bhadra-pāl)에게 말씀하셨다.

"먼 옛날에 수파일(須波日)이라는 붇다가 계셨다. 그때 어떤 사람이 넓은 늪지대(大空澤)를 헤매다가 음식을 얻지 못하여 목마르고 굶주려 누워 있다가 잠이 들었다. 그는 꿈속에서 향내 나고 맛있는 밥을 얻어먹었으나, 꿈을 깬 뒤, 배가 고프다는 것을 알고, 스스로 '모든 것은 다 꿈과 같다'라는 것을 깨달았다."

붇다가 말씀하셨다.

"그 사람이 공(空)을 염했으므로 문득 '업 따라 태어남이 없는(無所從生)'이란 가르침의 기쁨(法樂)을 얻어 물러서지 않는 자리(阿惟越

致)를 얻은 것이다.

바드라 빨이여, 이처럼 보디쌑바가 향하는 곳에는 바로 붇다가 계신다는 것을 듣고 늘 그쪽을 향하여 붇다 뵙기를 바라며 염불(念佛)하되, 붇다가 '있다(有)'고 염하지 말고, 서 있는 나도 없다고 염해야 한다. 상(想)이 공한 것처럼 붇다가 서 있는 것을 염하되, 진귀한 보배가 유리 위에 있는 것처럼 하면, 보디쌑바는 그처럼 시방의 헤아릴 수 없이 많은 붇다의 맑고 깨끗함을 보게 된다.

비유하면, 사람이 멀리 다른 나라에 가서 고향의 가족과 친족과 재산을 생각하면, 그 사람은 꿈속에서 고향에 돌아가 가족과 친족을 만나보고 함께 기뻐하며 이야기하는 것과 같다. 그는 깨어나서 꿈속에서 본 것을 아는 이들에게 말하며 '내가 고향에 가서 나의 가족과 친족을 만나보았다'라고 한 것과 같다."

붇다가 말씀하셨다.

"보디쌑바도 이처럼 그가 향하는 곳의 붇다 이름을 듣고 늘 향하는 쪽 염하면서 붇다를 뵙고자 하면, 그 보디쌑바는 모든 붇다를 뵐 수 있으니, 이는 유리 위에 나타난 진귀한 보물을 보는 것과 같다.

비유하자면, 어떤 비구가 죽은 사람의 뼈를 앞에 두고 보는 것과 같아서 푸르게 보일 때도 있고, 희게 보일 때도 있고, 붉게 보일 때도 있고, 검게 보일 때도 있다. 그 뼈는 가져온 사람도 없고, 그 뼈도 없고, 온 바도 없는데, 마음이 만들어 낸 상(想)이 있는 것이다.

보디쌑바는 이처럼 붇다의 위신력을 가지고 삼매 속에 서서 어느 곳 부처님이든 보려 하면 바로 보게 된다.

왜 그렇게 되는가? 바드라 빨이여, 이 싸마디는 붇다 힘으로 이루어졌기 때문이다. 붇다 위신력으로 싸마디에 드는 사람은 3가지 것을 가지게 되는데, 붇다의 위신력(威神力)·붇다의 싸마디 힘(三昧力)·붇다의 바램으로 쌓은 공덕의 힘(本願功德力)을 가지게 된다. 이 3가지 것 때문에 붇다를 뵐 수 있다.

바드라 빨이여, 비유해 보면, 나이 어린 사람이 단정하고 예쁘게 꾸미고 깨끗한 그릇에 좋은 삼기름(麻油)을 담거나, 좋은 그릇에 깨끗한 물을 채우거나, 바로 닦은 거울이나 티 없는 수정에 자신의 모습을 보려고 자신을 비추면 모든 것이 저절로 나타나는 것과 같다.

바드라 빨이여, 어떻게 생각하느냐? 삼기름이나 물이나 거울이나 수정에 사람이 저절로 나타난다면, 정말 그 모습이 밖에서 안으로 들어온 것이라고 할 수 있겠느냐?"

바드라 빨이 말씀드렸다.

"그렇지 않습니다. 하늘 가운데 하늘이시여. 삼기름이나 수정이나 물이나 거울이 깨끗하기 때문에 절로 그 모습이 드러났을 뿐입니다. 그 모습 역시 안에서 나온 것도 아니며, 밖에서 들어간 것도 아닙니다."

붇다가 말씀하셨다.

"훌륭하고 훌륭하다. 바드라 빨이여, 그와 같다. 바드라 빨이여, 감각기관(色)이 맑고 깨끗하면 그 대상도 맑고 깨끗하니, 붇다를 뵙고자 하면 바로 뵐 수 있다. 붇다를 뵐 때 바로 여쭈면 묻자마자 바로 대답할 것이며, 그러면 가르침을 듣고 크게 기뻐하며 이렇게 생각할 것이다. '부처님께서는 어디서 오셨고, 나는 어디로 가는가?' 또 생각하기를 '붇다가 오신 곳이 없고 나 역시 가는 곳이 없다'라고 하고, 또 '욕망이 있는 세계(欲界)·모습이 있는 세계(色界)·모습이 없는 세계(無色界)란 3가지 세계는 뜻으로 만들어졌을 뿐이다. 내가 생각하는 대로 본다. 마음이 붇다를 만들고 마음이 스스로 보므로 마음이 붇다이고 마음이 여래이며 마음이 나의 몸이다. 마음이 붇다를 보지만, 마음은 스스로 그 마음을 알지 못하며 스스로 마음을 보지 못한다. 마음에 상(想)이 있는 것을 어리석음이라 하고, 마음에 상(想)이 없는 것을 니르바나(涅槃)고 한다. 이런 법은 즐거워할 것도 없다. 모두 생각(念)이 만들어 내는 것이다. '만일 헛된 생각(妄念)이 없어지면 생각하는 자가 있더라도 또한 없는 것임을 분명히 안다'라고 생각할 것이다.

바드라 빨이여, 이처럼 싸마디 속에 서 있는 보디쌑바가 보는 것도 이와 같다."

붇다가 게송을 읊으셨다.

마음이 마음을 알지 못하니

마음으로 마음을 보지 못하고,
마음에 상(想)을 일으키면 어리석고
상(想)이 없으면 니르바나라네.

이 법은 단단하지 않아
늘 생각에 자리 잡고 있으나,
공(空)을 깨치고 보는 자는
아무런 생각(想念)이 없다네.

Ⅱ. 『대불정수능엄경』 5권

「큰 힘 이룬 보디쌑바(大勢至菩薩)의 염불로 깨달음(念佛圓通)」

큰 힘 이룬(大勢至) 법왕자는 함께 온 52명 보디쌑바들과 더불어 자리에서 일어나 붇다 발에 머리를 조아려 절하고 붇다께 말씀드렸다.

"제가 지난 옛날을 돌이켜 보면, 옛날 강가강(恆河) 모래알처럼 많은 깔빠(劫) 이전에 붇다께서 세상에 오셨는데, 이름이 '그지없는 빛(無量光)'이었고, 그 뒤 12분 여래께서 1깔빠 동안 이어오셨는데 마지막 붇다 이름은 '해달 뛰어넘은 빛(超日月光)'이셨습니다. 그 붇다께서 저에게 염불 싸마디(三昧)에 대해 이렇게 가르쳐 주셨습니다.

「비유하자면, 한 사람은 오로지 (상대를) 생각하는 데, 한 사람은 완전히 잊어버리고 있다면, 이 두 사람은 만나도 만나지 못한 것이고, 보더라도 보지 못한 것이다. 그런데 두 사람이 서로 생각하여 두 사람 생각이 깊어지면, 이 두 사람은 이생에서 저 생에 이르도록 형체에 그림자 따르듯 서로 어긋나지 않을 것이다.

시방 여래가 중생을 가엽게 생각하는 것도 어머니가 아들을 생각하는 것과 같은 것이지만 아들이 달아나 버린다면 아들을 생각한들 무슨 소용이 있겠는가! 만약 아들이 어머니 생각하길 어머니가 아들 생각하듯 한다면, 어머니와 아들은 여러 생을 지내더라도 서로 어긋나 멀리 떨어지지 않을 것이다.

(이처럼) 만약 중생의 마음에 붇다를 잊지 않고 생각하며(憶佛) 염불한다면, 지금이나 다음 생에 반드시 붇다를 보게 되며, 붇다와의 거리가 멀지 않아 방편을 빌리지 않고 저절로 마음이 열리는 것이니, 마치 향을 물들이는 일을 하는 사람 몸에서는 향기가 나는 것과 같다. 이것을 일러 '향내 나는 빛으로 꾸미는 일(香光莊嚴)'이라 한다.」

저는 본디 태어나 살던 곳(因地)에서 수행할 때 염불하는 마음으로 나고 죽음을 여읜 경지(無生忍)에 들어갔고, 지금 이 세상에서는 염불하는 이들을 이끌어 (기쁨나라) 정토로 돌아가게 하고 있습니다.

Ⅲ. 『크넓은 꽃으로 꾸민 붇다 경(大方廣佛華嚴經)』

「두루 어진(普賢) 보디쌑바의 10가지 바램 품(普賢行願品)」

이 사람이 목숨을 마치는 마지막 끄사나(刹那)에는 (눈·귀·코·혀·몸·마음 같은) 모든 감각기관이 다 흩어져 무너지고, 모든 친족이 다 버리고 떠나고, 모든 위세도 잃어버리고, 재상·대신이나 궁성 안팎의 코끼리, 말, 수레, 진귀한 보배, 깊이 감추어 둔 것들이 하나도 따라오지 않지만, 오로지 이 (10가지) 바라는 것(願王)은 서로 떠나지 않고 어느 때나 앞길을 이끌어, 한 끄사나(刹那)에 바로 기쁨나라(極樂世界)에 가서 태어날 것이다.

기쁨만 있는 나라에 이르면 바로 아미따바 붇다·만주스리(文殊) 보디쌑바, 두루 어진(普賢) 보디쌑바, 거침없이 보는 보디쌑바(觀自在菩薩), 마이뜨레야(彌勒) 보디쌑바들을 뵈올 것인데, 그 보디쌑바들은 바른 모습과 공덕을 갖추고 아미따바 붇다를 모시고 있다. (기쁨만 있는 나라에 가서 태어난) 사람은 제 몸이 절로 연꽃 위에 나서 붇다의 수기(授記)를 받는 장면을 스스로 볼 것이다. 수기를 받고는 헤아릴 수 없는 백천 만억 나유따 끄사나를 지나면서 널리 시방의 이루 다 말할 수 없고 더 말할 수 없는 세계에서 슬기의 힘으로 중생들의 마음을 좇아 이롭게 하다가, 오래지 않아 깨달음의 도장(菩提道場)에 앉아 마라 군대를 누르고 바른 깨달음을 이루어 뛰어난 가르침을 베풀 것이다. 붇다 나라 몇몇 세계 중생들에게 '깨닫겠다는 마음(菩提心)'을 내게 하고, 그 사람의 본성에 따라 가르쳐 완전히 자라게 하며, 미래 몇 끄사나가 다할 때까지 널리 모든 중생을 이롭게 할 수 있을 것이다.

훌륭한 집안 아들이여!, 저 중생들이 믿음을 가지고 이 10가지 바램을 듣고, 받아 지녀, 읽고 외우며 남을 위하여 이야기해 준다면 그 공덕은 붇다를 빼놓고는 알 사람이 없느니라. 그러므로 그대들은 이 큰 바램(願王)을 듣거든 의심 내지 말고 반드시 받아야 하며, 받아서는 읽고, 읽고는 외우고, 외우고는 항상 지니며, 이어서 베껴 쓰고 남을 위해서 널리 이야기해 주어야 한다.

이렇게 한 사람들은 한 생각 하는 동안에 모든 바램을 다 이룰 것이니, 얻는 복덕은 헤아릴 수 없고 가없으며 번뇌라는 괴로움의 바다에서 중생들을 건져내, 나고 죽음을 멀리 여의고 모두 다 아미따바 붇다 기쁨나라(極樂世界)에 가서 태어날 것이다."

바라오니 내 목숨 끝날 때
모든 가로막음 다 없어져,
아미따바 붇다 직접 뵙고
기쁨나라(極樂) 가서 나리.

그 나라 가서 나면

그 자리에서 큰 바램 이루고,
온갖 것 남김없이 잘되어
모든 중생 나라 이롭게 하리.

그 붇다 모임 모두 맑고 깨끗해라
나 이때 뛰어난 연꽃 위에 태어나,
몸소 아미따바 붇다 만나 뵈오면
눈앞에서 미래 깨달음 예언 주시리.

붇다 미래 깨달음 예언 받고 나서
수없는 100꼬티 몸으로 바뀌어,
크넓은 슬기로 시방을 두루 다니며
모든 중생 나라 널리 이롭게 하리.

또는 텅빈 하늘 세계가 다해
중생들의 업과 번뇌가 다 없어지고,
이처럼 모든 것 죽음이 없어질 때
나도 마침내 죽음 없길 바라나이다.

시방에 있는 가없는 나라
보석 꾸며 여래께 이바지해도,
하늘사람에게 가장 좋은 즐거움
띠끌 깔빠 내내 이바지한다 해도,

어떤 사람이 이 뛰어난 바램들을
한 번 듣고 믿음을 낼 수 있어,
뛰어난 깨달음 얻겠다 서두른다면
얻은 공덕 그보다 비할 바 없으리.

늘 나쁜 동무 멀리 여의고
모든 악한 길을 영원히 떠나,
아미따바 붇다 빨리 뵙고
두루 어진 뛰어난 큰 바램 갖추리.

이 사람 뛰어난 목숨 잘 얻고
이 사람 다시 사람으로 잘 태어나,
두루 어진 보디쌑바 큰 바램 행하듯
이 사람도 머지않아 꼭 이루리라.

지난날 슬기로운 힘 없어
5가지 악한 무간죄 지은 것,
두루 어진 보디쌑바 큰 바램 외우면
한 생각 단박에 모든 죄 사라지리.

성씨 갈래와 낯빛
생김새 슬기 모두 모나지 않아,
어떤 마라·다른 가르침도 못 꺾으니

하늘·땅·사람의 이바지 받게 되리.

빨리 깨달음 나무에 이르러
앉아서 마라들 항복 받고,
높이 깨달아 가르침을 펴니
모든 중생 두루 이롭게 하리.

어떤 이가 이 두루 어진 큰 바램
읽고·외워 가지고 여러 사람에 알리면,
그 열매 붇다 만 증명하고 알 수 있으니
반드시 깨달음의 길 얻게 되리라.

사람들이 이 두루 어진 큰 바램 외우면
내가 바른 뿌리(善根) 조금 이야기하니,
한 생각에 모든 것이 다 제대로 되고
중생들의 맑고 깨끗한 큰 바램 이뤄지리.

내가 두루 어진 보디쌑바의 큰 바램 행한
가없고 뛰어난 복을 모두 회향하오니,
나고 죽음의 바다에 빠진 중생들이
빨리 아미따바 붇다 나라 가길 바라네.

Ⅳ.『참법 연꽃 경(妙法蓮華經)』과 아미따바 붇다 (3품)

1. 3권 7장「화성에 비유하는 품(化城譬喩品)」

빅슈들이여, 이제 여러분에게 이야기한다. "그 붇다의 제자 사미 16명은 이제 모두 아눋따라싸먁쌈보디(阿耨多羅三藐三菩提)를 얻어 시방의 나라에서 현재 가르치고 있는데, 헤아릴 수 없는 천만 억 보디쌑바(菩薩)와 제자(聲聞)들이 겨레붙이가 되어 있다.

그 가운데 두 사미는 동녘의 붇다가 되었는데 첫째는 환희국 아촉(阿閦)이라 하고, 둘째는 수미정(須彌頂)이라 부른다. 동남녘 두 붇다는 첫째 사자음(獅子音)이고, 둘째 사자상(獅子相)이라 부르고, 남녘 두 붇다는 첫째 허공주(虛空住), 둘째 상멸(常滅)이라 부르고, 서남녘 두 붇다는 첫째 제상(帝相)이고, 둘째 범상(梵相)이라 부른다. 서녘 두 붇다는 첫째 아미따(阿彌陀), 둘째 도일체세간고뇌(度一切世間苦惱)라고 부른다. 서북녘 두 붇다는 첫째 다마라발전단향신통(多摩羅跋栴檀香神通)이고 둘째는 수미상(須彌相)이라 부른다, 북녘 두 붇다는 첫째 운자재(雲自在)이고, 둘째 운자재왕(雲自在王)이라 부르고, 동북녘 붇다는 괴일체세간포외(壞一切世間怖畏)라 부르고, 16번째 사꺄무니 붇다가 싸하세계(娑婆國土)에서 아눋따라싸먁쌈보디를 이루었다.

서녘 두 사미는 '아미따윳(amitāyus·그지없는 목숨 ·無量壽)'이라고 부르는 따타가따(tathāgata·같은 길을 오가는 분·如來)·아르한(arhan·이바지 받을만한 분 阿羅漢)·싸먁쌈붇다(samyaksaṃbuddha, 바르고 한결같은 깨달음, 正等覺)와 '세간의 고뇌를 모두 건넘(sarvalokadhātūpadravodvegapratyuttīrṇaś, 度一切世間苦惱)'이라는 따타가따·아르한·싸먁쌈붇다이다.

2. 6권 23장 「약임금 보디쌑바 이야기 품(藥王菩薩本事品)」

수왕화(宿王華)야, 만일 어떤 여인이 이 「약왕보디쌑바본사품」을 들으면 헤아릴 수 없고 가없는 공덕을 얻을 것이며, 만일 어떤 여인이 이 「약왕보디쌑바본사품」을 듣고 능히 받아 지닐 수 있다면 그 여인의 몸을 마친 뒤 다시 여인의 몸을 받지 않으리라.

만일 여래가 열반한 뒤 500년 동안, 어떤 여인이 이 경전을 듣고 말씀하신 대로 닦으면, 목숨이 끊어지자마자 바로 기쁨나라(安樂)에 가서 아미따바 붇다(阿彌陀佛)와 여러 보살이 둘러싸고 있는 연꽃 속 보배자리(寶座) 위에 (태어)날 것이다. 그러면 다시는 탐욕이란 번뇌가 일어나지 않고, 성냄과 어리석음이란 번뇌가 일어나지 않으며, 다시는 교만이나 질투 같은 여러 더러운 번뇌가 일어나지 않아, 보살의 신통과 '나고 죽음을 여읜 경계(無生法忍)'를 얻을 것이다.

'나고 죽음을 여읜 경계(無生法忍)'를 얻고 나면 보는 것이 맑고 깨끗해져, 그 보는 능력으로 7백만 2천억 나유따, 강가강 모래만큼 많은 여러 붇다와 따타가따(如來)를 보게 된다.

3. 7권 25장 「소리 보는 보디쌑바 너른 문 품(觀世音菩薩普門品)」

1) 한문 번역본 게송 마지막 부분

18. 생각마다 의심 없애라, 관세음 맑고 거룩하니,
    괴로움, 번뇌, 죽을 액운 믿고 맡길 수 있느니라.
    모든 공덕 갖추고 자비 눈 중생 살펴
    바다 같은 복 끝없으니 머리 숙여 절할지니라.

산스크리트본 번역

18. 생각 생각에 의심 말라, 관자재 맑고 거룩하니
    죽음과 재난 때 보호받고, 의지할 수 있느니라.
    모든 공덕 갖추고 모든 중생 자비 마음으로 살피시니
    큰 공덕 바다와 같아 관자재께 공경하여 절 올립니다.

2) 한문 번역본에 빠져 있어 산스크리트에서 옮긴 부분

19. 세상 가엽게 여겨 앞으로 오는 세상에 붇다가 되어 온갖 괴로움·두려움 없애 줄 관자재께 절하옵니다.
20. 온 누리 왕 스승 삼은 법장 빅슈 세상 공경 받으며 오랜 겁

닦고 행하여 맑고 위없는 깨달음 이루시었네.

21. 왼쪽이나 오른쪽에서 아미따바 붇다(導師) 보살피며 곡두싸마디로 모든 나라 붇다께 가서 이바지하네.

22. 서녘에 극락이란 맑은나라(淨土) 있어 그곳에 중생 이끄시는 아미따바 붇다 살고 계시네.

23. 그 나라 여인이 없어 남녀관계 전혀 없으니 붇다 제자들 맑은 연꽃받침에 스스로 나네

24. 또 아미따바 붇다(導師) 맑고 멋진 연꽃받침 사자자리에 앉아 살라왕처럼 아름답게 빛나네.

25. 이처럼 세상을 이끄시는 분 삼계에서 견줄 바 없으니 그 공덕을 기리며, 어서 빨리 위없는 분처럼 되려 합니다. |이와 같다|

V. 곁뿌리 1론 『기쁨나라경 강론(無量壽經講論)과 기쁨나라 가기 바라는 게송(願生偈)』

바스반두(婆藪槃豆) 보디쌀바 지음

원위(元魏) 천축삼장(天竺三藏) 보디루찌(菩提流支) 옮김

1. 기쁨나라 가기 바라는 게송(願生偈)

세존이시여!
저는 한마음으로 시방에서 다 보이는
걸림 없는 빛(無碍光) 여래께 귀명하며
기쁨나라(安樂國)에 가서 나기를 바랍니다.

저는 수뜨라(Sūtra)의
참된 공덕 모습에 따라,
바라는 게송과 다라니를 설하여
붇다의 가르침에 따르고자 합니다.

저 (극락)세계 모습 관하니
삼계 도를 훨씬 넘었고,
마지막 허공같이
크넓고 끝이 없네.

바른길 큰 사랑과 가여워함은
세속을 넘어선 선근에서 나오니,
맑고 밝은 빛 가득함이
거울에 비친 해와 달 같네.

모든 보배 성품 갖추어
신묘한 장엄 다 갖추니,
때 없는 밝은 불길
밝고 맑게 세간을 비추네.

보배 성품 공덕 풀
부드럽게 좌우로 도니,
닿는 사람 기쁨 솟아
까찔린디를 넘어섰네.

보배 꽃 천만 가지
연못 흐르는 샘 가득 덮으니,
산들바람 꽃잎 흔들면
밝은 빛 어울려 어지러이 도네.

궁전과 누각들
시방 보는 데 걸림 없어,
온갖 나무 다른 빛깔

보배 난간 둘러쌓네.

그지없는 보배들 서로 이어져
비단 그물 허공에 두루 펴지니,
갖가지 방울 내는 소리로
미묘한 가르침 드러내시네.

꽃비 내려 옷 꾸미고
헤아릴 수 없는 향내 풍기니,
붇다 슬기 밝고 맑은 해처럼
세상 어리석음과 어둠 없애버리네.

맑은소리 깨침을 더하고
미묘함이 시방에 들리니,
바른 깨달음 아미따바 붇다
법의 임금 자리 제대로 지키시네.

여래의 맑은 꽃 무리
바르게 깨쳐 꽃에 절로 나니,
가르침 맛 사랑하고 좋아하여
댜냐(禪那)와 싸마디로 끼니를 삼네.

몸과 마음 번뇌 영원히 떠나

받는 즐거움 늘 끊임 없으니,
대승 선근으로 간 극락세계
높낮이 없으니 싫어할 이름 없네.

여인·모자란 사람
두 가지 탈것 씨가 나지 않으니,
중생이 원하고 좋아하는 것
모두 모자람 없어 흐뭇하네.

그러므로 아미따바 나라에
가서 나기를 바라나니,
헤아릴 수 없는 큰 보배의 임금이
미묘하고 맑은 꽃자리에 계시네.

모습에서 나는 빛 1심(尋)
몸 생김은 모든 생명을 뛰어넘으며,
여래의 미묘한 말소리
맑게 울려 시방에서 들리네.

땅·물·불·바램은 같고
허공은 따로따로 가름이 없으니,
하늘사람 움직이지 않은 대중들
맑고 깨끗한 슬기 바다에서 나네.

쑤메루산 임금처럼
뛰어나고 미묘함 견줄 이 없으니,
하늘사람 대장부 무리
공경하여 둘러싸고 우러러보네.

붇다 본원 힘 관하면
헛되이 지나는 자 없으니,
곧바로 모자람 없이 흐뭇하게 하고
공덕은 큰 보배 바다를 이루네.

기쁨나라 맑고 깨끗하여
늘 물들지 않은 법륜 굴리니,
화신불 보디쌑바 해처럼
쑤메루산에 머무시듯 하네.

때 묻지 않은 장엄한 빛
한 생각 한 순간에
모든 붇다 모임 널리 비추어
모든 중생 이롭게 하네.

하늘 음악 꽃 꾸민 옷
기묘한 향 비 내려 이바지하고,
모든 붇다 공덕 기리니

따로따로 가르는 마음이 없네.

붇다 공덕 보배 없는
어느 나라든지
내가 가서 태어나
붇다처럼 붇다 가르침 펴기 바라네.

제가 논설 짓고 게송 설하니
아미따바 붇다 뵙고,
널리 모든 중생과 함께
기쁨나라 가서 나기 바라나이다.

기쁨나라경(무량수경)
수뜨라 장과 귀절,
제가 게송으로
모두 설하여 마칩니다.

2. 강론(講論)

논하여 말한다.
이 바라는 게송(願偈)은 어떤 뜻을 밝히려는 것인가?
저 기쁨나라(安樂世界)를 관(觀)하여 아미따바 붇다를 뵙고, 그 나라에 나고자 하는 바램을 나타내고자 함이다.

어떻게 관하고, 어떻게 믿는 마음을 낼 것인가?

만약 선남자 선여인이 5가지 염하는 문(五念門)을 닦아 이루면, 마침내 기쁨나라(安樂國土)에 나서 아미따바 붇다를 뵐 것이다.

1) 5가지 염하는 문(五念門)

어떤 것이 5가지 염하는 문인가?

첫째 절하여 예를 표하는 문(禮拜門)이요, 둘째 찬탄하는 문(讚嘆門)이요, 셋째 바램을 짓는 문(作願門)이요, 넷째 관찰하는 문(觀察門)이요, 다섯째 회향하는 문(廻向門)이다.

① 절하며 예를 표하는 문(禮拜門)

무엇을 절하며 예를 표한다고 하는가?

몸으로 짓는 업(身業)을 풀며 아미따바 여래·아르한(應供)·바로 깨달은 분(正遍知)에게 절하며 예를 표하는 것은 그 나라에 나고자 하기 때문이다.

② 찬탄하는 문(讚歎門)

무엇을 찬탄이라고 하는가?

입으로 짓는 업(口業)을 밝히며 그 여래의 이름을 불러 찬탄하는 것은 그 여래의 빛나는 슬기처럼, 그 붇다 이름이 갖는 뜻처럼, 제대로 닦음을 따르고자 하기 때문이다.

③ 바램을 짓는 문(作願門)

무엇을 바램을 짓는 것이라고 하는가?

마음에 늘 '한마음으로 오로지 염(念)하여 끝내 기쁨나라(安樂國土) 가서 나겠다'는 바램을 짓는 것으로, 사마타(śamatha, 奢摩他)를 제대로 닦고자 하기 때문이다.

④ 관찰하는 문(觀察門)

무엇을 관찰이라 하는가?

슬기로 관찰(觀察)하고, 바른 념(正念)으로 관(觀)하는 것은 비빠샤나(vipaśyanā, 毗婆奢那)를 제대로 닦고자 하기 때문이다.

관찰하는 것은 3가지 가 있으니, 무엇이 3가지인가?

첫째, 그 (기쁨)나라의 장엄과 공덕을 관찰하는 것이고, 둘째, 아미따바 붇다의 장엄과 공덕을 관찰하는 것이고, 셋째, 여러 보디쌑바의 장엄과 공덕을 관찰하는 것이다.

⑤ 회향하는 문(廻向門)

무엇을 회향이라고 하는가?

괴로워하는 모든 중생을 버리지 않는 것이니, 마음에 늘 '회향을 먼저 얻어 크게 가여워하는 마음(大悲心)'을 이루길 바라기 때문이다.

2) 장엄한 붇다나라 공덕 관찰

장엄한 '붇다나라 공덕'을 관찰한다는 것은 무엇을 말는가?

그 장엄한 붇다나라 공덕은 불가사의한 힘을 이루었으므로, 마니 여의주 보배 성품처럼 서로 비슷하고 서로 마주 대하기 때문이다.

그 장엄한 붇다나라 공덕을 관하는 것은 17가지가 있음을 알아야 한다.

17가지는 어떤 것들인가?

① 장엄한 '맑고 깨끗한 공덕'을 이루었다는 것은, 게송에서 "저 (극락)세계 모습 관찰하니 삼계 도를 훨씬 넘었고"라고 한 것이다.

② 장엄한 '길이 공덕'을 이루었다는 것은, 게송에서 "마지막 허공같이 크넓고 끝이 없네"라고 한 것이다.

③ 장엄한 '성품 공덕'을 이루었다는 것은, 게송에서 "바른길 큰 사랑과 가여워함은 세속을 넘어선 선근에서 나오니"라고 한 것이다.

④ 장엄한 '모습 공덕'을 이루었다는 것은, 게송에서 "맑고 밝은 빛 가득함이 거울에 비친 해와 달 같네"라고 한 것이다.

⑤ 장엄한 '갖가지 일 공덕'을 이루었다는 것은, 게송에서 "모든 보배 성품 갖추어 신묘한 장엄 다 갖추니"라고 한 것이다.

⑥ 장엄한 '묘한 빛 공덕'을 이루었다는 것은, 게송에서 "때 없는 밝은 불길 밝고 맑게 세간을 비추네"라고 한 것이다.

⑦ 장엄한 '닿는 공덕'을 이루었다는 것은, 게송에서 "보배 성품 공덕 풀 부드럽게 좌우로 도니, 닿는 사람 기쁨 솟아 까찔린디를 넘어섰네"라고 한 것이다.

⑧ 장엄한 '3가지 공덕'을 이루었다는 것은, 3가지가 있다고 알아야 한다. 어떤 것이 3가지인가? 첫째 물, 둘째 땅, 셋째 허공

이다.

(⑧-1) 장엄한 '물 공덕'을 이루었다는 것은, 게송에서 "보배 꽃 천만 가지 연못 흐르는 샘 가득 덮으니, 산들바램 꽃잎 흔들면 밝은 빛 어울려 어지러이 도네"라고 한 것이다.

(⑧-2) 장엄한 '땅 공덕'을 이루었다는 것은, 게송에서 "궁전과 누각들 시방 보는 데 걸림 없어, 온갖 나무 다른 빛깔 보배 난간 둘러쌓네"라고 한 것이다.

(⑧-3) 장엄한 '허공 공덕'을 이루었다는 것은, 게송에서 "그지없는 보배들 서로 이어져 비단 그물 허공에 두루 퍼지니, 갖가지 방울 내는 소리로 미묘한 가르침 드러내시네"라고 한 것이다.

⑨ 장엄한 '비 공덕'을 이루었다는 것은, 게송에서 "꽃비 내려 옷 꾸미고 헤아릴 수 없는 향내 풍기니"라고 한 것이다.

⑩ 장엄한 '밝은 빛 공덕'을 이루었다는 것은, 게송에서 "붇다 슬기 밝고 맑은 해처럼 세상 어리석음과 어둠 없애버리네"라고 한 것이다.

⑪ 장엄한 '미묘 소리 공덕'을 이루었다는 것은, 게송에서 "맑은 소리 깨침을 더하고 미묘함이 시방에 들리니"라고 한 것이다.

⑫ 장엄한 '붇다 공덕'을 이루었다는 것은, 게송에서 "바른 깨달음 아미따바 붇다 법의 임금 자리 제대로 지키시네"라고 한 것이다.

⑬ 장엄한 '딸린 식구 공덕'을 이루었다는 것은, 게송에서 "여래의 맑은 꽃 무리 바르게 깨쳐 꽃에 절로 나니"라고 한 것이다.

⑭ 장엄한 '받아씀 공덕'을 이루었다는 것은, 게송에서 "가르침 맛 사랑하고 좋아하여 댜냐(禪那)와 싸마디로 끼니를 삼네"라고 한 것이다.

⑮ 장엄한 '온갖 어려움 없는 공덕'을 이루었다는 것은, 게송에서 "몸과 마음 번뇌 영원히 떠나 받는 즐거움 늘 끊임 없으니"라고 한 것이다.

⑯ 장엄한 '큰 뜻 공덕'을 이루었다는 것은, 게송에서 "대승 선근으로 간 극락세계 높낮이 없으니 싫어할 이름 없네"라고 한 것이다.

⑰ 장엄한 '구하는 것 모두 채워주는 공덕'을 이루었다는 것은, 게송에서 "중생이 원하고 좋아하는 것 모두 모자람 없어 흐뭇하네"라고 한 것이다.

저 아미따바 붇다 나라가 이룬 17가지 장엄한 공덕을 줄여서 말하면, 여래 스스로를 이롭게 하는 '큰 공덕의 힘'을 이룬 것과 남을 이롭게 하는 공덕을 이룬 것을 보여준 것이다. 저 그지없는 목숨 붇다(無量壽佛) 나라의 장엄인 첫 진리(第一義諦)의 신묘한 경계 16구와 1구를 차례로 설하였다는 것을 알아야 한다.

3) 장엄한 붇다의 공덕 관찰

장엄한 '붇다의 공덕을 이룬 것'을 관찰한다는 것은 무엇을 말하는가?

장엄한 '붇다의 공덕'을 이룬 것은 8가지가 있음을 알아야 한다.

8가지란 어떤 것인가?

① 어떤 것이 장엄한 '자리 공덕'을 이룬 것인가?

게송에 "헤아릴 수 없는 큰 보배의 임금이 미묘하고 맑은 꽃자리에 계시네"라고 한 것이다.

② 어떤 것이 장엄한 '몸으로 지은 공덕'을 이룬 것인가?

게송에 "모습에서 나는 빛 1심(尋)이고 몸 생김은 모든 생명을 뛰어넘으며"라고 한 것이다.

③ 어떤 것이 장엄한 '입으로 지은 공덕'을 이룬 것인가?

게송에 "여래의 미묘한 말소리 맑게 울려 시방에서 들리네"라고 한 것이다.

④ 어떤 것이 장엄한 '마음으로 짓는 공덕'을 이룬 것인가?

게송에 "땅·물·불·바램은 같고 허공은 따로따로 가름이 없으니"라고 한 것이다.

따로따로 가름이 없다는 것은 따로따로 가르는 마음이 없다는 것이기 때문이다.

⑤ 어떤 것이 장엄한 '대중 공덕'을 이룬 것인가?

게송에서 "하늘사람 움직이지 않은 대중들 맑고 깨끗한 슬기 바다에서 나네"라고 한 것이다.

⑥ 어떤 것이 장엄한 '으뜸 제자 공덕'을 이룬 것인가?

게송에서 "쑤메루산 임금처럼 뛰어나고 미묘함 견줄 이 없으니"라고 한 것이다.

⑦ 어떤 것이 장엄한 '붇다 공덕'을 이룬 것인가?

게송에서 "하늘사람 대장부 무리 공경하여 둘러싸고 우러러보네"라고 한 것이다.

⑧ 어떤 것이 장엄한 '헛되지 않게 머무는 공덕'을 이룬 것인가?

게송에서 "붇다 본원 힘 관하면 헛되이 지나는 자 없으니, 곧바로 모자람 없이 흐뭇하게 하고 공덕은 큰 보배 바다를 이루네"라고 한 것이다. 바로 그 붇다 뵈면 아직 맑은 마음 얻지 못한 보디쌑바는 마침내 평등한 법신을 얻게 되고, 높은 경지(上之)에 있던 여러 보디쌑바들은 마침내 나고 죽음이 사라진 고요(寂滅)와 모든 것이 평등하다는(諸法平等) 깨달음을 얻기 때문이다.

위에서 본 8구절을 줄여서 말하면, 여래가 장엄한 '스스로를 이롭게 하고 남을 이롭게 하는 공덕'을 차례로 이룬 것을 나타내는 것이라는 것을 알아야 한다.

4) 장엄한 보디쌑바의 공덕 관찰

장엄한 '보디쌑바가 공덕을 이룬 것'을 관찰한다는 것은 무엇을 말하는 것인가?

'보디쌑바가 공덕을 이룬 것'을 관찰한다는 것은 그 보디쌑바가 가진 '4가지 바르게 닦아 공덕을 이룬 것'을 관찰한다는 것을 알아야 한다.

어떤 것이 4가지인가?

① 한 붇다나라에서 몸을 움직이지 않고도 시방에 다니며 갖가

지 가르침을 펴고, 아울러 닦으며, 늘 붇다 일을 한다. 게송에서 "기쁨나라(安樂國) 맑고 깨끗하여 늘 물들지 않은 법륜 굴리니, 화신불 보디쌑바 해처럼 쑤메루산에 머무시듯 하네"라고 한 것이다. 모든 중생들을 진흙에서 꽃이 피도록 하기 때문이다.

② 저 몸 바꿔 받은 붇다(應化身)는 앞이나 뒤가 아니라 모든 순간, 한 마음 한 생각에 크고 밝은 빛을 놓아 온 시방세계에 이르러 중생을 가르쳐 이끄시며, 갖가지 방편을 닦아 모든 중생의 괴로움을 없애주시기 때문에, 게송에서 "때 묻지 않은 장엄한 빛 한 생각 한 순간에 모든 붇다 모임 널리 비추어 모든 중생 이롭게 하네"라고 한 것이다.

③ 저 온 누리 모든 붇다 모임에 모인 무리를 남김없이 비추니 헤아릴 수 없는 대중이 하나도 빠짐없이 여러 붇다·여래의 공덕을 받들어 이바지하고 경배하고 찬탄하므로, 게송에서 "하늘 음악 꽃 꾸민 옷 기묘한 향 비 내려 이바지하고, 모든 붇다 공덕 기리니 따로따로 가르는 마음이 없네"라고 한 것이다.

④ 저 시방 모든 세계에서 3가지 보물이 없는 곳에 머물면서 붇다·가르침·쌍가와 보배같은 공덕의 큰 바다를 장엄하고, 두루 깨닫게 하고, 똑같이 닦도록 하므로, 게송에서 "붇다 공덕 보배 없는 어느 나라든지 내가 가서 태어나 붇다처럼 붇다 가르침 펴기 바라네."라고 한 것이다.

5) 두 가지 맑고 깨끗한 나라
- 〈받아들이는 나라〉와 〈중생 사는 나라〉

또, 앞에서 '장엄한 〈붇다나라〉 공덕 이룸', '장엄한 〈붇다〉 공덕 이룸', '장엄한 〈보디쌑바〉 공덕 이룸'을 관찰한다고 했는데, 3가지 이룬다는 것은 곧 '바라는 마음(願心)'으로 이룬 장엄임을 알아야 한다.

줄여서 말하면 하나의 가르치는 글귀로 들어가기 때문이다. 하나의 가르치는 글귀는 맑고 깨끗한 글귀를 말하는 것이고, 맑고 깨끗한 글귀는 참된 지혜이고 변하지 않는 법신이기 때문이다.

이 맑고 깨끗한 글귀는 두 가지가 있음을 알아야 한다. 두 가지란 어떤 것인가?

첫째 받아들이는 나라(器世間)가 맑고 깨끗한 것이고, 둘째, 중생 사는 나라(衆生世間)가 맑고 깨끗한 것이다.

'받아들이는 나라가 맑고 깨끗하다(器世間淸淨)'는 것은 앞에서 본 17가지 '장엄한 붇다나라 공덕 이룬 것'을 말하는 것으로, 이것을 '받아들이는 나라의 맑고 깨끗함(器世間淸淨)'이라 부른다.

'중생 사는 나라가 맑고 깨끗하다(衆生世間淸淨)'는 것은 앞에서 본 4가지 '장엄한 보디쌑바 공덕 이룬 것'을 말하는 것으로, 이것을 '중생 사는 나라의 맑고 깨끗함(衆生世間淸淨)'이라 부른다.

이처럼 한 가르침 글귀가 2가지 맑고 깨끗함을 간직한다는 것을 알아야 한다.

6) 보디쌑바의 교묘한 방편 회향

이처럼 보디쌑바는 사마타(śamatha)와 비빠샤나(vipaśyanā)로 넓은 것을 줄여서 닦아 유연심(柔軟心)을 이뤘다. 이처럼 모든 법도 똑같이 넓은 것을 줄여 교묘한 방편(巧方便) 회향을 이룬다.

보디쌑바의 교묘한 방편이란 어떤 것인가?

보디쌑바가 교묘한 방편을 회향한다는 것은, 절하여 예를 표하는(禮拜) 것 같은 5가지 수행(五念門)을 통해 얻은 모든 공덕과 선근을 자신이 누릴 즐거움을 구하지 않고, 모든 중생의 괴로움을 뽑아버리려 하는 것을 말한다. 모든 중생을 거두어들여 편안하고 즐거운 붇다나라에 함께 태어나는 것, 이것을 보디쌑바의 교묘한 방편 회향을 이룬다고 부른다.

7) 보디쌑바의 보디 마음(菩提心)

보디쌑바가 이처럼 어떻게 회향을 이루는지 잘 알면 3가지 보디문(菩提門)과 서로 어긋나는 법을 멀리 떠날 수 있다.

세 가지란 무엇인가?

첫째, 슬기문(智慧門)을 바탕으로 스스로의 즐거움을 찾지 않고,내 마음이 자신에게 집착하는 것을 멀리 떠나기 때문이다.

둘째, 자비문(慈悲門)을 바탕으로 모든 중생의 괴로움을 뽑고, 중생을 편하게 안 하려는 마음을 멀리 떠나기 때문이다.

셋째, 방편문(方便門)을 바탕으로 모든 중생을 가엾어하는 마음으로, 자신에게만 이바지하고 공경하는 마음을 멀리 떠나기 때문이다.

이것을 3가지 '보디문(菩提門)과 서로 어긋나는 법을 멀리 떠나는 것'이라 부른다.

보디쌀바가 이처럼 3가지 보디문(菩提門)에서 어긋나는 법을 멀리 떠나면, 3가지 바라는 보디문을 얻어 마음이 흐뭇해지기 때문이다.

어떤 것이 세 가지인가?

첫째, 때 묻지 않은 맑고 깨끗한 마음인데,

자신을 위하여 갖가지 즐거움을 찾지 않기 때문이다.

둘째, 편안한 맑고 깨끗한 마음인데,

모든 중생의 괴로움을 뽑아주기 때문이다.

셋째, 즐겁고 맑고 깨끗한 마음인데,

모든 중생이 큰 보디를 얻게 하기 때문이고,

중생을 거두어들여 그 나라에 나게 하기 때문이다.

이것을 '3가지 보디문에 따르는 법에 만족하는 것'이라 부른다.

앞에서 말한 슬기·자비·방편 같은 3가지 문은 쁘랒냐(prajñā, 般若)를 받아들이고, 쁘랒냐는 방편을 받아들인다는 것을 알아야 한다.

앞에서 말한 내가 자신에게 탐착하는 마음을 멀리 떠나고, 중생을 편안하게 하지 않으려는 마음을 멀리 떠나고, 자기에게만 이바지하고 공경함을 떠나는, 이 3가지 법이 보디마음(깨닫겠다는 마음)을 가로막는 것을 멀리 떠나는 것임을 알아야 한다.

앞에서 말한 때 묻지 않은 맑고 깨끗한 마음, 편안한 맑고 깨끗한 마음, 즐거운 맑고 깨끗한 마음, 이 세 가지 마음을 하나로 간추리면 신묘한 즐거움과 뛰어난 참마음을 이루었다는 것임을 알아야 한다.

8) 정토로 들어가는 문과 나오는 문

이처럼 보디쌑바의 슬기마음(智慧心), 방편마음(方便心), 막힘 없는 마음(無碍心), 뛰어난 참마음(勝眞心)이 맑고 깨끗한 붇다나라에 (태어)나게 한다는 것을 알아야 한다. 이것을 큰 보디쌑바가 5가지 법문에 따라 하고자 하는 것을 마음대로 하게 된 것이다. 하고자 하는 것을 마음대로 하게 된 것은 몸으로 짓는 업(身業)·입으로 짓는 업(口業)·뜻으로 짓는 업(意業), 슬기로 짓는 업(智業), 방편 슬기로 짓는 업(方便智業) 같은 법문을 순서대로 따르기 때문이다.

또, 5가지 법문은 차츰 5가지 공덕을 이룬다는 것을 알아야 한다. 5가지 문은 어떤 것인가?

첫째, 가까이 가는 문(近門), 둘째, 모임의 무리가 되는 문(大會衆門), 셋째, 골라 뽑는 문(擇門), 넷째, 집 문(屋門), 다섯째 동산에서 노니는 문(園林遊戲之門)이다. 이 5가지 문 가운데 앞의 4가지는 공덕으로 들어가는 것을 이룬 문이고, 다섯째 문은 공덕에서 나오는 것을 이룬 것이다.

첫째 문으로 들어간다는 것은, 그 나라에 태어나기 위해 아미따바 붇다께 절하고 예를 올리는 것으로 그 기쁨나라(安樂世界)에 나게 되므로, 이것을 첫째 문으로 들어간다고 한다.

둘째 문으로 들어간다는 것은, 아미따바 붇다를 찬탄하되 이름과 그 뜻에 따라 여래의 이름을 부르고, 여래의 밝게 비치는 슬기(光明智相)에 따라 닦아서 큰 모임의 무리에 들어가므로, 이것을 둘째 문으로 들어간다고 한다.

셋째 문으로 들어간다는 것은, 한마음으로 오로지 그 나라에 나겠다는 바램을 세워 사마타(śamatha)를 닦아 고요한 싸마타를 행하여, 연꽃나라에 들어갈 수 있으므로, 이것을 셋째 문으로 들어간다고 한다.

네 번째 문으로 들어간다는 것은, 오로지 저 묘한 장엄을 관찰하며 비빠샤나(vipaśyanā)를 닦아서, 그곳에 이르러 갖가지 가르침을 맛보는 즐거움을 얻을 수 있으므로, 이것을 넷째 문으로 들어간다고 한다.

다섯째 문에서 나온다는 것은, 큰 사랑과 가여워함(慈悲)으로 괴로워하는 모든 중생을 관찰하여, 바뀐 몸(應化身)으로 죽음 동산(生死園) 번뇌 숲으로 들어가 신통 속에 노니며 가르쳐 이끄는 경지에 이르고, 깨닫기 전 세웠던 바램을 나누어 주므로(廻向), 다섯째 문에서 나온다고 한다.

보디쌑바가 4가지 문으로 들어가는 것은 스스로를 이롭게 함(自利行)을 이루었다고 알아야 하고, 보디쌑바가 다섯째 문을 나온다는 것은 얻은 것을 돌려주어 남을 이롭게 함(利他行)을 이루었다고 알아야 한다.

보디쌑바가 이처럼 5가지 문을 닦아 스스로를 이롭게 하고 남을 이롭게 하는 것은 아눋따라싸먁쌈보디(阿耨多羅三藐三菩提)를 빨리 이룰 수 있기 때문이다.

『무량수경 강설과 나길 바라는 게송』 간추린 뜻풀이가 끝났다.

『 곁뿌리 4경 1론』 끝